Carl-Auer

Systemische Horizonte – Theorie der Praxis

Herausgeber: Bernhard Pörksen

»Irritation ist kostbar.«
Niklas Luhmann

Die wilden Jahre des Konstruktivismus und der Systemtheorie sind vorbei. Inzwischen ist das konstruktivistische und systemische Denken auf dem Weg zum etablierten Paradigma und zur *normal science*. Die Provokationen von einst sind die Gewissheiten von heute. Und lange schon hat die Phase der praktischen Nutzbarmachung begonnen, der strategischen Anwendung in der Organisationsberatung und im Management, in der Therapie und in der Politik, in der Pädagogik und der Didaktik. Kurzum: Es droht das epistemologische Biedermeier. Eine Außenseiterphilosophie wird zur Mode – mit allen kognitiven Folgekosten, die eine Popularisierung und praxistaugliche Umarbeitung unvermeidlich mit sich bringt.

In dieser Situation ambivalenter Erfolge kommt der Reihe *Systemische Horizonte – Theorie der Praxis* eine doppelte Aufgabe zu: Sie soll die Theoriearbeit vorantreiben – und die Welt der Praxis durch ein gleichermaßen strenges und wildes Denken herausfordern. Hier wird der Wechsel der Perspektiven und Beobachtungsweisen als ein Denkstil vorgeschlagen, der Kreativität begünstigt.

Es gilt, die eigene Intelligenz an den Schnittstellen und in den Zwischenwelten zu erproben: zwischen Wissenschaft und Anwendung, zwischen Geistes- und Naturwissenschaft, zwischen Philosophie und Neurobiologie. Ausgangspunkt der experimentellen Erkundungen und essayistischen Streifzüge, der kanonischen Texte und leichthändig formulierten Dialoge ist die Einsicht: Theorie braucht man dann, wenn sie überflüssig geworden zu sein scheint – als Anlass zum Neu- und Andersdenken, als Horizonterweiterung und inspirierende Irritation, die dabei hilft, eigene Gewissheiten und letzte Wahrheiten, große und kleine Ideologien so lange zu drehen und zu wenden, bis sie unscharfe Ränder bekommen – und man mehr sieht als zuvor.

Bernhard Pörksen, Professor für Medienwissenschaft an der Universität Tübingen

Wilhelm Rotthaus

Wir können und müssen uns neu erfinden

Am Ende des Zeitalters des Individuums – Aufbruch in die Zukunft

2021

Themenreihe: »Systemische Horizonte«
Hrsg. von Bernhard Pörksen
Reihengestaltung: Uwe Göbel
Umschlaggestaltung: Heinrich Eiermann
Redaktion: Veronika Licher
Satz: Drißner-Design u. DTP, Meßstetten
Printed in Germany
Druck und Bindung: CPI books GmbH, Leck

MIX
Papier aus verantwortungsvollen Quellen
FSC
www.fsc.org
FSC® C083411

CPI klimaneutral
Mehr Bäume.Weniger CO_2

Erste Auflage, 2021
ISBN 978-3-8497-0410-0 (Printausgabe)
ISBN 978-3-8497-8345-7 (ePUB)

Bibliografische Information der Deutschen Nationalbibliothek:
Die Deutsche Nationalbibliothek verzeichnet diese Publikation in der Deutschen Nationalbibliografie; detaillierte bibliografische Daten sind im Internet über http://dnb.d-nb.de abrufbar.

Informationen zu unserem gesamten Programm, unseren Autoren und zum Verlag finden Sie unter: **https://www.carl-auer.de/**
Wenn Sie Interesse an unseren monatlichen Nachrichten haben, können Sie dort auch den Newsletter abonnieren.

Carl-Auer Verlag GmbH
Vangerowstraße 14 • 69115 Heidelberg
Tel. +49 6221 6438-0 • Fax +49 6221 6438-22
info@carl-auer.de

Inhalt

Vorwort

Wir, die von der europäischen Kultur geprägten Menschen der sogenannten westlichen Welt, befinden uns in einer Zeit des tiefgreifenden Umbruchs. Die Epoche des Individuums, die ausgehend von Europa über etwa neun Jahrhunderte das Denken und Handeln in weiten Teilen der Welt geprägt hat, geht zu Ende. Damit stellt sich eine Jahrtausendaufgabe: Wir werden ein neues Bild unserer selbst erfinden müssen, das neue Vorstellungen über unsere Beziehung zu unseren Mitmenschen, zu der uns umgebenden Natur, zu Raum und Zeit, zur Wirtschaft und zur Verteilung von materiellen Gütern umfasst, was sich in einem angepassten Rechtssystem spiegelt.

Ein »Weiter so« ist nicht mehr möglich. Das Bewusstsein dafür, dass wir uns in einer multiplen Krise befinden, wächst, was sich unter anderem an den weltweiten, von Schulstreiks begleiteten Demonstrationen und an einer steigenden Zahl an Publikationen zu diesem Thema ablesen lässt. Nicht nur mit der Flutkatastrophe in unserem Land im Sommer 2021 und zeitgleich extremen Hitzewellen in Südeuropa und Nordamerika zeigen sich die Auswirkungen eines Klimawandels, der ganz offensichtlich nicht durch leichte Kurskorrekturen zu lösen ist, sondern tiefgreifende Veränderungen in allen Bereichen unseres Lebens erfordet.

Gleichzeitig ist in unserer Gesellschaft unübersehbar eine Zunahme an Egozentrik, egoistischen und hyperindividualistischen Verhaltensweisen zu beobachten. Grenzen der Selbstverwirklichung, der Selbstbereicherung und Selbstdurchsetzung werden zunehmend weniger akzeptiert. Sie kennen das Phänomen: In grotesker Weise werden beispielsweise Rettungskräfte, die sich um das Leben eines Verunglückten bemühen, körperlich angegriffen, nur weil sie mit ihrem Einsatz den Verkehr blockieren und das Weiterkommen eines Einzelnen stören. Polizeibeamte, die Ordnungsmaßnahmen des Staates durchzusetzen versuchen, werden immer häufiger unflätig beschimpft und auch körperlich attackiert. In Idar-Oberstein erschießt ein 49 Jahre alter Mann einen 20-jährigen Verkäufer in einer Tankstelle nach dessen Hinweis auf die Maskenpflicht, weil er die Corona-Maßnahmen ablehnt. Gewalt zur Durchsetzung der individuellen Interessen wird häufiger, die Gesellschaft insgesamt rabiater. Der

Bielefelder Sozialpsychologe Andreas Zick kommentiert dies mit den Worten: »Das sollte uns aber nicht überraschen. Schließlich wird auf allen gesellschaftlichen Ebenen seit Jahren vor allem Durchsetzungsfähigkeit und Eigeninteresse gepredigt.«[1]

Die Parteiendemokratie vermag vor allem in den USA schon seit Längerem, spätestens aber seit der Wahl von Donald Trump 2016 nicht mehr ein Gefühl von Sicherheit zu vermitteln. Die Globalisierung ebenso wie die ungezügelte Datenflut im Rahmen der Digitalisierung verstärken die Verunsicherung. Das Vertrauen in unser Wirtschaftssystem ist nicht erst seit der großen Weltfinanzkrise 2018/2019 ins Wanken geraten. Selbst in Ländern wie Deutschland ist ein erschreckendes Ausmaß an Armut und prekären Arbeitsverhältnissen zu beobachten. Die Plastikvermüllung der Meere hat ein unglaubliches Ausmaß angenommen. Anzeichen, dass der Klimawandel mit seinen Folgen – unter anderem: Anstieg des Meeresspiegels, Artensterben, Extremwetterereignisse, Wüstenbildung durch Übernutzung und Dürre – noch substanziell zu mildern ist, sind nicht oder kaum zu erkennen. Da besonders die ärmeren und wirtschaftlich eher schwachen Länder von den Folgen betroffen sein werden, muss mit zunehmenden Konflikten und Verteilungskämpfen um die knapper werdenden Ressourcen unseres Planeten gerechnet werden. In der Folge sind gewaltige Migrationsbewegungen zu erwarten, die das, was wir bisher erlebt haben, weit übertreffen werden. Für die bereits 1972 von D. L. und D. H. Meadows veröffentlichte MIT-Studie *Die Grenzen des Wachstums* wurden Berechnungen durchgeführt, die besagen, dass unter den Bedingungen des *Standard Run,* d. h. der Annahme, dass die Menschheit einfach so weitermacht wie bisher, die menschliche Zivilisation notwendigerweise zusammenbrechen muss – und zwar innerhalb der nächsten 100 Jahre. Göpel[2] berichtet, die Studie sei immer wieder aktualisiert und überprüft, aber nicht grundsätzlich widerlegt worden.

Die dargestellten Befunde sind nur ein kleiner, allgemein bekannter Ausschnitt und könnten noch in vielfältiger Weise ergänzt werden. Sie sind keineswegs neu und für niemanden überraschend. Seit Jahrzehnten liefern die Wissenschaften dramatische Ergebnisse und Prognosen, die sich alle im Wesentlichen bestätigt haben. Auch ist weitgehend unbestritten, dass durchgreifende Änderungen getroffen werden müssen, um die Folgen des Klimawandels zumindest einzugrenzen. Selbst darüber, welche Maßnahmen vordringlich zu ergreifen sind, gibt es kaum einen gravierenden Dissens. Das Überraschende ist nur: Diese Maßnahmen werden von der Politik – wenn überhaupt – nur sehr zögerlich angegangen, und es gibt nur kleine Gruppen in der Bevölkerung, die Druck machen, während andere eher bremsen. Die meisten Menschen ignorieren aber schlicht die Befunde und auch die nicht mehr zu übersehenden Signale, auch wenn das zunehmend schwieriger wird.

Warum ist das so? Zunächst bietet sich die naheliegende Überlegung an, dass niemand gerne deutliche Änderungen in seinem Lebensstil vollzieht, wenn er sich nicht dazu gezwungen fühlt. Und dieser Zwang wirkt zumeist erst dann, wenn die Folgen des Nicht-darauf-Reagierens unmittelbar vor Augen stehen. Auch sind alle Szenarien, die mit dem Erleben von Verlust und Einschränkungen verbunden sind, verständlicherweise nicht besonders verlockend. Und schließlich löst das Bedrohungsszenario Gefühle der Hilflosigkeit aus, die bekanntlich oft durch Verdrängungsmechanismen »bewältigt« werden. Andererseits: Für ihre Kinder und Enkel setzen sich die Menschen heutzutage in der Regel bereitwillig und oft sehr engagiert ein und sorgen sich um deren Wohlergehen und Zufriedenheit. Und doch zeigen sie kaum eine Bereitschaft, sich für den Schutz unseres Planeten einzusetzen, damit dieser ihren Kindern und Enkeln noch ein gutes Leben ermöglichen kann.

Dieses auch von anderen Autoren wahrgenommene Gesamtphänomen muss einen tieferen Grund haben, ohne den das Verhalten des heutigen Menschen nicht erklärbar ist. Und der liegt meines Erachtens in dem anthropozentrischen Selbst- und Weltbild des Menschen, das die offensichtlich zu Ende gehende Epoche des Individualismus geprägt hat. Die Idee des Individuums, mit der es sich – Gott gleich – mehr und mehr zum Maßstab aller Dinge machte, hat der europäische Mensch etwa im 12. Jahrhundert erfunden. Er hat den Auftrag des Alten Testamentes aufgegriffen, sich die Erde und alles, was darauf »kreucht und fleucht«, untertan zu machen. Dieses Menschenbild, das im weiteren Verlauf dieses Beitrags noch näher skizziert werden soll, hat außerordentliche Kräfte freigesetzt und eine imposante technische Entwicklung möglich gemacht. Sein linear-kausales Denken wurde zum dominanten Modell; denn es war sehr erfolgreich.

Ein ökologisches Denkmodell demgegenüber, das Zusammenhänge und wechselseitige Abhängigkeiten wahrnimmt und berücksichtigt, ist dem Menschen mit einem individuumzentrierten Weltbild fremd.

Er ist dafür sozusagen blind. Auch Ideen von Zusammenleben und Kooperation gerieten im Verlauf der neun Jahrhunderte in den Hintergrund zugunsten des spätestens im letzten Jahrhundert zunehmend vorrangig in Erscheinung tretenden Ziels der Selbstverwirklichung. Hinzu kam, dass der Mensch in der Epoche des Individualismus den gleichmäßig und unerbittlich voranschreitenden linearen Zeitstrahl zum einzig gültigen Zeitkonzept erkor. Aufgrund dessen fühlt sich der sich selbst verwirklichende Mensch heute stetig angetrieben, dem obersten Ziel, seinem individuellen Glück, hinterherzulaufen und ja nichts zu verpassen, denn das Verpasste kommt ja nicht wieder. Dieser Mensch hat keine Zeit und darf nicht verweilen. Zweifel an dem Sinn seines Tuns und die Wahrnehmung der Folgen seines Verhaltens würden ihn nur aufhalten, sodass er sein Glück verfehlen könnte.

Solange der Mensch sich von diesem individuumzentrierten Selbst- und Weltbild dominieren lässt, wird er nicht in der Lage sein, die anstehenden notwendigen Veränderungen seines Handelns vorzunehmen. Denn er ist ganz auf sich und seinen persönlichen Vorteil konzentriert, hat keinen Blick für übergreifende Zusammenhänge und die Notwendigkeit weltweiter Kooperation. Die primäre, dringend anstehende Veränderung muss also sein, dass der Mensch ein neues Verständnis von sich und seinem Leben in der Welt entwickelt, das heißt, dass der Mensch sich neu erfindet, so, wie er dies vor etwa 900 Jahren schon einmal getan hat.

Um die vielfältigen Dimensionen dieses gesellschaftlichen Umbruchs besser verstehen zu können, lohnt ein Blick zurück. In der Zeit vom 11. bis zum 13. Jahrhundert n. Chr. haben unsere Vorfahren in Europa eine ähnliche Transformation geleistet, als sie die Idee des Individuums erfanden, mit der Konstruktion von Räderuhren eine lineare Zeitvorstellung zum dominanten Modell von Zeit machten, als sie den dreidimensionalen Raum und die Perspektive entdeckten und den länderübergreifenden Handel mit Gütern zu einem Wirtschaftssystem ausbauten, das im Verlauf der Jahrhunderte zu der die Gesellschaft bestimmenden Kraft wurde.

Demgegenüber hatte der Mensch im Frühmittelalter, also in der Zeit etwa von 450 bis 1050 n. Chr., ein völlig anderes Verständnis von sich und der Welt, in der er lebte. Sein Blick war geprägt durch eine – wie wir es heute formulieren würden – ganzheitliche ökologisch-systemische Perspektive. Der Einzelne erlebte sich als Teil einer größeren Ordnung und Gemeinschaft, von der er abhängig war, die seinem Leben und seinen Handlungen Sinn verlieh und die seine Verhaltensmöglichkeiten bestimmte.

Dieser Blick zurück soll deutlich machen, dass unser heutiges Menschenbild und die Art, wie wir die Dinge betrachten, wie wir Raum und Zeit verstehen, die materiellen Güter verteilen, die Wirtschaft und unser Rechtssystem organisieren, keinesfalls so selbstverständlich sind, wie wir das unterstellen. Das heißt: Es soll erkennbar werden, dass der Mensch und seine Beziehung zur Umwelt auch völlig anders gedacht werden kann.

Dieser Idee folgt der Aufbau des Buches:

In Teil 1 wird die Andersartigkeit des Welt- und Selbstbilds des frühmittelalterlichen Menschen geschildert. Trotz der nahezu unüberwindlichen Fremdheit soll versucht werden, zumindest eine Ahnung vom Denken und Erleben des Menschen in der damaligen Zeit zu wecken. Damit soll deutlich werden, dass das heutige Verständnis des Menschen von sich und der Welt keineswegs unverrückbar und selbstverständlich ist. Das heißt: Wir können uns neu erfinden.

In Teil 2 wird auf diesem Hintergrund die Dramatik der epochalen Wende im 11. bis 13. Jahrhundert geschildert, die sich mit der Erfindung des Individuums vollzog. Es werden die wichtigsten Aspekte des Umbruchs im Selbst-Bewusstsein der Menschen aufgeführt, um zu verdeutlichen, wie damals in einer relativ kurzen Periode die Grundideen unserer heutigen Sicht auf uns selbst und auf die Welt erfunden wurden.

In Teil 3 wird dargestellt, dass sich auch heute die typischen Kennzeichen einer Umbruchphase zeigen, die nach meiner Überzeugung nur dann erfolgreich bewältigt werden kann, wenn der Mensch ein neues Bild von sich und seiner Beziehung zu der Welt, in der er lebt, entwickelt. Nur dann wird er bereit und in der Lage sein, die notwendigen Schritte zum Erhalt einer lebensfreundlichen Umwelt auf unserem Planeten zu machen. Das heißt: Wir müssen uns neu erfinden.

In Teil 4 werden schließlich einige aktuelle Ideen und Konzepte erörtert, die nach meiner Überzeugung Teil eines neuen Selbst- und Weltbildes werden sollten oder zumindest den notwendigen Weg dahin bahnen können.

Den Menschen im 11. bis 13. Jahrhundert ging es wie uns heute: Sie erlebten den Zusammenbruch des bis dahin dominierenden Weltbildes und standen vor der Aufgabe, eine neue Idee von sich und ihrer Beziehung zur Welt zu entwickeln, die die eigenen Vorstellungsmöglichkeiten überstieg und für die es auch noch keine Sprache gab. Die Leistung, die damals gelungen ist, hat eine außerordentliche kulturelle, technische und wirtschaftliche Entwicklung ermöglicht. Sie hat aber auch viele Schattenseiten mit sich gebracht: Klimakrise, soziale Ungerechtigkeit und gesellschaftliche Spaltung sind nur die offensichtlichsten Stichworte. Wir sind heute aufgerufen, ein neues Bewusstsein unserer selbst und der Beziehung zu unserer Lebensumwelt zu entwickeln, ohne genau zu wissen, wie das aussehen wird. Wir müssen in eine unbekannte Zukunft navigieren, deren Umrisse sich jedoch in Teilen bereits abzeichnen.

1 Selbstbild und Weltbild des europäischen Menschen im Frühmittelalter

Vorbemerkung

Im Folgenden soll ein Eindruck davon vermittelt werden, wie die Menschen in Mitteleuropa zur Zeit des Frühmittelalters sich selbst in ihrem Bezug zu ihrer Umwelt gesehen und verstanden haben. Die Darstellung erfolgt gegliedert nach unterschiedlichen Komponenten dieses Selbst- und Weltbildes wie: »das Selbstbild des Menschen«, »die Sicht auf die Natur, die Dinge, die Umwelt«, »die Wissenschaft«, »Ethik und Recht«, »das Erleben der Zeit« und »das Erleben des Raums«. Diese Darstellungsform widerspricht im Grunde genommen dem wichtigsten Charakteristikum der frühmittelalterlichen Kultur, die sich dadurch auszeichnet, dass alles mit allem verbunden ist und sich das eine durch das andere, das andere durch das eine erklärt. Sie ist trotzdem gewählt worden, weil sie sich an die in unserer heutigen Kultur verwurzelten Leserinnen und Leser wendet, die umfangreichere Darstellungen leichter erfassen, wenn das Ganze in unterschiedliche Aspekte gegliedert und diese getrennt voneinander analysiert werden. Sie dient – so die Hoffnung – dem besseren Verstehen seitens des durch die Epoche des Individualismus geprägten Adressaten.

Grundsätzlich stößt die Darstellung des frühmittelalterlichen Selbst- und Weltbildes auf drei nicht geringe Schwierigkeiten:

1 Das Korsett der aktuellen Sprache beim Beschreiben einer völlig andersartigen Selbst- und Weltsicht des Menschen

Es ist nicht leicht, über eine Kultur zu sprechen und zu schreiben, in der die Menschen ein anderes Selbst- und Weltbild hatten. Um einer solchen Zeit gerecht zu werden, setzt das voraus, die eigene Sichtweise und die eigenen Wert- und Bewertungsmaßstäbe zurückzustellen und sich für die Beschreibung einer anderen Art und Weise zu öffnen, sich selbst, die anderen und die Dinge der Umwelt wahrzunehmen. Das ist nicht zuletzt auch deshalb schwierig, weil unsere Sprache nicht ein neutrales Werkzeug ist, sondern unsere heutigen Perspektiven und Maßstäbe in sich trägt und unser Denken und Wahrnehmen prägt. Kriz verweist auf »die mit der Sprache ›selbstverständlich‹ vermittelten Bedeutungsbilder, Prinzipien, Regeln, Verstehensweisen, Appelle, Lebens- und Handlungsanweisungen«. Und er fährt fort:

> »Doch obwohl diese innerhalb einer bestimmten Kultur typisch sind und zwischen unterschiedlichen Kulturen ... stark differieren können, werden sie im Alltag üblicherweise nicht nur nicht hinterfragt, sondern meist auch gar nicht bemerkt.«[3]

Mit dieser Problematik setzt sich auch Gurjewitsch zu Beginn seines Werkes über das *Weltbild des mittelalterlichen Menschen* intensiv auseinander und formuliert:

> »Das uns innerlich fremde System von Ansichten und der uns fremde Gedankenaufbau, die in jener Epoche herrschten, sind nur mit Mühe dem modernen Bewusstsein zugänglich. ... Wenn wir die Vergangenheit, ›wie es eigentlich gewesen‹, begreifen wollen, dann müssen wir danach streben, an sie mit den ihr adäquaten Kriterien heranzugehen, sie immanent zu studieren, ihre eigene innere Struktur zu erschließen, und uns davor hüten, ihr unsere modernen Auffassungen und Einschätzungen aufzuzwingen.«[4]

Ein unzureichendes Bemühen, die eigenen Denkmuster und Wertmaßstäbe zumindest zunächst einmal zurückzustellen und dem Andersartigen mit möglichst vorurteilsfreiem Interesse und Neugier zu begegnen, sieht er als wesentlichen Grund dafür, dass gerade das Frühmittelalter in vielen Darstellungen als dunkle und eher primitive Epoche abgewertet wird und viele Berichte über das Leben dieser Zeit dem damaligen Weltbild in keiner Weise gerecht werden.

Aber obwohl sich Gurjewitsch dieses Problems bewusst ist und er es auch im Verlauf seines Buches wiederholt thematisiert, finden sich doch auch bei ihm immer wieder Formulierungen, die aus der Sicht des heutigen Beobachters (und Beurteilers) als Negativ-Beschreibungen formuliert sind, beispielsweise: »Der [frühmittelalterliche] Mensch ist offensichtlich noch nicht in der Lage, ... [sich selbst als ein sich entwickelndes, einzigartiges Wesen zu erkennen]« oder: »So ist das Verhältnis des Menschen zur Natur im Mittelalter nicht ... [das Verhältnis des Subjekts zum Objekt]« oder »Der Mensch erkannte sich nicht ... [als autonome Individualität]«.

In ähnlicher Weise spiegelt sich das Problem der Sprache in der Formulierung von der *Entdeckung des Individuums* (so beispielsweise der Titel der Monografie von van Dülmen 1997) im Hoch- und Spätmittelalter. Denn mit dieser sprachlichen Wendung vom »Entdecken« wird implizit ausgedrückt, dass da etwas schon lange oder bereits immer Bestehendes gefunden, aufgespürt oder ausgegraben wurde. Man »entdeckt« beispielsweise bislang noch nicht bekannte Vogelarten oder aber alte Siedlungsreste, die lange im Boden verborgen waren.

Derschka problematisiesrt diesen Begriff der Entdeckung des Individuums in dieser Epoche, der sich in der Geschichtswissenschaft durchgesetzt hat, in ähnlicher Weise, wenn er schreibt:

> »Das deutsche Wort ›entdecken‹ bedeutet ... das (Wieder-)Auffinden eines Gegenstands oder eines Sachverhaltes, der bislang existent, aber der erkennenden Aufmerksamkeit verborgen war. Entdeckungen dieser Art können auftreten, wenn ein noch unerforschter Urwald nach Insekten durchsucht oder ein besonders starkes Teleskop auf den Sternenhimmel gerichtet wird; mithin kommen sie geläufig im Kontext normaler naturwissenschaftlicher Forschung vor. Für Entdeckungen dieser Art ist es bezeichnend, dass sie nicht unerwartet kommen und dass ihre Klassifikation keine allzu großen Schwierigkeiten bereitet. Daneben kennt die Wissenschaftsgeschichte eine Reihe ›großer‹ Entdeckungen, durch welche nicht nur die Welt der Objekte vermehrt, sondern ganz besonders unser Blick auf die Dinge verändert wurde, etwa die Entdeckung des Nikolaus Kopernikus, dass die Sonne und nicht die Erde den Mittelpunkt unseres Sonnensystems bildet.«[5]

Die Geschichtswissenschaft hat lange Zeit die Entwicklung der Wissenschaft als ein ständiges Voranschreiten durch eine Aneinanderreihung derartiger kleiner und großer Entdeckungen dargestellt, die kumulativ den modernen Wissensbestand aufgebaut haben. Dieser Sicht liegt unser heutiges lineares Fortschrittsmodell zugrunde, das die Idee von der »Entdeckung des Individuums« nahelegt. Viele heutige Wissenschaftler gehen eher unreflektiert und »selbstverständlich« davon aus, dass ein komplexeres Weltbild auf einem einfachen, »primitiven« Erkennen und Denken aufbaut, und sehen eine solche Entwicklung als nahezu zwangsläufig an. In der Betrachtung eines anderen Selbst- und Weltbildes, einer anderen Kultur, wird unterstellt, dass beispielsweise unsere heutige Sicht auf den Menschen als ein Individuum nicht nur selbstverständlich, sondern auch »richtig«, im Grunde die einzig mögliche ist.

Der Begriff des »Entdeckens« wird aber dem von den Geschichtswissenschaftlern geschilderten Geschehen im 12. und 13. Jahrhundert nicht gerecht. Er ist auch dann nicht zutreffend, wenn man wie Derschka zwar eine einfache Entdeckung verneint, diesen Begriff aber offensichtlich für sinnvoll zur Bezeichnung eines längeren Prozesses hält, »in dessen Verlauf sich Menschen ihrer und ihrer Mitmenschen Individualität bewusst wurden und diesen Zustand zu artikulieren begannen«.[6] Denn auch mit dieser Formulierung wird unterstellt, dass es da – offensichtlich unbewusst – etwas gegeben hat, das ins Bewusstsein aufsteigen und dann ausgesprochen werden konnte. Damit gerät man jedoch in den Bereich willkürlicher Spekulationen.

Denn bei Betrachtung des Menschen- und Weltbildes im Frühmittelalter wird man – wie noch zu zeigen sein wird – keine Ansätze entdecken können, die im Hochmittelalter nur weiterentwickelt werden mussten. Vielmehr traten in dieser Zeit Ideen auf, die nicht vorgeprägt waren und die grundsätzlich auch ganz anders hätten ausfallen können. Die oftmals vertretene Kontinuitätsidee einer Entwicklung des Selbst- und Weltbildes vom Frühmittelalter bis in die Gegenwart ist eben ein typisches Merkmal unseres heutigen Denkens. Dies ist – wie schon gesagt – entscheidend geprägt durch die Vorstellung, dass sich alle Komponenten einer Kultur vom Einfachen zum Komplexen, vom Primitiven zum Hochstehenden entwickeln und dass die ganze Welt durch diesen ständigen Fortschritt geprägt wird.

Eine deutliche Gegenposition zu dieser Annahme im Hinblick auf die Rechtsgeschichte vertritt Viktor Achter in seinem Buch *Geburt der Strafe*:

> »Wenn allerdings die Meinung vertreten wird, dass es von Anbeginn des uns bekannten germanischen (und später frühmittelalterlichen) Rechts bereits Ansätze zu einer Strafe im heutigen Sinn* gegeben habe, dass sich aus ersten Anfängen dieser Begriff allmählich in steigendem Maße ›entwickelt‹ habe, wer insoweit also hinsichtlich des Rechts ›entwicklungsgläubig‹ ist, dem muss ich vorweg meine grundsätzlich andere Ansicht bekennen. Weder sehe ich solche ›Ansätze‹, noch eine ›Entwicklung‹. Ich sehe vielmehr eine Zeit, in der es eine Strafe nicht gab, auch keine Ansätze zu ihr. Das Recht war damals etwas grundsätzlich anderes, als es später wurde. Und weiter sehe ich eine Zeit, in der das Recht anders geworden ist** und dann allerdings schon viele Ansätze

* Als »Strafe im heutigen Sinne« wird eine auf die Person des Täters bezogene Reaktion auf ein Delikt, ein sittliches Urteil über Tat und Täter verstanden.

** Achter bezieht sich auf die »Wandlung des abendländischen Geistes«, die sich im 12. Jahrhundert vollzieht.

> zeigt, die sich im heutigen Recht wiederfinden. In jener Zeit sehe ich auch den Begriff der Strafe. Aber zwischen dem einen und dem anderen gibt es keine ›Entwicklungsreihe‹. Das Neue ist etwas grundsätzlich anderes, ein aliud.«[7]

Ganz offensichtlich wurde im Hochmittelalter eine neue Idee über das Wesen des Menschen entwickelt und ein neues und bis dahin zumindest in Mitteleuropa nicht bekanntes Selbst- und Weltbild des Menschen geschaffen und konstruiert, das sich in alle Bereiche des Alltagslebens auswirkte, ebenso wie es das Recht und die Wissenschaft prägte. Es wurde die Vorstellung des einzelnen Menschen als eines autonomen Subjekts erdacht, das sich von den ihn umgebenden Dingen distanziert und sie getrennt von seiner Person als Objekte betrachtet. Das heißt: Es wurde die Idee des Menschen als Individuum erfunden.

Diese sprachliche Differenz zwischen »Entdecken« und »Erfinden« ist von nicht unerheblicher Bedeutung: Etwas »Entdecktes« ist für ewige Zeiten offengelegt und wird weiterbestehen. Demgegenüber kann etwas »Erfundenes« durch etwas ersetzt werden, was man neu erfindet, beispielsweise weil das Bisherige sich als Auslöser für viele unerwünschte und gefährliche Entwicklungen erwiesen hat. Und genau von dieser Aufgabe des Menschen, sich neu zu erfinden, handelt dieses Buch.

Dass im Hochmittelalter ab dem 12. Jahrhundert nichts Selbstverständliches erfunden wurde, soll der Anthropologe Clifford Geertz bezeugen, der nach Derschka »die abendländische Vorstellung von der autonomen Person (für) eine kulturelle Ausnahmeerscheinung«[8] hält. In dem Kapitel »Aus der Perspektive des Eingeborenen« seines Buches *Dichte Beschreibung* formuliert er:

> »Die abendländische Vorstellung von der Person als einem fest umrissenen, einzigartigen, mehr oder weniger integrierten motivationalen und kognitiven Universum, einem dynamischen Zentrum des Bewusstseins, Fühlens, Urteilens und Handelns, das als unterscheidbares Ganzes organisiert ist und sich sowohl von anderen solchen Ganzheiten als auch von einem sozialen und einem natürlichen Hintergrund abhebt, erweist sich, wie richtig sie uns auch scheinen mag, im Kontext der anderen Weltkulturen als eine recht sonderbare Idee. Statt zu versuchen, die Erfahrungen anderer in den Rahmen unserer Vorstellung einzuordnen ..., müssen wir, um zu einem Verstehen zu gelangen, solche

Vorstellungen ablegen und die Erfahrungen anderer Leute im Kontext ihrer eigenen Ideen über Person und Selbst betrachten.«[9]

2 Das Mittelalter – eine Zeit mehrerer, sehr unterschiedlicher Epochen

Das Mittelalter ist eine Periode in der mitteleuropäischen Geschichte, die nicht als eine einheitliche Epoche aufgefasst werden kann, sondern in drei sehr unterschiedliche Zeitspannen zu gliedern ist. Die ersten ca. 600 Jahre von der Mitte des 5. Jahrhunderts n. Chr. bis zur Mitte des 11. Jahrhunderts werden heute als Frühmittelalter bezeichnet. Zwei bedeutsame Ereignisse gehen dem voraus: zum einen die Völkerwanderungen, zum anderen der Zerfall des Römischen Reichs mit der Absetzung des letzten römischen Kaisers im Jahre 476. Damit wurde das Christentum in Mitteleuropa zur einzigen ordnenden Kraft. Und man kann wohl sagen, dass das Christentum dafür sorgte, dass sich während der gesamten Zeit des frühen Mittelalters Entwicklungen und Veränderungen vergleichsweise langsam vollzogen und die Menschen über ein stabiles Selbst- und Weltbild verfügten.

Die zwei darauffolgenden Jahrhunderte von ca. 1050 bis 1250 werden als Hochmittelalter bezeichnet. Es ist die Zeit, in der nahezu im gesamten Abendland ein großer Umbruch und ein tiefgreifender Wandlungsprozess stattfanden. Er erfasste alle Lebensbereiche und führte zu einer Veränderung der frühmittelalterlichen Gesellschaft, die sich in neuen Lebens- und Bewusstseinsformen zeigt. Das Hochmittelalter war eine Zeit großer Verunsicherungen und Unruhen, die sich unter anderem in den sogenannten Besessenheitsepidemien äußerten; zugleich lösten neue Ideen und ein neues Selbstverständnis zunächst Einzelner eine sehr dynamische Entwicklung aus.

Im Zusammenbruch der Herrschaft der Staufer in der Mitte des 13. Jahrhunderts (1250) sieht die Forschung dann den Übergang vom Hochmittelalter zum Spätmittelalter, in dem der Bewusstseinswandel einen Großteil der Bevölkerung erfasste und die Idee vom »neuen Menschen«, vom Individuum, sich weiter ausbreitete und ausdifferenzierte, eine Idee, die dann zum Träger der Entwicklung bis in unsere heutige Zeit wurde. Es ist diese Zeit des Spätmittelalters mit seinen Städten und Ritterburgen, die heute das Bild vom Mittelalter prägt und an die die meisten zeitgenössischen Menschen denken, wenn über diese Epoche gesprochen wird.

Obwohl das Mittelalter diese ganz unterschiedlichen Zeitspannen umschließt, werden in vielen historischen Darstellungen diese Epochen nicht deutlich unterschieden. Es werden vielmehr oft Aussagen über *das* Mittelalter gemacht, was zwangsläufig zu verschwommenen und in sich widersprüchlichen Darstellungen führt. Zudem wecken die Zeiten des Hochmittelalters und des Spätmittelalters aufgrund ihrer größeren Dynamik und der vielen, damals neu aufkommenden Ideen häufig ein deutlich größeres Interesse der Forscher als das Frühmittelalter, was diese Unklarheiten noch verschärft, sodass die unterschiedlichen Weltbilder der Menschen im Mittelalter nicht klar herausgearbeitet werden.

3 Der geringe Umfang des Quellenmaterials

Der Umfang der uns aus dem Frühmittelalter überkommenen Schriften ist gering. Das hängt damit zusammen, dass nur ein verschwindend geringer Teil der Menschen dieser Epoche das Lesen und Schreiben beherrschte. Selbst unter den Adligen und den Klerikern waren diese Fähigkeiten nicht weit verbreitet, am ehesten noch unter den Mönchen, von denen die meisten die Klosterschulen besuchten. Zudem wollen viele Texte, beispielsweise die verbreiteten Heiligenviten, das Idealbild eines gottgefälligen Lebens darstellen und sind damit nur bedingt geeignet, eine Vorstellung von dem tatsächlichen Leben der Menschen im frühen Mittelalter zu vermitteln.

Die ständisch-feudale Gesellschaftsordnung

In der folgenden Darstellung wird versucht, auf alle Formulierungen zu verzichten, die Vergleiche mit dem beinhalten, das als Neues in der Umbruchphase des Hoch- und Spätmittelalters erfunden wurde und die Basis für unser aktuelles Menschen- und Weltbild ausmacht. Diese Darstellungsweise führt zwar zu deutlich eingeschränkten Beschreibungen, nicht zuletzt bei den Zitaten aus der Literatur. Sie geschieht aber in der Hoffnung, dass es dadurch gelingt, ein Bild der Eigenständigkeit dieser Zeit zu entwerfen, was nur schwer möglich ist, wenn das Charakteristische durch Vergleiche mit unserer heutigen Weltsicht herausgearbeitet wird. Vielleicht gelingt es dem Leser dann zumindest für kurze Zeit, den vergleichend wertenden Blick zurückzustellen, der leicht zu einer vorwiegend defizitorientierten Sicht auf das Menschen- und Weltbild des Frühmittelalters führt.

Die frühmittelalterliche Gesellschaft ist eine Ständegesellschaft. Sie ist hierarchisch geordnet. Jeder bekommt durch die Geburt seinen ihm zustehenden Platz zugewiesen. Es gibt drei Stände: den Klerus, den Adel und die Bauern. Innerhalb dieser Stände bestehen wiederum hierarchisch geordnete Binnendifferenzierungen.

Die *Kirche* bestimmt umfassend über das Leben der Bevölkerung. Der Glaube ist für die Menschen extrem wichtig, denn sie fürchten sich sehr vor dem Tod und dem Fegefeuer. Die höheren Vertreter der Kirche sind der Papst, die Erzbischöfe und die Bischöfe. Dem niederen Klerus gehören die Dorfpfarrer, die Prediger und die Wanderprediger, zudem die Mönche und die Nonnen an.

Der *Adel* ist ein sozial, rechtlich und politisch privilegierter Stand. Seine Rechte gründen sich auf Geburt, Besitz und zuweilen auch besondere Leistungen. Die adlige Führungsschicht ist sehr klein. Königsnähe und Besitzumfang spielen für das adelige Standesbewusstsein eine wichtige Rolle. Ebenso wie die höheren Kleriker gestalten die Adligen ihr Leben zumeist sehr prunkvoll.

Die Epoche des frühen Mittelalters ist geprägt durch die Agrarwirtschaft. Der Anteil der *Bauern* an der Bevölkerung liegt bei etwa 90 Prozent. Ihre Arbeit bildet die Lebensgrundlage der Gesellschaft.

Diese ständische Struktur der Gesellschaft ist für das Frühmittelalter sehr charakteristisch und wird von keiner Seite hinterfragt.

> »Der Begriff der Gliederung der Gesellschaft in Stände durchdringt im Mittelalter alle theologischen und politischen Betrachtungen bis in ihre Fasern. Er beschränkt sich durchaus nicht auf die übliche Dreizahl Geistlichkeit, Adel und dritter Stand. Der Begriff Stand hat nicht nur einen größeren Wert, sondern auch eine viel umfassendere Bedeutung. Im Allgemeinen wird jede Gruppierung, jede Funktion, jeder Beruf als ein Stand angesehen, so dass neben der Einteilung der Gesellschaft in drei Stände eine in zwölf vorkommen kann. Denn Stand ist Zustand, ›estat‹, oder ›ordo‹; es liegt darin der Gedanke einer von Gott gewollten Seinsweise. ... In dem schönen Bild, das man sich von Staat und Gesellschaft machte, wurde jedem der Stände seine Funktion zugewiesenen, nicht seiner erprobten Nützlichkeit, sondern seiner Heiligkeit oder seinem Glanz und Schimmer entsprechend. Man konnte dabei die Entartung der Geistlichkeit, den Verfall der ritterlichen Tugenden bejammern, ohne darum das Idealbild auch nur im mindesten preiszugeben; mögen auch die Sünden der Menschen die Verwirklichung des Ideals verhindern, so bleibt es dennoch Grundlage und Richtschnur des gesellschaftlichen Denkens. Das mittelalterliche Bild der Gesellschaft ist statisch, nicht dynamisch.«[10]

Im Verlauf der Jahrhunderte differenziert sich ein zweites Ordnungssystem der frühmittelalterlichen Gesellschaft heraus: der Feudalismus. Der Begriff leitet sich ab von dem lateinischen Wort *feodum*, einem zum Lehen (also zur Leihe) übertragenen Land, dem *beneficium*. Der Monarch (der Kaiser oder König), der Adel und die Kirche sind die Grundbesitzer. Sie geben bestimmte Rechte und Land (sogenannte Lehen) an Untertanen für treue Dienste weiter. Die Untertanen des Königs, die die Lehen erhalten, nennt man Vasallen. Sie dürfen das Land nutzen, müssen dafür dem König ergeben sein. Sie müssen bereit sein, zum Beispiel mit dem Feudalherrn (dem Lehnsherrn) in den Krieg zu ziehen. Den Grundherren wiederum sind die Bauern untertan. Diese bestellen das Land und schulden dafür dem Grundherren Abgaben (die Fron), sowohl in Form von Arbeitsleistungen auf dem direkt vom bzw. für den Grundherren bestellten Land (Salland) als auch in Form von Naturalabgaben, die aus demjenigen Stück Land aufgebracht werden müssen, das sie selbst bewirtschaften (Zehnt).

Die Bauern sind an die Scholle (das zu bestellende Land) gebunden *(glebae adscripti)* und haben nicht das Recht, sie zu verlassen, weil sie als Bestandteil der Wirtschaftsgüter des Lehnsgutes gelten. Sie müssen genügend Überschüsse erwirtschaften, um nicht nur die eigene Familie, sondern ebenfalls den Grundherren zu ernähren, der ein aufwendiges Leben führt. Die Herrschaft der Grundherren bildet den Kern der staatlichen Ordnung; der Grundherr ist oft der einzige Bezugspunkt des Bauern. Die in der Grundherrschaft zusammengeschlossenen Hörigen werden als *familia* des Grundherrn bezeichnet.

Nach Götz[11] leben im Frühmittelalter schätzungsweise mehr als 90 Prozent der Gesamtbevölkerung auf dem Land. Das Land ist Ernährungsquelle und Existenzgrundlage sowohl der Bauern, die es bearbeiten, als auch der adligen und geistlichen Herren, die es besitzen. Das Landleben ist dementsprechend die normale, typische Lebensform, und agrarische Denkformen sind allen Schichten gemeinsam. Als Karl der Große z. B. für die Monate deutsche Namen einzuführen versucht, orientiert er diese an der landwirtschaftlichen Saison: Beispielsweise nennt man den Mai Winnemonat (Wiesenmonat), den Juni Brachmonat (zum Umbrechen des Brachlandes), den Juli Hewimonat (Heumonat).

Die Herrschaftsgebiete sind räumlich nicht exakt lokalisiert. Die Grenzen sind durchlässig und unklar. Nicht selten überschneiden sie sich. Manche Autoritäten üben im selben Gebiet gleichzeitig Herrschaft aus, die Zuständigkeiten sind häufig nicht eindeutig geklärt. Es gibt viele lokale rechtliche Teilsysteme, die sich sehr voneinander unterscheiden. Sie sind relativ eigenständig und wenig in umfassende politische und gesellschaftliche Einheiten integriert. Oft gibt es in mittelalterlichen Dörfern gleichzeitig mehrere Lehensherren. Die Könige haben keine feste Residenz, sondern zunächst mehrere *sedes regiae*. Man spricht von einem »Reisekönigtum«. Sie üben ihre Herrschaft, die neben Kriegszügen vor allem in der Abhaltung von Reichsversammlungen und Synoden besteht, an wechselnden Orten aus: »Der Hof« ist ständig unterwegs. Auch ihr Zuständigkeitsbereich hat eher fließende Grenzen. Westliche und geistliche Gewalt überschneiden sich: Den Königen wird eine sakrale Stellung zugestanden, den Bischöfen das Recht auf Herrschaft. Kirchenfeste werden oft für politische Handlungen genutzt.

Die *Klöster* bilden ein weiteres Element in der Struktur der frühmittelalterlichen Gesellschaft. Das Klosterleben stellt die bedeutendste Form des religiösen Lebens des Frühmittelalters dar, zumal es großen Einfluss auf die übrige Gesellschaft hat. Die Klöster sind weitverbreitet und voll in das gesellschaftliche Leben integriert. In einer Zeit, die große Ernährungsprobleme hat, leistet man sich Mönche, die selbst wenig produzieren und zusätzlich ernährt werden müssen, damit diese für die anderen Menschen beten. Deshalb genießt der Mönch – und in geringerem Maße auch die Nonne – ein hohes soziales Ansehen, das Klosterleben gilt weithin als die vollkommenste Lebensform überhaupt. Die Klöster sind zudem die Bewahrer der Kultur und Zentren der Bildung. Kulturelle Arbeiten werden nahezu ausschließlich in Klöstern gefertigt, etwa Kopien alter Bücher. Auf diese Weise werden bedeutende Kunst- und Kulturgüter geschaffen. Ausbildung, die weithin auf Kleriker sowie Mönche und Nonnen beschränkt ist, findet vor allem in Klosterschulen, zusätzlich noch in wenigen Domschulen der Bischofskirchen statt.

> »Die Rolle der Klöster griff zwangsläufig über den Bereich des Religiösen hinaus, weil die Religion weit stärker in das Alltagsleben integriert war als heute; das Mönchtum des Mittelalters war nicht nur Bestandteil der Kirche, sondern auch der ›Welt‹, vor allem der herrschaftlichen Welt. ... Auch das Kloster konnte sich, entgegen der ursprünglichen Absicht, nicht der für das Mittelalter so typischen Verschmelzung von Weltlichem und Geistlichem entziehen. Mittelalterliches Mönchtum war gewissermaßen das Herrenleben in seiner religiösen Ausprägung. ...

Dieser weltliche Aspekt (widersprach) dem ursprünglich religiösen Ziel und führte tatsächlich immer wieder auch zu Konflikten.«[12]

Es gibt unterschiedliche Gründe, in ein Kloster einzutreten. Die meisten allerdings werden – so Götz[13] – nicht aus eigenem Entschluss Nonne oder Mönch, sondern bereits als Kinder von ihren Eltern in ein Kloster gegeben und dort erzogen, unter Aufsicht *(custodia)* und in Zucht *(disciplina)* gehalten, wie es die Benediktsregel vorschreibt, um dann, wenn sie herangereift sind, etwa mit 15 Jahren Mönch oder Nonne werden zu können. Für die Aufnahme in ein frühmittelalterliches Kloster bedarf es einer nennenswerten Aufnahmeschenkung, da die Aufgabe des persönlichen Besitzes Voraussetzung für ein Klosterleben ist. Aus diesem Grund werden viele Klöster allmählich zu reinen Adelsklöstern.

Allgemeine Charakteristika der Gesellschaft

Das Leben des Menschen im Frühmittelalter ist in all seinen Handlungen und seinen Bezügen durchdrungen von religiösen Vorstellungen. All sein Tun und alle Dinge, mit denen er umgeht, werden in Beziehung zu Christus und dem Glauben gesetzt. Alle gesellschaftlichen Regeln und Gebräuche werden daraufhin untersucht, ob sie mit den Worten der Bibel in Übereinstimmung zu bringen sind. Daraus resultiert eine Einheitlichkeit der Weltanschauung, die alle Lebensbereiche bestimmt. Das Universum ist eine von Gott geschaffene Einheit. Gott ist die höchste Instanz, und alles, was er in seiner Vollkommenheit geschaffen hat, ist sakrosankt und kann nicht hinterfragt werden. Die ständische Gliederung der Gesellschaft und die mit ihr verbundene Ungleichheit der Lebensbedingungen ist eine akzeptierte Tatsache, die keinen Widerspruch auslöst.

»Alles Existierende geht auf ein zentrales regulatives Prinzip zurück, fügt sich in eine geordnete Hierarchie ein und befindet sich in einem harmonischen Verhältnis zu den anderen Elementen des Kosmos. Da das regulative Prinzip der mittelalterlichen Welt Gott ist, der als das höchste Gut und die höchste Vollkommenheit betrachtet wurde, erhalten die Welt und alle ihre Bereiche eine religiös sittliche Färbung.

Im mittelalterlichen ›Weltmodell‹ gibt es keine ethisch neutralen Kräfte und Dinge: Sie alle sind mit dem kosmischen Konflikt von Gut und

> Böse in Wechselbeziehung gesetzt und in die weltweite Heilsgeschichte einbezogen. … Das, was dem Menschen des Mittelalters als eine Einheit erschien, die in der Gottheit ihre Vollendung fand, war auch in Wirklichkeit eine Einheit – denn es bildete die sittliche Welt der Menschen jener Epoche.«[14]

Das Leben im Frühmittelalter ist Gemeinschaftsleben. Vielfältige Gefahren lassen die Menschen nach Geborgenheit in gesellschaftlichen Bindungen suchen. Ständische Verhaltensnormen geben den Lebensstil vor und bestimmen, was der Einzelne zu tun und zu lassen hat. Das Handeln des Einzelnen ist dem Wohl der Gruppe, der er zugeordnet ist, unterworfen, ebenso wie die Gruppe sich wiederum an den Interessen der größeren Gemeinschaft zu orientieren hat.

Der Alltag vollzieht sich zunächst einmal im Rahmen des Hauses bzw. der Familie*, die zumeist aus den Eltern und zwei oder drei Kindern besteht. Die Familie eines Haushalts ist die kleinste Lebenseinheit und eine Produktionsgemeinschaft, die jedoch für sich allein nicht lebensfähig ist, sondern in Kooperation mit anderen Familien lebt und arbeitet. Der Familienname richtet sich entweder nach der Familie des Mannes oder (etwas seltener) nach der Familie der Frau. Die Verwandtschaft der Frau ist offensichtlich ebenso wichtig wie die des Mannes. Die Namen werden häufig der sozial höherstehenden Familie entnommen, um sozialen Aufstieg anzuzeigen.[15] Die Ehe ist nicht Folge, sondern Voraussetzung gefühlsmäßiger Zuneigung. Liebe ist im Frühmittelalter ein viel gebrauchter, allerdings vornehmlich auf die Gottes- und Nächstenliebe bezogener Begriff.

Kinder wachsen als »kleine Erwachsene« in der Gemeinschaft auf. Sie schauen sich das, was die Erwachsenen tun, von diesen ab und führen das entsprechende Verhalten der Erwachsenen aus, sobald sie körperlich dazu in der Lage sind. Sie leben in einem informellen »natürlichen Lehrlingsverhältnis«.

> »Kinder trugen die gleichen Kleider, spielten die gleichen Spiele, verrichteten die gleichen Arbeiten, sahen und hörten die gleichen Dinge wie die Erwachsenen und hatten keine von ihnen getrennten Lebensbereiche.«[16]

---

* Der Begriff *familia* wurde im Frühmittelalter unterschiedlich benutzt: einmal zur Bezeichnung der in einem Haushalt lebenden Personen, zum anderen zur Bezeichnung all der Personen, die einem Lehnsherren unterstellt waren.

Die Kinder der Bauern werden schon früh zur Mitarbeit herangezogen. Unterricht erhalten bestenfalls einige Kinder aus der kleinen Oberschicht. Sie lernen in einer Art Priesterschule gemeinsam mit Erwachsenen das Lesen und Schreiben. Eine besondere Form von Erziehung gibt es nicht. Das Problem der Sozialisierung, der Einführung des jungen Menschen in die Gesellschaft, gilt – so Gurjewitsch[17] – »mit dem Taufakt als gelöst«.

Das Selbstbild des Menschen

Der Mensch im Frühmittelalter lebt eingebunden in seine soziale Gruppe und damit an dem Platz, an den er von Gott gestellt worden ist. Er gehört zu einem größeren, höheren Ganzen und muss im Rahmen dieses Ganzen die ihm übertragene soziale Rolle ausfüllen. Sie ist ihm vorgegeben und wird als seine Berufung *(vocatio)* betrachtet. Er nutzt seine persönlichen Fähigkeiten dazu, um mit größtmöglichem Erfolg seine soziale Vorherbestimmung zu verwirklichen.

Das Verhalten des frühmittelalterlichen Menschen wird festgelegt durch den Verhaltenskanon seines Standes, der den Lebensstandard, die Ideale und Werte, die Denkgewohnheiten und Verhaltensformen bestimmt. Diese Vorgaben hat er bestmöglich zu verwirklichen. Abweichungen von der Norm werden nicht geduldet, weil sie den christlichen Vorbildern widersprechen und für den Glauben als gefährlich gelten. Meinungsäußerungen, die den Meinungen derer widersprechen, die allein das Recht haben, sich zu Glaubensangelegenheiten zu äußern, gelten als Ketzerei. Das Verbrechen des Ketzers besteht nicht zuletzt darin, dass er intellektuelle Überheblichkeit zeigt und die eigene Meinung der Meinung jener vorzieht, die allein bevollmächtigt sind, sich zu Glaubensangelegenheiten authentisch zu äußern. Es ist zudem die Aufgabe des frühmittelalterlichen Menschen, sich um das Allgemeinwohl zu sorgen, um damit auch das eigene Wohl zu erreichen. Das eine gilt als undenkbar ohne das andere.

Gebser[18] beschreibt das Selbsterleben der Menschen im Mittelalter mit den Worten:

> »Der Mensch erlebt sich organisch eingebettet innerhalb eines Beziehungssystems, er wird durch dieses getragen und in seinen Handlungen bestimmt. Seine Vorstellungen und Wahrnehmungen sind insgesamt ganzheitlich, so wie er sich selbst als Person nur in Abhängigkeit vom

> Ganzen erlebt. Tradition und Überlieferung werden in ritualen Formen weitergegeben. … Es herrscht ein sehr starker subjektiver Beziehungsreichtum zwischen den Menschen und den Dingen, ebenso wie zwischen den Menschen untereinander. Wird jemand in die Gemeinschaft seiner Sippe, seines Stammes hineingeboren, so fühlt er sich mit ihr zeitlebens fest verbunden. Niemals verlässt er diese Gemeinschaft, ohne die er als mythischer Mensch nicht existenzfähig wäre.«

Der Einzelne ist, wie Stapelfeldt[19] hervorhebt, unmittelbar vergesellschaftet und existiert nur als Moment der Gemeinschaft. Der Mensch erlebt sich als eine unmittelbare Einheit von Körper und Seele, Natur und Denken. Dieses Denken erfolgt in Bildern und Metaphern, in Gleichnissen und Erzählungen. Die Sprache ist konkret-anschaulich. Sie enthält keine Begriffe, die Abstraktion ermöglichen. Der Mythos deutet die Welt insgesamt.

Durch das Christentum sieht Gurjewitsch[20] den frühmittelalterlichen Menschen in eine in sich widersprüchliche Situation gestellt: Einerseits wird er als gottähnlich, dem Bilde seines Schöpfers nachgebildet, angesehen. Da die Welt für den Menschen geschaffen wurde, kann man im Menschen die ganze Welt und ihre Einheit finden. Er teilt mit den Engeln die Fähigkeit, zu verstehen und zu urteilen. Der Mensch ist somit als gottunmittelbares Wesen die Krone der Schöpfung. Andererseits aber ist der Mensch ein Sklave Gottes. Doch der Dienst an Gott erniedrigt nicht, sondern hebt den Menschen empor und erlöst ihn. Allerdings erfordert Dienen Demut und die Unterdrückung der persönlichen Neigungen, die den rigoristischen Idealen des Christentums widersprechen. Erlösung und Vollendung des Menschen sind erst in der anderen Welt möglich. Eine freie Entwicklung der Persönlichkeit ist auf Erden ausgeschlossen.

Sehr eindrücklich lässt sich das frühmittelalterliche Menschenbild an den Heiligenviten und Chroniken ablesen, die im frühen Mittelalter eine hohe Bedeutung hatten. Die Charakterzüge der dort dargestellten Menschen werden typisiert dargestellt und lassen sich kaum zu einem Gesamtbild vereinen. Die Menschen werden vorwiegend geschildert als Träger bestimmter Eigenschaften, wie zum Beispiel des Stolzes, der Tapferkeit, des Edelmuts oder der Feigheit, der Habsucht, der Böswilligkeit und Verderbtheit. Sie handeln in den historischen Erzählungen weniger als konkrete Persönlichkeiten, sondern vielmehr als personifizierte positive oder negative moralische Werte. Änderungen, die im Verlaufe des dargestellten Lebens auftreten, geschehen plötzlich, für den Leser unvorbereitet. Der Verzagte findet plötzlich Mut, der Habsüchtige schaut auf das Ende der Welt und verteilt sein Geld als Almosen und der Sünder tut Buße und führt von Stund an ein gottgefälliges Leben.

> »Nicht umsonst stellte man im Mittelalter so gern personifizierte Tugenden und Laster dar. Güte und Habsucht, Hochmut und Klugheit, Sanftmut und Gerechtigkeit wurden, ähnlich wie Zeit, Alter und dergleichen mehr, ständig in menschlichen Gestalten verkörpert, die sich selbständig auf den Seiten der Romane und Poeme, in Miniaturen und als Skulpturen bewegen und wirken. Diese allegorischen Wesen traten in der Rolle von Führern und Lehrern des Menschen auf: Sie veranlassten ihn zu diesen oder jenen Handlungen und flößten ihm die betreffenden Gefühle ein. Der Mensch selbst erwies sich in der Stellung einer Marionette, der diese verkörperten Eigenschaften Leben verliehen. Der Mensch befand sich in der Regel zum gegebenen Zeitpunkt in der Macht irgendeiner dieser sittlichen Kräfte, und unter deren Einfluss führte er dann seine Handlungen aus. Die Initiative ging von diesen Kräften aus, sie war nicht im Kern der ganzheitlichen Persönlichkeit verwurzelt. In der menschlichen Seele kämpften verschiedene Kräfte, doch deren Ursprung befand sich außerhalb der Persönlichkeit. Deshalb waren auch diese Kräfte oder moralischen Eigenschaften selbst unpersönlich, und sowohl die Tugenden als auch die Laster waren Allgemeinbegriffe. ... Ihre Anwesenheit im Menschen bestimmte dessen Geistesverfassung und Verhalten. Sie drangen in ihn ein, ähnlich wie nach mittelalterlichem Glauben der Teufel in den Menschen eindringen konnte, und verließen ihn ebenso, wie die unreine Kraft (der Teufel) die menschliche Haut verließ. Die mittelalterlichen Moralisten verglichen die Seele des Menschen mit einer Festung, in der die Tugenden von den sie überfallenden Lastern belagert sind.«[21]

Nicht selten wird das Bild vom Menschen als einem »Gefäß« verwandt, das mit unterschiedlichem, im Verhältnis zu seinem Wesen äußerlichem Inhalt gefüllt ist.

Die Natur, die Dinge, die Umwelt

Ein herausragendes Merkmal des frühmittelalterlichen Menschen ist seine Nähe zur Natur. Der weit überwiegende Teil der Bevölkerung führt eine naturalwirtschaftliche Lebensweise und findet im unmittelbaren Austausch mit der Natur die Hauptquelle der Befriedigung seiner grundlegenden Bedürfnisse. Die Natur ist für ihn lebendig und beseelt, anthropomorph, und verfügt über moralische Qualitäten. Eine eindeutige Abgrenzung zwischen dem frühmittelalterlichen Menschen und der Natur ist kaum festzustellen.

> »Er findet in der Welt seine eigene Fortsetzung und entdeckt gleichzeitig auch in sich selbst das Weltall. Sie schauen gleichsam gegenseitig ineinander hinein.«[22]

> »Die Natur ist für das Mittelalter gleichbedeutend mit den vier Elementen, aus denen sich Universum und Mensch zusammensetzen, der ja seinerseits ein Miniaturuniversum, ein Mikrokosmos ist. Der Leib des Menschen ist, wie es im Eludicarium* heißt, aus den vier Elementen gebildet. ›Deshalb nennt man ihn einen Mikrokosmos, d. h. Welt im Kleinen. Denn tatsächlich besteht er aus Erde: das ist das Fleisch; aus Wasser: das ist das Blut; aus Luft: das ist der Atem; aus Feuer: das ist die Wärme‹.«[23]

Die Sicht auf sich selbst und die Sicht auf die Dinge der Welt sind für den frühmittelalterlichen Menschen eng miteinander verbunden. In den Berichten der Historiker wird immer wieder beschrieben, dass der damalige Mensch mit dem Blick auf sich selbst – wie in einem Spiegel – die Natur wahrnimmt und in der Natur sich selbst erkennt. Die Natur stellt für ihn zudem ein Symbol der unsichtbaren Welt dar. Die Betrachtung der irdischen Welt eröffnet einen kleinen Blick auf die andere, höhere Ebene, die nicht unmittelbar zu erfassen ist. Der Weg zu ihrer Erkenntnis verläuft vom Sichtbaren zum Unsichtbaren.

> »Einerseits zwar ist die Schöpfung Erzeugnis Gottes, aus ihm freigesetzt, entlassen, entäußert, andererseits aber ist sie nicht das ganz Andere, Fremde, Antigöttliche, das Gott als zweites, autonomes Prinzip gegenübertritt ... Vielmehr ist die Schöpfung Gottes Produkt, das trotz aller Entäußerung eine gewisse Beziehung auf ihn bewahrt und an ihm partizipiert. ... So ist die Schöpfung – die Natur – zwar nicht Gott selbst, sondern ›nur‹ sein Produkt und damit etwas anderes als Gott, wohl aber bleibt sie ›sein‹ Produkt und ist insofern mit dem Prädikat ›göttlich‹ zu versehen.«[24]

---

* Honorius Augustodunensis (1050–1101): *Eluducaium* (erstes und meistgelesenes Werk des Honorius, das in viele Volkssprachen übersetzt wurde und in mehreren Versionen existiert).

Die in der Genesis (1,27) beschriebene Ebenbildlichkeit des Menschen mit Gott garantiert ihm eine Position zwischen Gott und der übrigen Natur, die häufig dadurch ausgedrückt wird, dass der Mensch mit seinem Leib der Natur angehört und mit seiner Seele dem ewigen göttlichen Bereich. Darauf aufbauend sieht der frühmittelalterliche Mensch

> »in der Natur das Mitgeschöpfliche, mit dem der Mensch sympathetisch – mitfühlend, mitleidend, miterlebend – verbunden ist. Alle Geschöpfe werden als Mitbrüder und Mitschwestern ... angesehen, die zu einem einzigen Lebens- und Sinnzusammenhang gehören.«[25]

Gott hat dem Menschen den Auftrag gegeben, mit und in seinem Leben durch naturgemäßes Handeln die göttliche Ordnung der Dinge zu erfüllen und aufrechtzuerhalten. Er hat den Menschen mit Vernunft ausgestattet, damit er Gott in den Dingen, in der Natur erkennt und versteht. Der zentrale Gedanke des Frühmittelalters lautet: *universalia sunt realia ante rem* (Allgemeinbegriffe sind Wirklichkeiten und stehen vor dem Ding). D. h.: Die Ideen und die Gattungsbegriffe wie »Dreifaltigkeit«, »Lebewesen« oder »Rose« sind das eigentlich Reale, nur sie sind wirklich, während die Dinge der Welt lediglich Abbilder oder Symbole dieser Wirklichkeit der Universalien sind.

Aufgabe des Menschen ist es unter anderem, die verborgenen Analogien zwischen Mikrokosmos und Makrokosmos, von denen die Welt voll ist, zu erkennen. Sie werden durch äußere Zeichen sichtbar, die Gott auf die Oberfläche der Dinge gesetzt hat. Die kleinen dunklen, in Weiß eingefassten Samen des Eisenhuts sind ein Zeichen dafür, dass die Pflanze gegen Augenleiden hilft. Die Ähnlichkeit der Walnuss mit dem Gehirn deutet darauf hin, dass diese gegen Kopfschmerzen hilft. Wissen bedeutet die Entzifferung von Zeichen und Signaturen in der Natur.

Dazu dient das Aufdecken von Ähnlichkeiten, das in der frühmittelalterlichen Kultur eine hohe Bedeutung hat. »Den Sinn zu suchen, heißt an den Tag zu bringen, was sich ähnelt. Das Gesetz der Zeichen zu suchen, heißt die Dinge zu entdecken, die ähnlich sind.«[26] Dies ist ein Erkenntnisansatz, der sich bis in die Zeit der Renaissance hält. Nicht nur nah beieinander liegende Dinge wie Meer und Erde, Körper und Seele ähneln sich in diesem Denken, sondern auch weit voneinander entfernte: Im Gesicht spiegelt sich der Himmel, den Augen entsprechen Sonne und Mond, Pflanzen und Gräser sind irdische Sterne. Daneben gibt es subtilere Ähnlichkeiten, die sich nicht auf den ersten Blick erschließen: Die Sterne stehen zum Himmel im gleichen Verhältnis wie die Gräser zur Erde, und der menschliche Körper ist ein Abbild des Kosmos: Seine Adern sind Flüsse, seinen sieben Hauptgliedern entsprechen die sieben Metalle in der Erde. Auch ganz Unterschiedliches oder Entferntes kann durch die Kraft der Sympathie Ähnlichkeit gewinnen: Die Sonnenblume vollzieht die Bahn der Sonne nach, die Wurzel der Pflanze treibt dem Wasser zu.

Im frühmittelalterlichen Denken werden Dinge zudem in ein Netz symbolischer Bezüge gestellt. Kein Ding existiert isoliert für sich, es weist immer auch auf andere Dinge hin. Jedes Ding besitzt, so glaubt man, nicht nur eine materielle, sondern auch eine symbolisch-geistige Seite. Die Welt ist voller symbolischer Bezüge, ein riesiges Netzwerk symbolhafter Zusammenhänge von Korrespondenzen, – ein endloses Band von Anziehung und Abstoßung, von Sympathie und Antipathie, von Ähnlichkeiten und Unendlichkeiten. Die sieben Öffnungen im Gesicht des Menschen entsprechen den sieben Planeten am Himmel. Die Falten in der Hand eines Menschen zeigen dessen durch die Bewegung der Planeten bestimmtes Schicksal an.

> »Alles ist mit allem verwandt, alles steht in symbolischer Beziehung. Dinge sind in dieser Denkweise nicht statisch, sie besitzen dynamisch-kinetische Aspekte. Die Identität von Dingen entsteht aus ihrem dynamischen Wechselspiel mit anderen Dingen, zum Beispiel der Menschen mit der Konstellation der Sterne. In den Dingen gibt es verborgene Seiten, denen ein objektiver Status zugeschrieben wird. Naturerkenntnis ist ein interpretierendes Nachvollziehen des geheimen Sinns der Dinge (Hermeneutik des Mittelalters). Im sichtbaren Zeichen können der unsichtbare Sinn, die Werte, die Zwecke, die Symbole, die Analogien erfasst werden. Dazu ist es notwendig, auf die Zeichen der Natur zu achten, im *Buch der Natur* zu lesen (legere in libro naturae). Das Wissen um die Natur bedarf einer Entzifferung der Natur (Signaturlehre).«[27]

Die Wissenschaft

Für die Menschen mit einer theozentrischen Weltkonzeption bedarf die Welt keiner wissenschaftlichen Erklärung, sie wird unmittelbar aufgefasst. Auch die Logik dient der Enthüllung göttlicher Geheimnisse – des Aufbaus des Weltalls und des Platzes, den der Mensch darin einnimmt. Die Denker des Frühmittelalters sind ständig auf das tiefe Erfassen Gottes, des Schöpfers aller sichtbaren Dinge, orientiert. Diese

Dinge existieren nicht ihrer selbst wegen, sondern nur als Mittel zur Erkenntnis des göttlichen Wesens.

> »Die Schöpfung ist eine einzige große Heilstatsache, die Welt ein Phänomen des Glaubens: An diesem Elementarsatz hat wohl kaum irgendein mittelalterlicher Mensch jemals gezweifelt. Man hatte eben die Lehre Jesu voll begriffen, deren Kern in der ernsten und einfachen Mahnung besteht, zu glauben; nicht daran zu zweifeln, dass diese Welt ist und dass sie ein Werk *Gottes* ist.«[28]

Ein wissenschaftlicher Beweis wird dadurch geführt, dass man auf die Aussagen der Bibel und der Kirchenväter verweist. Dabei spielt das Symbol eine große Rolle. Der Weg zur Erkenntnis der Welt führt über das Begreifen der Symbole und das Erfassen ihres verborgenen Sinns. Das Symbol ist unmittelbarer Ausdruck der Realität, die man unmöglich mit dem Verstand erkennen kann.

> »Das gesamte Diesseits ist nichts anderes als das Symbol des Jenseits; deshalb besitzt jedes beliebige Ding einen doppelten oder vielfältigen Sinn, und neben der praktischen besitzt es eine symbolische Anwendung. Die Welt ist ein Buch, das von Gottes Hand geschrieben wurde, in dem jedes Wesen ein Wort darstellt, das mit Sinn erfüllt ist.«[29]

Folglich ist es Aufgabe des frühmittelalterlichen Denkers, die wahre Bedeutung der Symbole zu enthüllen. Insofern stellt der Symbolismus durchaus kein unnützes Spiel der Vernunft dar. Er ist ein Mittel der intellektuellen Aneignung der Wirklichkeit.

Die theoretische Analyse der frühmittelalterlichen Denker geht ständig vom Ganzen aus. Deshalb sieht man im Einzelnen vorwiegend das Symbol des Allgemeinen. Das mittelalterliche Symbol ist niemals ethisch neutral. Die Symbolhierarchie ist gleichzeitig auch eine Werthierarchie. Jedes Ding auf Erden, jedes beliebige Wesen besitzt eine bestimmte Würde in Abhängigkeit von dem Platz, den es in der Hierarchie des Ganzen einnimmt. Zentrum und Gipfel des Ganzen ist Gott, und alle seine Schöpfungen, von den höchsten bis zu den niedrigsten, von den Engeln bis zu den Insekten und Steinen, dienen ihm.

Wie schon mehrfach betont, wird die Welt nicht als in Bewegung und Entwicklung aufgefasst, sondern als in ihren Grundlagen beständig und ewig. Veränderungen und dadurch ausgelöste Probleme spielen in der Wahrnehmung der frühmittelalterlichen Menschen keine große Rolle. Die (bedeutsamen) Geschehnisse in der Welt brauchen keine (kausale) Erklärung, sondern vielmehr eine Deutung im Zusammenhang der göttlichen Weltordnung. Die Dimensionen des Ursachennetzes waren »ausgeschlossen. Eine künstliche Welt war konstruiert, ohne Sicht der Konsequenzen«[30] Deshalb finden sich in wissenschaftlichen Schriften selten Gedanken und Untersuchungen über die Zusammenhänge zwischen zwei oder mehreren Ereignissen und Erscheinungen in Form von Ursachen und Folgen.

> »Die kausale Erklärung (spielte) eine untergeordnete Rolle und hatte nur in Erörterungen zu ganz konkreten Fragen eine Bedeutung, doch die Welt insgesamt wird in den Augen der mittelalterlichen Denker nicht von den Gesetzen der Kausalität gelenkt. Zwischen den verschiedenen Erscheinungen existieren keine horizontalen Verbindungen (des Typs ›Ursache – Wirkung‹ ›Aktion – Reaktion‹), sondern eine vertikale Hierarchie: Jedes irdische Ding besitzt einen transzendentalen Prototyp, ein Vorbild, das ... seinen tieferen Sinn enthüllt. Die Beziehungen zwischen dem Vorbild und der Erscheinung sind stabil und unveränderlich.«[31]

Insgesamt entsteht im Frühmittelalter ein »enzyklopädisches Denkgebäude maximaler Größe und gleichzeitig maximaler Integration aller Details«[32]. Die theologisch fundierte Philosophie vereint Glauben und Wissen, besticht durch eine nur nach langem Studium beherrschbare Feinheit und Komplexität des Arguments und imponiert durch eine eigene subtile Ästhetik. Die Philosophie der Neuzeit wird später durch die im Frühmittelalter entwickelten zentralen Zielvorgaben des Nachdenkens geprägt: die Theorie eines einheitlichen, weltumspannenden, an Universitäten gelehrten, von Wissenschaften produzierten Wissens und die Suche nach einer letzten »Weltformel«.

Die Sprache

Die Sprache ist ähnlich wie die oben beschriebenen Symbole ein Zeichensystem unter vielen anderen und unlösbar mit der Welt verbunden. Das Wort repräsentiert im Denken der Menschen des Frühmittelalters nicht das Ding, sondern es ist seine materielle Schrift, seine ihm von Gott auferlegte Signatur. Die unterschiedlichen Bereiche der menschlichen Tätigkeit und des wissenschaftlichen Denkens besitzen dementsprechend auch keine eigene, nur ihre zugehörige Fachsprache. Alle wichtigen Begriffe sind mehrdeutig, und in verschiedenen

Kontexten erhalten sie ihren eigenen, besonderen Sinn. Die Fähigkeit, eine »mehrdeutige Erklärung« ein und desselben Textes zu geben, ist eine nicht wegzudenkende Eigenschaft des Intellektuellen in dieser Zeit.

So gibt es im Frühmittelalter durchaus zahlreiche mathematische Erörterungen und damit auch eine Sprache mathematischer Symbole. Diese mathematischen Symbole sind jedoch gleichzeitig theologische, da die Mathematik selbst auch eine »sakrale Arithmetik« darstellt und den Bedürfnissen einer symbolhaften Auslegung göttlicher Wahrheiten dient. Die Sprache der Mathematik ist deshalb bestenfalls ein Dialekt der allgemeinen Sprache der christlichen Kultur, in der die Zahl häufig als ein sakrales Symbol dient und einen Gedanken Gottes repräsentiert.

> »Zahlen und geometrische Körper sowie Figuren (Sphäre, Kreis, Quadrat usw.) sind nicht Alleingut der Mathematik; in ihnen drückt sich die Weltharmonie aus, sie tragen bestimmte magische und sittliche Bedeutungen. Diesem Bewusstsein war nicht die Mathematik in unserem Sinn, sondern die ›sakrale Mathematik‹ wesentlicher. Von Augustinus stammt das Verständnis der Zahlen als Gedanken Gottes; deshalb vermittelte die Kenntnis der Zahlen die Kenntnis des Universums selbst. Die heiligen Zahlen in der Bibel waren voller Geheimnisse, sie wurden ständig gedeutet, wobei man bestrebt war, das Wesen des Kosmos zu enthüllen.«[33]

Etymologien sind im Frühmittelalter sehr populär, nicht weniger als Enzyklopädien (manchmal fielen sie auch zusammen). Dem Worte eine Deutung zu geben heißt, das Wesen der von ihm bezeichneten Erscheinung zu enthüllen. Die mittelalterlichen Etymologien dienen den Menschen jener Epoche als Leitfaden für das Eindringen in das Geheimnis der Welt. Dabei werden auch Herleitungen von Wörtern praktiziert, die lediglich auf einer Übereinstimmung oder Nähe des Wortklangs beruhen. So leitet beispielsweise Isidor von Sevilla das Wort *homo* von *humus* – »Erde« – ab. Das erscheint plausibel; denn der Mensch ist von Gott aus Erde geschaffen, und zu Erde wird er wieder. Der Herrscher *(rex)* und sein Handeln *(regere)* werden mit *recte agere* (»richtig und gerecht handeln«) in Beziehung gesetzt und davon abgeleitet. Daraus wird gefolgert: Ein König muss gerecht regieren. Und *decorus* (»anständig«, »herrlich«) wird von *decus cordis* (»Schönheit der Seele«) hergeleitet; denn die körperliche und sichtbare Schönheit ohne moralische Grundlage gilt als etwas Böses und als Ausgeburt des Teufels.

Allerdings darf nicht übersehen werden, dass der weitaus überwiegende Teil frühmittelalterlicher Kommunikation mündlich erfolgt und dass die frühmittelalterliche Gesellschaft letztlich eine »orale Gesellschaft« ist. Formen der nonverbalen Verständigung haben eine große Bedeutung. Rituale und vorgeprägte Verhaltensmuster spielen in der Kommunikation eine große Rolle. Das betrifft nicht nur die Messliturgie, Bußakte (barfuß und in wollenem Gewand) und Rechtsbräuche bis zur Königskrönung, sondern auch andere politische Vorgänge, wie Unterwerfungen, die symbolhaft eine Niederlage eingestanden.

> »Auch Emotionen (Empörung, Tränen, Zerknirschung) konnten hier als Mittel bewusst ›inszenierter‹, ›öffentlicher Kommunikation‹ eingesetzt werde ... Als der Mainzer Erzbischof Konrad um Gnade für alle bat, die gegen ihn gefehlt hatten, ›seufzte der König, ergriffen von Erbarmen, und vergoss unsägliche Tränen‹. ... Insgesamt ergibt sich ein recht geschlossenes Bild einer bewusst eingesetzten ›nonverbalen Kommunikation‹, so dass man das Mittelalter geradezu ein Zeitalter der Zeichen genannt hat.«[34]

Armut, Reichtum und Handel

Die Bewertung von Armut und Arbeit, Eigentum und Reichtum fällt im Frühmittelalter sehr unterschiedlich und ambivalent aus, auf allen Ebenen zwischen positiv und negativ schwankend. Die Armut ist eine charakteristische Erscheinung in der Epoche des Feudalismus, zumal sie die Mehrzahl der Bevölkerung betrifft. Die Armen genießen einerseits kein Ansehen und werden weitgehend verachtet; der Adel schaut auf diese Menschen der Unterschicht geringschätzig herab. Andererseits sieht man in der Armut auch einen Zustand der Auserwähltheit. Die »Armen Christi« *(pauperes Christi)* sind Menschen, die keine irdischen Güter erstreben, um sicherer das Himmelreich zu erlangen.

In der Arbeit sieht man einerseits einen Fluch, der das Menschengeschlecht bedrückt, andererseits eine Tätigkeit, die den Menschen aus der übrigen Welt hervorhebt und ihn zum Herrn der Natur macht. Das Arbeiten wird vorwiegend als Normalzustand des Menschen angesehen. Das christliche Prinzip lautet: »Wer nicht arbeitet, soll auch nicht essen.« Die Arbeit wird nach der damals verbreiteten Lehrmeinung des Christentums nicht mit der Erschaffung des Menschen zur

Notwendigkeit. Sie ist vielmehr infolge des Sündenfalls notwendig geworden und stellt demnach eine Strafe Gottes dar. Untätigkeit zählt zu den schweren Sünden.

Auch das Verhältnis zum Reichtum ist von Gegensätzlichkeit geprägt. Eigentum kann dem Heil der Seele dienen, kann sie aber auch daran hindern, paradiesische Glückseligkeit zu erlangen. Der Konflikt in der Erörterung der Bedeutung von Eigentum besteht einerseits in der Aussage des Matthäusevangeliums: »Es ist leichter, dass ein Kamel durch ein Nadelöhr gehe, denn dass ein Reicher ins Reich Gottes komme.« Andererseits basiert die Feudalgesellschaft auf Eigentum – dem Großgrundbesitz des Adels und der Kirche sowie dem kleinen Arbeitsbesitz der Bauern und Handwerker. Dennoch erhält im Verlaufe des Frühmittelalters der Reichtum niemals bedingungslose Rechtfertigung und Billigung. Er ist erlaubt, doch unter bestimmten Bedingungen und mit bedeutenden Vorbehalten. Die christliche Religion sanktioniert die feudale Ordnung, doch ihr Verhältnis zum Eigentum ist recht widersprüchlich.

Die Kirchenväter weisen mehrfach darauf hin, dass die ersten Menschen, die sündlos waren und unmittelbar mit Gott in Verbindung standen, weder Arbeit noch Eigentum kannten. Der Herr übergab die von ihm geschaffene Erde wie auch ihre Früchte und alle Lebewesen in die Macht des Menschen; doch er wollte, dass sie diese gemeinsam besitzen. Nur der Eigennutz des Menschen im Zustand des Sündenfalls führte zum Privateigentum. Folglich kommen das Eigentum und der teilbare Besitz nicht von Gott; sie sind vielmehr das Resultat der Habsucht der Menschen und der Unvollkommenheit ihrer Natur nach der Vertreibung aus dem Paradies. Die Lehre von der Gerechtigkeit hat in ihrer frühmittelalterlichen Interpretation nichts mit dem Begriff Gleichheit gemein. Im Zustand der gefallenen Menschheit sind sowohl Privateigentum als auch Ungleichheit unter den Menschen, die durch die Herkunft, den Erfolg oder den Vermögenswohlstand hervorgerufen werden, unumgänglich. Die Ungleichheit der Menschen ist für die frühmittelalterlichen Denker axiomatisch.

Nach Gurjewitsch stellten die Aufforderungen der frühmittelterlichen Prediger zum Verzicht auf Eigentum

> »zu einem guten Teil bloße Rhetorik dar. Die Mehrheit der Gesellschaft war geneigt, sie lediglich als einen Anlass zur Zerknirschung über die eigene Unvollkommenheit und Unfähigkeit aufzufassen, anstatt in

der Tat buchstäblich den christlichen Prinzipien der Armut zu folgen. Aber damit die Hauptmasse der Gläubigen die kategorischen Gebote der evangelischen Armut mit dem Besitz an Eigentum vereinbaren konnte, mussten in der Gesellschaft Menschen existieren, die die Erfüllung des Gelöbnisses der freiwilligen Armut auf sich nahmen. Sie gaben der übrigen Gesellschaft ein Beispiel, das nachzuahmen diese außerstande war. Sie gaben ihr damit zugleich den Trost, dass sie als die von Gott Erwählten durch ihr gerechtes Verhalten und den Verzicht auf irdische Güter und Interessen das Menschengeschlecht in seiner Gesamtheit retten. Diese Funktion übernahmen die Mönchsordnen, vor allem die Bettelorden. Ihnen war das Gebot der Armut ein grundlegendes Prinzip.«[35]

Die Kirche ist der größte Eigentümer von Grundbesitz in der Feudalgesellschaft und in vielfältiger Weise mit den weltlichen Großgrundbesitzern verbunden. Deshalb macht sie nicht den Versuch, das Privateigentum abzulösen und die Besitztümer umzuverteilen. Die Theologen verurteilen denn auch weniger das Prinzip des Eigentums selbst als vielmehr dessen Missbrauch. Als Kriterium für den Unterschied zwischen erlaubtem und unerlaubtem Eigentum gelten nicht seine Ausmaße, sondern die Ziele, die der Eigentümer damit verfolgt. Die einzige Vorschrift der Kirche, die auf eine teilweise Umverteilung der Güter gerichtet ist, beschränkt sich auf die Mahnung zum Almosengeben. Die Armen und Besitzlosen stehen in der Auffassung des Mittelalters Christus näher als die Eigentümer; in ihnen sieht man das Bild Christi selbst. Deshalb erscheint die Existenz der Besitzlosen als notwendig, und niemand denkt darüber nach, die Armut zu beseitigen. Bettler sehen sich selbst als von Gott Erwählte und streben nicht danach, sich aus der Armut zu befreien. Die Herrscher und Feudalherren unterhalten gewöhnlich an ihren Höfen eine große Zahl von Bettlern, geben ihnen Geld und beköstigen sie. Oft nehmen diese Ausgaben riesige Ausmaße an, und die reichen Leute verausgaben für die Bettler bedeutende Mittel. Große Bedeutung wurde dem Unterhalt von Bettlern und Notleidenden auch in den Klöstern beigemessen. In Cluny zum Beispiel ernährt man manches Jahr bis zu 17.000 Arme.

»Der Reichtum ist für den Feudalherren ein Mittel zur Unterhaltung gesellschaftlichen Einflusses und der Bestätigung seiner Ehre. Der Reichtum allein bringt keinerlei Achtung. ... Ein Herr aber, der ohne Berechnung sein Einkommen und die Beute vergeudet, verdient, sogar wenn er über seine Verhältnisse lebt, noch Gelage veranstaltet und Geschenke verteilt, jegliche Hochachtung und Ruhm. ... Der Reichtum ist ein Zeichen, das von Tugend, Freigebigkeit und großzügiger Natur des Herren zeugt.«[36]

Das Land, die Hauptform des feudalen Eigentums, ist jedoch kein Objekt freier Verfügung und keinesfalls ein Objekt von Handelsoperationen. Der Feudaleigentümer kann sich auch nicht die ganze Einnahme vom Land zu seinem Nutzen aneignen und muss Dienste – beispielsweise dem König – leisten, die mit diesem Besitz verbunden sind. Der Feudalherr steht mit seinem erblichen Lehen in einer »Ehrenehe«. Außerdem hat er nicht das Recht, die Bauern von dem Land zu vertreiben, auf dem sie arbeiten. Den Herren verbindet mit dem Land und mit den das Land bestellenden abhängigen Menschen kein bloßes materielles Interesse, sondern ein kompliziertes System von Ausbeutungsverhältnissen, von politischer Macht und Untertänigkeit, von Sitten und Tradition, von Achtung und Schutz.

Das »Weltmodell« des frühmittelalterlichen Menschen entspricht seiner begrenzten Tätigkeit auf einem verhältnismäßig engen Raum, im Umgang mit einer relativ geringen Zahl anderer Mitglieder der Gesellschaft, mit denen er persönliche, nicht anonyme Beziehungen eingeht, die sich in direkten Kontakten ausdrücken. Das Geld und die Waren, die sich in dieser Gesellschaft im Umlauf befinden, spielen im Frühmittelalter noch keine große Rolle. Geld wurde im Frühmittelalter als etwas verstanden, was verbraucht wird. Aristoteles folgend hielten die mittelalterlichen Denker es für unfruchtbar; seine einzige Bestimmung sei es, als Mittel des Austausches zu dienen.

Der Handel wird im Übrigen wesentlich dadurch eingeschränkt, dass die Zahlen mit römischen Ziffern geschrieben werden, die in einem nur beschränkten Zahlenraum Mengen kennzeichnen können und zum Rechnen kaum geeignet sind. Dafür nutzt man neben anderen Methoden das Rechenbrett, den Abakus, bei dem Steine oder Kugeln, auf senkrechten Stangen angeordnet, die Einer, die Zehner, die Hunderter und die Tausender darstellen. Allerdings war das Rechnen mit dem Abakus eine Kunst, die damals nur ganz wenige Menschen beherrschten.

Grundsätzlich aber erkennen die mittelalterlichen Theologen die Notwendigkeit des Handels für die Existenz der Gesellschaft an, wenn er dem allgemeinen Nutzen dient. Unter dieser Voraussetzung ist auch ein Handelsgewinn gerechtfertigt, falls er gemäßigt ist, als gerechtes

Entgelt für das Risiko, die Arbeiten und Aufwendungen *(stipendium laboris)* angesehen werden kann und die Existenz des Händlers sichert. Außerdem kann der Gewinn aus dem Handel durch wohltätige Ziele gerechtfertigt sein, für die er verwendet wird.

Mit den Geldverleihern jedoch – den Wucherern – geht die Kirche keinerlei Kompromisse ein und verbietet ihnen sogar, unrechtmäßig erworbene Gelder testamentarisch für die Bedürfnisse der Wohltätigkeit zur Verfügung zu stellen. Von den Wucherern und ihren Erben fordert man, dass alles das, was als Prozente erhalten wird, den von ihnen »geplünderten« Schuldnern zurückerstattet wird.

> »Der Wucherer bereichert sich, genau genommen, an der Zeit; denn wenn er Geld leiht, bekommt er es nach einem bestimmten Zeitabschnitt zurück und fordert Prozente. Doch niemand kann mit der Zeit Handel treiben – mit Gottes Schöpfung, die zum allgemeinen Wohl gegeben wurde. Der Handel mit der Zeit ist eine ›Verkehrung der Ordnung der Dinge‹ (Bonaventura).«[37]

Das kirchliche Verbot, den Wucherzins einzustreichen, wird zudem mit den Worten Christi begründet: »Tut wohl und leihet, dass ihr nichts dafür hoffet« (Lukasevangelium 6,35). Der Geldvertrag kann folglich nur den Charakter einer unentgeltlichen Hilfe und eines freundschaftlichen Darlehens tragen. Ein beliebiger Zuwachs zu der entliehenen Summe (außer einem freiwilligen Geschenk als Zeichen der Dankbarkeit) wird als unrechtmäßiges Einkommen verurteilt.

> »Während ein Kaufmann, der die Ware teurer verkaufte, als er sie gekauft hatte, noch eine Rechtfertigung in den Aufwendungen, die mit der Lagerung und dem Transport der Ware verbunden waren, und in der Notwendigkeit, eine Belohnung für die erwiesenen Dienste zu erhalten, finden konnte, besaß der Wucher in den Augen der mittelalterlichen Theologen keinerlei Rechtfertigung. Das Einkommen der Wucherer ist unmoralisch und sündhaft, denn sie erhalten es, ohne zu arbeiten, und ›verdienen das Geld sogar im Schlaf‹, an Festtagen ebenso wie auch an Markttagen.«[38]

Ethik und Recht

Die Ethik des frühen Mittelalters spiegelt das gemeinschaftsgebundene Selbst- und Weltbild des Menschen. Sie zeigt sich gleichermaßen in den Ideen der Kirche über Sünde und Buße wie in den Vorstellungen des frühmittelalterlichen Rechts über Schuld und Sühne. Die Auffassungen zur Sünde und Buße überliefern die so genannten »Bußbücher«. Sie sind sozusagen ein Fallkatalog möglicher Sünden und der ihnen zuzuordnenden Bußen. Sie dienen als Richtlinie für den Priester, wenn er eine Buße festlegen muss. Dabei sind lediglich die objektiven äußeren Merkmale des Tatbestandes zu berücksichtigen.

Das frühmittelalterliche *Deliktrecht*, das Sanktionen im Hinblick auf Vergehen von Diebstahl und Raub bis Körperverletzung und Tötung behandelt, legt ebenfalls das Schwergewicht auf die Tat. Denn durch die Tat wird die Lebensordnung verletzt; sie führt zu einer Entordnung, die schnellstens wieder zu beseitigen ist. Die Störung der Harmonie, in der alles menschliche Leben aufgehoben ist, muss wiederhergestellt und das Heil wiedergewonnen werden. Das geschieht durch einen Ausgleich der Unrechtsfolgen.

> »Die Rekonstruktion der Ordnung fordert ein ganz bestimmtes, starr festgelegtes Tun, eine Buße in ganz bestimmter Höhe oder anderes. Ist diesem Gebot entsprochen, dann ist die entstandene Lücke geschlossen und die Symbiose im *ordo* der Welt wieder hergestellt. Die Folge der Tat, die man so irreführend auch für das frühe Mittelalter ›Strafe‹ nennt und die dazu dienen sollte, einen Riss im Weltgebäude zu kitten, ist ein ganz objektiver Vorgang, ein objektives und seit alters her bekanntes Mittel. Es ist, um einen Vergleich zu gebrauchen, ein Medikament zur Heilung.«[39]

Man spricht davon, dass das frühmittelalterliche Deliktrecht auf dem so genannten Kompositionensystem beruht. Dieser Begriff ist abgeleitet von *compositio* – »Buße«. Er bezeichnet die Sühnung einer Strafe durch Zahlung eines Sühnegelds an das Opfer der Straftat bzw. dessen Familie oder Sippe. Das Delikt schädigt die Sippe des Opfers; kollektiv haftbar ist die Sippe des Täters, die durch die Erlegung der Buße – im Falle einer Tötung: des Wergeldes (Sühnegeldes) – einer Sippenfede vorbeugt. Das Geld oder sein materielles Äquivalent ist eine Genugtuung für die Kränkung der Opfersippe, geleistet durch die Verwandtschaft des Täters. Die Sanktion wird nach dem Ausgang der Tat bemessen, für die Schadenersatz und Wiedergutmachung zu leisten ist.

> »Man unterschied zwischen Mord und Totschlag, differenzierte dabei jedoch nicht, wie heute, nach Motiv und Absicht, sondern danach, ob die Tötung eingestanden oder verheimlicht wurde. Die Volksrechte sahen

für schwere Vergehen durchaus die Todesstrafe, meist durch Erhängen, Enthaupten oder Ertränken, sowie andere Körperstrafen (Verstümmelung, Hiebe) vor ... Seit karolingischer Zeit traten Verbannung oder auch die Einweisung in ein Kloster vielfach an die Stelle der Todesstrafe.«[40]

Bei einem Gerichtsprozess ist es von großer Bedeutung, dass die notwendigen Prozeduren eingehalten und Formeln vorgetragen werden. Für wahr wird das gehalten, was im Gericht mittels Schwüren und Eiden und unter der Beachtung aller vom Rechtsbrauch vorgeschriebenen Prozeduren bewiesen wird. Den Schwüren, Ritualen, Gottesurteilen und Zweikämpfen glaubt man mehr als irgendwelchen gegenständlichen Beweisen und Beweisstücken; denn man nimmt an, dass sich im Eid die Wahrheit offenbare und der feierliche Akt nicht entgegen dem Willen Gottes ausgeführt werden könne.

Das frühmittelalterliche *Zivilrecht* kennt keine freie Verfügung über Grundeigentum. Die einzige Ausnahme bilden für lange Zeit die Seelgerätstiftungen, also die Abgabe von Grundbesitz an die Kirche, die dem Stifter als gutes Werk zum Heile seiner Seele angerechnet werden sollen. Grundsätzlich jedoch gehört ein Grundstück zum Gesamtgut eines Personenverbandes. Es wird als Teil der Lebensgrundlage einer Sippe betrachtet und nicht als verhandelbarer Vermögenswert.[41]

Man muss davon ausgehen, dass Ehen in der Regel von Verwandtschaftsgruppen arrangiert werden. Denn die auf Verwandtschaft beruhenden Strukturen sind im Frühmittelalter die bedeutendsten soziale Faktoren. Im Eherecht des Frühmittelalters gibt es aber auch die so genannte Konsensehe. Doch dürfte es sich in der Regel um einen Sippenkonsens handeln, nicht um einen Konsens der einzelnen Brautleute.

»Nach den verbreiteten Vorstellungen ist das Recht ›ein Stück der Weltordnung‹ und ebenso ewig und nicht zu beseitigen wie auch die Welt selbst. Die Welt ist nicht denkbar ohne Gesetz, sei es die Welt der Natur oder die Welt der Menschen. Das Recht ist die Grundlage der gesamten menschlichen Gesellschaft, auf ihm bauen die Beziehungen zwischen den Menschen auf: ›Wo die Gesellschaft ist, dort ist auch das Recht‹ (ubi societas, ibi jus). Jede Art von Lebewesen und sogar die Dinge haben ihr eigenes Recht – dies ist eine obligatorische Eigenschaft jeder beliebigen göttlichen Schöpfung (daher konnte nicht nur einem Menschen, sondern auch einem Tier und sogar einem unbelebten Gegenstand die Verantwortung für ein Vergehen zugeschrieben werden). ... Da Gott als die Quelle des Rechts galt, folgte daraus, dass das Recht nicht ungerecht oder schlecht sein kann; es ist das Gute und das Wohl im tiefsten Sinne des Wortes. Recht und Gerechtigkeit sind Synonyme.«[42]

Wenn ein König den Thron betritt, legt er gleichzeitig dem Recht den Eid ab. Das Frühmittelalter kennt keinerlei besonderes *Staatsrecht*. Der Herrscher muss die Gewohnheit achten und in Übereinstimmung mit ihr regieren. Wenn er das Gesetz verletzt, müssen sich die Untergebenen nicht der Ungerechtigkeit unterordnen. Eine Rechtsverletzung vonseiten des Herrschers nimmt diesem die gesetzlichen Machtgrundlagen und befreit die Untergebenen von dem Eid, den sie ihm geleistet haben. Die Untergebenen sind verpflichtet, das Recht zu verteidigen, auch gegenüber dem Herrscher, der es verletzt. Die Pflicht, das Recht zu wahren, entsteht nicht aus dem Vertrag, sondern aus der Vorstellung von der universellen Kraft des Rechts, der alle untergeordnet sind.[43]

Die Zeit

Durch kaum ein anderes Merkmal ist das Selbst- und Weltbild der Menschen einer Kultur so sehr charakterisiert wie durch das Verständnis der Zeit. Mit ihr ist das Erleben und Denken der Menschen eng verbunden. Die Vorstellung von der Zeit drückt sich im Verhalten der Menschen aus, bestimmt ihren Lebensrhythmus und ihre Beziehung zu den Dingen.

Im Frühmittelalter gibt es ein ganzes Spektrum von Zeitbegriffen und Zeitvorstellungen. Die beiden wichtigsten Zeitkonzepte sind die zyklische Zeit, die für den Alltag von größter Bedeutung ist, und die jüdisch-christliche lineare Heilszeit. Sie repräsentieren zum einen die Konzentration des Menschen auf das Hier und Heute, auf das Jetzt – und zum anderen den Blick auf den zeitlichen Gegenpol der Ewigkeit.

Da die Menschen von der natürlichen Umwelt in ihrem Lebensraum abhängig sind, wird ihre Lebensweise im Frühmittelalter vor allem durch die »natürliche« Zeit bestimmt, insbesondere durch den Wechsel von Tag und Nacht und durch die Jahreszeiten. Alltags- und Arbeitsleben sind an den Tag gebunden, der mit dem Sonnenaufgang und dem Krähen der Hähne beginnt und mit dem Sonnenuntergang endet. Der Tag dauert zwölf Stunden, sechs Stunden von Sonnenaufgang bis zum Mittag, dem höchsten Stand der Sonne, und sechs Stunden vom Mittag bis zum Sonnenuntergang. Eine Stunde ist damit unterschiedlich lang: Die Tagesstunden betragen im Winter nach unserer Zeitrechnung etwa 30 Minuten und im Sommer etwa 90 Minuten. In der Literatur spricht man von Temporalstunden.

Daneben steht im Empfinden der Menschen die Zeit, der er selbst durch sein Altern unterworfen ist. Sie wird als die »historische« oder »soziale« Zeit des Menschen bezeichnet. Aber auch in Bezug auf diese Zeit dürfte der frühmittelalterliche Mensch den zyklischen Charakter des »Stirb und Werde« erkannt und erlebt haben – auch wenn damit nicht, wie in vielen östlichen Kulturen, die Idee einer Wiedergeburt verbunden ist.

Da das Lebenstempo und die Hauptbeschäftigungen der Menschen vom Rhythmus der Natur abhängen, ist eine Einteilung in grobe Tagesabschnitte völlig ausreichend. Für die breite Masse der Bevölkerung dient dazu als Hauptanhaltspunkt neben dem Lauf der Sonne das Läuten der Kirchenglocken, die regelmäßig ertönen, um zur Frühmesse und zu anderen Gottesdiensten zu rufen. Man unterscheidet das »Morgengeläut«, das »Abendgeläut«, das »Erntegeläut« und das »Geläut zum Viehaustrieb«. Das gesamte Leben der Bevölkerung wird vom Glockengeläut geregelt und passt sich damit dem Rhythmus nicht nur der Natur, sondern auch der kirchlichen Zeit an. Die Kirche strukturiert das Jahr durch regelmäßige Feiertage, die Ereignissen aus dem Leben Christi gewidmet sind, und durch die Tage der Heiligen. Die zahlreichen kirchlichen Festtage und ihre periodische Wiederkehr haben im Leben der mittelalterlichen Menschen eine hohe Bedeutung, und sie gliedern das Jahr.

Die Zeit besteht im Frühmittelalter zudem aus einer Unzahl von unterschiedlichen Zeitsegmenten, die sich nicht zuletzt auch qualitativ unterscheiden. Der Tag, also die Zeit, wenn die Sonne scheint, ist eine heilige Zeit, die Zeit Gottes. Demgegenüber ist die Nacht eine unheilige Zeit, die Zeit des Teufels, der Gefahren und des Schreckens. Auch die helle Zeit des Licht-Tages zerfällt in qualitativ unterschiedliche Zeiten. Es gibt Zeiten der Gnade, Zeiten der Sünde, Zeiten der Erlösung. Für viele Tätigkeiten gibt es eine gute Zeit und eine schlechte Zeit: Der Montag eignet sich zum Säen und Pflanzen, Mittwoch und Freitag sind Unglückstage, an denen alles zum Schlechten gerät. Der Donnerstag ist Ruhe-, Fest- und Fleischtag. Freitag ist der Hexentag, Sonntag ist der Glückstag.

Die Zeit des mittelalterlichen Menschen ist eine lokale Zeit. Sie wird an jedem Ort als selbstständig empfunden, nur ihm eigen und in keiner Weise mit der Zeit anderer Gegenden abgestimmt. Noch in den in der zweiten Hälfte des 12. Jahrhunderts verfassten Ritterromanen von Chretien de Troyes, so schildert Gurjewitsch[44], gibt es keine gemeinsame Zeit. Für jeden Helden verläuft sie auf unterschiedliche Art und Weise. Während sich für den Schweinehirt nichts ändert und er in der Unveränderlichkeit lebt, während sich für die Handwerker, die Zwangsarbeit ausführen, die Zeit hinauszieht und sie knechtet, befinden sich die Ritter, welche in der Atmosphäre der Heldentat und der Suche nach Abenteuern leben, scheinbar in einer völlig anderen Zeit. Die Zeitauffassung ist also nicht nur räumlich, sondern auch sozial gebunden.

Die Zeit ist zudem gebunden an das menschliche Tun. Wenn nichts geschieht, vergeht auch keine Zeit; denn es ist unmöglich, sie wahrzunehmen. Zeit ohne Erlebnisse ist nicht existente Zeit, undenkbare Zeit. Die Zählung von Zeit ist mit dem Erzählen von Geschichten verbunden. In diesen Geschichten und Erzählungen aber werden Ereignisse aus verschiedenen Zeitperioden miteinander direkt in Beziehung gesetzt. Wie viel Zeit zwischen den Ereignissen verstrichen ist, hat keine Bedeutung. Die geschichtliche Datierung von lang zurückliegenden Ereignissen ist unwichtig. »Die Kreuzfahrer vermeinen Ende des 11. Jahrhunderts, nicht die Nachfahren der Henker Christi, sondern diese Henker selbst zu bestrafen.«[45]

»Im Grunde ist die Messung eines ›Zeitraums‹, die Feststellung der Zeit, nur die Messung einer Strecke, eines Weges oder einer Länge.«[46] Der Mensch braucht die räumliche Dimension zur Veranschaulichung der Zeitdauer und spricht beispielsweise von der Zeit, in der man eine Meile geht, oder der Zeit, die man braucht, zwei Paternoster zu sagen. Die zurückliegende Zeit wird durch das Zählen nach Generationen erfasst. Indem man die Zugehörigkeit einer Person zu dieser oder jener Generation bestimmt und die Aufeinanderfolge der Generationen feststellt, erhält man ein völlig zufriedenstellendes Bild vom Zusammenhang der Ereignisse, dem Gang der Dinge und beispielsweise der Stichhaltigkeit von Rechtsansprüchen.

Sehr anschaulich für das Frühmittelalter ist das Bild der Zeit als ein Seil, das von Ost nach West gespannt ist und sich von dem täglichen Zusammenrollen und Aufrollen abnutzt, so der Benediktinermönch Honorius Augustodunensis im seinem um 1100 geschriebenen *Elucidarium.*[47] Die Zeit wird also durchaus gegenständlich wahrgenommen, und sie unterliegt wie die Welt dem Verfall. Nicht nur das: Die irdische

Zeit ist in gewissem Sinne illusionär. Denn nur die Zeit der christlichen Legende besitzt volle Realität. Die Zeit ist nur eine äußerliche Variante der im Grunde unbeweglichen Welt.

> »Die Zeiten ändern sich, es ändern sich die Worte, doch der Glaube bleibt unverändert. Das was einmal wahr war, wird immer wahr sein« (Petrus Lombardus).«[48]

Demgegenüber besteht ein großes Interesse daran, biblische Ereignisse zeitlich zu bestimmen und einzuordnen, und man sucht genaue zeitliche Vorstellungen über die Stunden der Heilsgeschichte zu erlangen.

> »So wurden Fragen gestellt wie: ›Weshalb blieb Christus neun Monate im Mutterleib eingeschlossen?‹ ›Zu welcher Stunde wurde er geboren?‹ ›Wie viele Stunden war er tot? 40.‹ ›Wie lange weilten Adam und Eva im Paradies? 7 Stunden.‹«[49]

Oder in dem genannten *Elucidarium* auf die Frage nach der Dauer des Verweilens von Adam und Eva im Paradies:

> »Sieben Stunden waren sie dort. Warum denn nicht länger? Weil das Weib, sobald es erschaffen war, Verrat beging. In der dritten Stunde nach der Erschaffung gab der Mann den Tieren den Namen, in der sechsten Stunde kostete das Weib, kaum erschaffen, von der verbotenen Frucht und bot sie dem Manne an, der sie aus Liebe zu ihr aß, und dann in der neunten Stunde vertrieb der Herr sie aus dem Paradies.«[50]

Im Frühmittelalter verfügen auch die meisten Gelehrten nicht über Uhren. Wenn die Zeit nach dem Stand der Sonne nicht festzustellen ist, bestimmt man sie nach der Brenndauer einer Kerze oder des Dochts in einem Heiligenlämpchen, zuweilen auch mit einer Sand- oder Wasseruhr.

Im Grunde genommen fühlt und begreift sich der Mensch gleichzeitig zumindest in zwei zeitlichen Ebenen: in der Ebene des lokalen, vergänglichen Lebens und in der Ebene der gesamtgeschichtlichen, für die Geschichte der Welt entscheidenden Ereignisse, der Erschaffung der Welt und der Geburt und des Leidens Christi.[51] Denn der Vielzahl an praktischen, ganz auf die Besonderheit des Lebens hier auf Erden gedachten Zeitauffassung(en) steht eine lineare Zeitauffassung des Christentums gegenüber, die durch drei Momente bestimmt wird:

den Anfang des Menschengeschlechts, das Leben des Menschengeschlechts und die Wiederkunft des Messias sowie das Ende des Menschengeschlechts. Diese Ereignisse sind einmalig und kehren nicht wieder.

Die frühmittelalterlichen Denker setzten sich intensiv mit den Erörterungen von Augustinus (354–430) über die Zeit auseinander. Dieser formuliert die viel zitierte Aussage:

> »Was ist also die Zeit? Wenn mich niemand darüber fragt, so weiß ich es; wenn ich es aber jemandem auf seine Frage hin erklären möchte, so weiß ich es nicht. Das jedoch kann ich zuversichtlich sagen: ich weiß, dass es keine vergangene Zeit gäbe, wenn nichts vorüberginge, keine zukünftige, wenn nichts da wäre. Wie sind nun aber jene beiden Zeiten, die Vergangenheit und die Zukunft, da ja doch die Vergangenheit nicht mehr iist und die Zukunft noch nicht ist?«[52]

Augustinus versucht eine Antwort darauf zu finden, was Zeit eigentlich für den Menschen bedeutet, und er ist bestrebt, die beiden Pole einerseits der zeitlichen Welt und andererseits der Ewigkeit Gottes zu vereinen. Er schreibt:

> »So viel aber ist nun klar und deutlich: weder die Zukunft noch die Vergangenheit ›ist‹, und nicht eigentlich lässt sich sagen: Zeiten ›sind‹ drei: Vergangenheit, Gegenwart und Zukunft; vielmehr sollte man, genaugenommen, etwa sagen: Zeiten ›sind‹ drei: eine Gegenwart von Vergangenem, eine Gegenwart von Gegenwärtigem, eine Gegenwart von Künftigem. Denn es sind diese Zeiten als eine Art der Dreiheit in der Seele, und anderswo sehe ich sie nicht: und zwar ist da Gegenwart von Vergangenem, nämlich Erinnerung; Gegenwart von Gegenwärtigem, nämlich Augenschein; Gegenwart von künftigem, nämlich Erwartung.« [53]

Augustinus verortet die Wahrnehmung der vergangenen, gegenwärtigen und zukünftigen Zeit also in der menschlichen Seele, während er sie in der gegenständlichen Welt als nicht existent ansieht. »In dir, du meine Seele, messe ich die Zeit ... und wenn ich sie messe, dann messe ich den Eindruck, den die Dinge vorübergehend in dir ließen, und der geblieben ist, auch da sie gingen.«[54]

Die verschiedenen Zeiten existieren für den Menschen also nur in der seelischen Gegenwart. Obwohl die Gegenwart keine Dauer hat, sondern nur ein unteilbarer Punkt ist, hat sie echte Existenz. Während es außerhalb der Seele nur das Jetzt der aktuellen Gegenwart gibt, hat die Seele selbst die Fähigkeit der gleichzeitigen Anwesenheit von Vergangenheit und Zukunft.

> »Die anthropologische Zeit« – so Gurjewitsch[55] – »ist nach Augustinus eine innere Realität, und nur allein der Geist nimmt sie wahr. Indem die Seele durch das Vorgefühl für die Zukunft und durch das Gedächtnis die Vergangenheit erfasst und das eine wie das andere in das gegenwärtige Leben des Menschen einbezieht, ›erweitert‹ und ›füllt‹ sie sich. ... Die Welt der sich verändernden Dinge dauere in der Zeit. Gott aber stehe über allen Zeiten und existiere außerhalb der Zeit in der Ewigkeit, der gegenüber selbst die längste Zeit ein Nichts bedeutet. Das Verhältnis zwischen Zeit und Ewigkeit sei schwer zu erklären, weil der Mensch gewohnt sei, über die Ewigkeit in zeitlichen Kategorien zu denken, obwohl die Ewigkeit keine Zeitfolge habe. Die Ewigkeit gehe der Zeit als deren Ursache voraus. Die Zeit gehöre, wie der Raum, zur erschaffenen Welt.«

Der Raum

Im frühen Mittelalter finden sich kaum differenzierte Raumvorstellungen. Das mag mit dem dominierenden Symbolismus zusammenhängen. Denn symbolisches Denken ist raumloses Denken. Das Weltall dachte man sich als ein System von »Sphären«: kugelförmige Bereiche, die sich wie Zwiebeln um die Erde legen, beispielsweise die Sphären des Mondes, der Sonne und des Jupiters. In diesem Sphärenkonzept sind räumliche Distanzen belanglos. Unterschieden werden die Sphären nach qualitativen Gesichtspunkten.

Raummaße beziehen sich auf den Nahbereich des Menschen und sind konkret praktischer Natur. Gemessen wird mithilfe des menschlichen Körpers, seiner Bewegung und seiner Fähigkeit, auf die Dinge seiner Umwelt einzuwirken. Der Mensch ist sozusagen »das Maß aller Dinge«. Da die Menschen unterschiedlich groß und unterschiedlich leistungsfähig sind, bedeutet das, dass die Maße nicht einheitlich festgelegt sind, sondern sich je nach Größe und Kraft des Menschen unterscheiden. Die am meisten verbreiteten Maßeinheiten sind die Elle, die Spanne, die Handbreite und die Finger. Die Länge eines Weges bestimmt man durch die Zahl der voreinander gesetzten Füße (deshalb noch heute im Englischen der Begriff *foot* als Längenmaß) oder die Zahl der Schritte. Die Größe eines Ackers wird bestimmt durch den Zeitaufwand für das Pflügen einer Landfläche; die Maßeinheiten sind *journal* und der »Morgen« (das noch heute im Deutschen bekannte Flächenmaß). Diese Maßeinheiten sind für den frühmittelalterlichen Menschen völlig hinreichend und befriedigend; genauere Bestimmungen werden nicht angestrebt.

Die Größe eines Grundbesitzes wird in den Dokumenten jener Epoche durch den Ertrag beschrieben, den man von dem Landbesitz erhalten kann, auch durch die Anzahl der Pflüge, die für die Bestellung erforderlich sind (oft auch die Anzahl Ochsen, die man vor die Pflüge spannen muss), oder durch die Samenmenge, die für die Aussaat benötigt wird. Man gibt eine genaue Beschreibung der Grenzen des Besitzes durch die Aufzählung aller dazugehörigen Bestandteile (Bäche, Gräben, Hügel, Sträucher, Bäume, Kreuze, Wege und dergleichen mehr) sowie durch den Hinweis auf die Nachbarbesitze. Das Gleiche kann man in solchen Fällen beobachten, wo es um die Übernahme eines neuen Grundstückes geht. Man darf zum Beispiel so viel Land einzäunen, wie man von Sonnenaufgang bis Sonnenuntergang abschreiten kann. Dabei wird nicht selten die Forderung gestellt, dass der Mensch eine Fackel trage und an der Grenze des Landstücks Feuer entfache. Denn das Feuer heiligt die Besitzergreifung und macht sie unverletzlich.[56]

Der Raum spielt im frühen Mittelalter insofern eine Rolle, als jeder Mensch weiß und wissen soll, wohin er gehört, wo sein Platz in dieser Welt ist. »Einen festen Ort in der Welt zu haben, ist Recht wie auch Pflicht.«[57] Der Mensch findet Geborgenheit durch feste Umgrenzung, durch mannigfaltige Verknüpfungen und Eingliederungen in ganzheitliche Zusammenhänge und auch in die hierarchisch geordnete Gesellschaft. Wendorff zeigt sich sehr beeindruckt durch die große Geschlossenheit und geistige Festigkeit der damaligen Gesellschaft, die nach seinem Eindruck einen großartigen Ausdruck in den romanischen Kirchengebäuden finden:

> »Was uns heute am Ausgang des frühen Mittelalters und am Hochmittelalter beeindruckt, ja fasziniert, ist wohl zuerst die großartige Geschlossenheit und geistige Festigkeit dieser Welt ... Hat es je wieder in der westlichen Welt irgendwo eine solche innere Geschlossenheit, Festigkeit und Ruhe gegeben, wie sie uns in den Bauten der Romanik begegnet?«[58]

Vorromanische und später romanische Kirchengebäude erscheinen ihm gleichsam als »Himmelsburgen«. Die Mauern werden immer dicker, die verwendeten Steine wuchtiger, die Fenster kleiner. Und er weist darauf hin, dass die außerordentliche, durch technische Gründe allein nicht zu motivierende Stärke der Mauern des romanischen Kirchengebäudes – es gibt im 11. Jahrhundert Mauern bis zu 7 m Dicke – nur so, nämlich symbolisch, ganz zu begreifen ist. Das dadurch vermittelte Raumerlebnis wird noch vertieft durch die besondere Akustik in diesen frühmittelalterlichen Kirchen. Die langen Nachhallzeiten führen zu einer Klangverschmelzung, erzwingen eine Verlangsamung des Tempos von Rede und Gesang und verstärken damit den Eindruck feierlicher Würde.[59]

Die Kunst

Die mittelalterlichen Meister unterscheiden nicht oder kaum zwischen der irdischen und der übersinnlichen Welt. Beide werden mit der gleichen Deutlichkeit dargestellt und stehen in lebendiger Wechselwirkung. Das Wort und die Idee besitzen im mittelalterlichen Bewusstsein das gleiche Maß an Realität wie die gegenständliche Welt, wie die Dinge, denen diese allgemeinen Begriffe entsprechen. In der mittelalterlichen Literatur gibt es keine subjektiv geprägten Wahrnehmungen der Landschaft, und die Naturbilder bleiben stereotype Arabesken, die sich mit den lyrischen Empfindungen des Autors verflechten.

> »Der Einzelne gilt als Vertreter seines Ranges, seiner gesellschaftlichen Stellung; er wird also nach einem feststehenden Typus dargestellt. Die Adligen z. B. haben blondes oder rotes Haar und blaue oder helle graue Augen – offensichtlich eine Erinnerung an die nordischen Krieger aus der Zeit der Einfälle. ... Solange die Gesellschaft für den Einzelnen als solchen kein Interesse aufbringt, sind natürlich auch Autobiografien selten und meist konventionell gehalten.«[60]

Borst[61] stimmt dem zu und schreibt:

> »Ich kenne keinen mittelalterlichen Text, der vor dem 11. Jahrhundert vom Verhalten des einzelnen Menschen zu sich selbst spräche. Die frühmittelalterlichen Personenverbände achten auf Beziehungen zwischen Menschen, nicht auf die Eigenart des einzelnen. ... Der einzelne wird erst zum Thema, wenn die bergenden Lebensformen zerbrechen.«

Die erste persönliche Autobiografie des Otloh von Sankt Emmeran stammt vom Ende des 11. Jahrhunderts. Doch auch hier geht es dem

Autor darum, von seinem Geschick allgemeingültige moralische Lektionen abzuleiten – ein Ziel, das selbst ein so unabhängiger Geist wie Abälard in seiner *Historia calamitatum mearum* (»Geschichte meines Unglücks«) verfolgt.

Malerei

Der Künstler im frühen Mittelalter hat nicht das Ziel, die sichtbare Welt in seinen Gemälden darzustellen. Vielmehr sieht er es als seine Aufgabe an, die sichtbare Welt mit der unsichtbaren Welt der Bedeutungen zu vereinen und beidem in seinen Gemälden Ausdruck zu geben. Der Betrachter soll Wichtigeres sehen, als ihm das beim bloßen Betrachten der Natur möglich ist. Er soll in dem Bild beide Ebenen, die diesseitige Welt und die jenseitige, erspüren und darin eine für ihn bedeutsame Erfahrung machen. Unter diesem Gesichtspunkt werden die einzelnen Bildelemente in Beziehung gesetzt. Häufig fehlt den Gemälden die Tiefe, und alles Dargestellte liegt zweidimensional gleichsam auf einer Fläche. Bäume oder Berge können von der gleichen Größe sein wie die Figur des Menschen. Die von den Konturen betonten Figuren überschneiden sich nicht und werden vollständig wiedergegeben. Wenn es wichtig erscheint, ein ganzes Gebäude in das Bild einzubringen, wird es so klein dargestellt, wie es der Platz auf der Leinwand erlaubt. Gegebenenfalls verwandelt sich das Gebäude aber auch in einen einfachen dekorativen Gegenstand des Hintergrundes.

Nicht selten auch werden aufeinanderfolgende Handlungen simultan dargestellt, d. h. einige Szenen, die zeitlich getrennt sind, verschmelzen auf einem Bild. So wird auf einem Gemälde zeitgleich dargestellt, wie Johannes der Täufer König Herodes gegenübersteht, wie ihm durch den Henker der Kopf abgeschlagen wird und wie Salome ihrer Mutter die Schüssel mit dem Kopf des Johannes reicht, während dessen lebloser Körper danebenliegt – all dies nicht in einer Serie von Darstellungen wiedergegeben, sondern in einem einzigen Bild, das als Einheit konzipiert ist.[62]

> »Das Zentrum, um das sich die Welt, die von den mittelalterlichen Malern dargestellt wurde, anordnete, war Gott. Da nicht das, was mit dem physischen Sehvermögen sichtbar ist, eine echte Bedeutung besitzt, sondern nur die mit dem geistigen Auge zu erfassende ›höhere Realität‹, geht die mittelalterliche Malerei, welche die Selbstständigkeit der den höheren übersinnlichen Kräften untergeordneten sichtbaren Welt verneint, gleichzeitig von der Präsumtion der Unglaubwürdigkeit

der menschlichen und irdischen Betrachtung aus. Der Betrachter stellt im mittelalterlichen Bild nicht den Mittelpunkt dar, von welchem die Realität untersucht wird.«[63]

Nicht weniger kennzeichnend ist die Tatsache, dass es den Malern im frühen Mittelalter nicht darum geht, in einem Porträt die charakteristischen Gesichtszüge des Menschen darzustellen und eine höchstmögliche Ähnlichkeit mit der porträtierten Person zu erreichen. Entsprechend dem frühmittelalterlichen Menschenbild werden die einzelnen Personen auf dem Gemälde typisiert dargestellt. Sie verkörpern bestimmte Eigenschaften wie Güte, Edelmut, Stolz, Entschlossenheit und Ähnliches. Das Allgemeine und Grundsätzliche ist wichtig und ebenso die Herstellung transzendentaler Bezüge.

Kinder werden als kleinwüchsige Erwachsene dargestellt, deren Körperformen denen der Erwachsenen entsprechen und die ebenso gekleidet sind wie die Erwachsenen. In den Gemälden von Maria mit ihrem Kind sind die Gesichtszüge des Jesuskindes typischerweise die eines Erwachsenen, was keinesfalls damit zu begründen ist, dass die damaligen Künstler ein kindliches Gesicht nicht hätten malen können. Vielmehr findet sich in dieser Darstellungsart die charakteristische Sichtweise des damaligen Menschen auf Kinder gespiegelt.

»In der romanischen Ausdruckswelt, und darüber hinaus bis zum 13. Jahrhundert, gibt es keine Kinder, die durch einen besonderen Ausdruck gekennzeichnet wären, sondern erwachsene Menschen von kleinerem Wuchs. ... Wir gehen von einer Vorstellungswelt aus, die keine Kindheit kennt.«[64]

Charakteristisch für die Gemälde des Frühmittelalters ist im Übrigen die Darstellung des Gekreuzigten als göttlicher Sieger über den Tod. Die frohe Botschaft von Christus als Erlöser wird dadurch betont herausgestellt.

Die Farbe dient im frühen Mittelalter als ein vorwiegend dekoratives Element zur bloßen Flächenfüllung. Die Wiedergabe der tatsächlichen Farbe des Dargestellten wird nicht angestrebt. Es finden sich goldene Rinder und blaue Pferde und noch im 12. Jahrhundert gelegentlich gelbe und rote Pflanzen.

Ein weiteres, sehr charakteristisches Merkmal des Frühmittelalters besteht darin, dass die Gemälde und Skulpturen in den meisten Fällen anonyme Kunstwerke sind. Auch die Namen der Baumeister der Dome werden nicht festgehalten und der Nachwelt überliefert. Nicht die Person hinter den Kunstwerken ist bedeutsam, sondern der Bezug des Dargestellten auf die ewigen Wahrheiten.

Dichtung

In den epischen Werken des frühen Mittelalters sind zeitliche Kategorien irrelevant. Niemand schockiert es, dass ein Held drei Jahre lang zu den Antipoden herabsteigt, für die Rückkehr von ihnen, ohne irgendwo haltzumachen, zwölf Jahre benötigt und insgesamt 30 Jahren wandert oder dass ein Heiliger den Tag verlängern kann. Ähnliches findet man im Ritterroman.

> »Seine Helden altern nicht. Lanzelot, Parzival und andere ihnen ähnliche Personen sind Wesen ohne Biografie, die immer jung und tapfer, ständig zu einer Heldentat bereit bleiben. Einer von ihnen gelangt in eine Gegend, wo ›den ganzen Winter und den ganzen Sommer die Blumen blühen und die Obstbäume Früchte tragen‹. Die Glasinsel (Isle de Voirre) im Roman ›Erec et Enides‹ des Chrétien de Troyes kennt keinen Wechsel der Jahreszeiten und lebt außerhalb der Zeit. ... Die Zeit des Ritterromans verkürzt nicht das Leben seiner Personen« (Gurjewitch 1980, S. 162).

Musik

Musik ist in den Vorstellungen des Frühmittelalters nicht auf den Menschen allein beschränkt, sondern durchwallt das All. »Weltmusik oder himmlische Musik, Menschenmusik und Instrumentalmusik bilden eine Einheit.«[65] Die das frühe Mittelalter kennzeichnende Musik ist der gregorianische Gesang. Es handelt sich um einen einstimmigen Solo- oder Chorgesang mit rhythmischer und dynamischer Differenzierung und einer formalen Gliederung in Phrasen oder Perioden gemäß der Struktur des jeweiligen Textes. Ein fester Rhythmus und eine ganz bestimmte Tonhöhe sind nicht vorgegeben. Die Texte des gregorianischen Gesangs entstammen fast ausschließlich der Bibel. Ab dem 9. Jahrhundert führt die Sorge um das Weiterbestehen der heilswirksamen Art, den *cantus* zu singen, dazu, dass die bisher mündlich überlieferten Gesänge schriftlich festgehalten und mit Zeichen versehen werden. Die in den Kirchen und Klöstern ertönenden Gesänge spiegeln im Übrigen die Zeitempfindung des frühmittelalterlichen Menschen. Der *cantus planus* schwebt im Raum wie ein Gebet. Die Musik ist weder sehr rhythmisiert noch deutlich gegliedert. Sie folgt dem zeitlosen Gehalt der Worte.

Daneben gibt es auch weltliche Musik, die zum Tanz gespielt wird. Aber auch sie ist Musik der menschlichen Stimme. Zwar gibt es Instrumente, die jedoch vornehmlich zur Angabe des Rhythmus gebraucht werden. Im Zusammenspiel mit der menschlichen Stimme dienen sie der Unterstützung des Gesanges und unterlegen diesen mit bestimmten Tonfarben, ähnlich wie es die Maler dieser Zeit bei der Gestaltung ihrer Gemälde machen.

Doch das Bezeichnendste der Vokalmusik, des Gesanges dieser Zeit besteht darin, dass er vorwiegend nüchtern und sachlich, gleichsam distanziert vorgetragen wird.

> »Man sang in der Weise der heutigen kirchlich gebundenen Litanei ... ohne ein Persönliches musikalischer Stimmung, dem bloßen physikalischen Ton folgend ..., so dass das Herz, das Gemüt ohne merkbareren Anteil im Ausdruck blieb. Und so wenig wie eine Dynamik vorhanden war, kannte man eine Schattierung der Melodie durch Harmonisierung: der Gesang war Einzelgesang, Monodie: man sang monoton und monodisch.«[66]

Beginnend in der zweiten Hälfte des 9. Jahrhunderts entwickeln sich allmählich der mehrstimmige Gesang, die polyphone Musik und der Kontrapunkt. Sie werden zu einem kunstvollen System entwickelt, in dem aber der Ausdruck menschlicher Gefühle weiterhin kaum eine Bedeutung hat.

Zusammenfassung

Das Frühmittelalter ist geprägt von einer durch Geburt begründeten ständisch-feudalen Gesellschaftsordnung mit einer sehr ungleichen Verteilung materieller Güter. Die Bauern, die in Armut leben, machen 90 Prozent der Bevölkerung aus. Der Adel und der Klerus, immer wieder auch die eigentlich auf Armut verpflichteten Mönchsorden, führen ein aufwendiges Leben. Diese Ordnung wird nicht hinterfragt. Der Mensch lebt eingebunden in seine soziale Gruppe und damit an dem Platz, an den er von Gott gestellt worden ist. Sein Verhalten wird festgelegt durch den Verhaltenskanon seines Standes, der seinen Lebensstandard, seine Ideale und Werte, seine Denkgewohnheiten und Verhaltensformen bestimmt.

Das Leben des Menschen im Frühmittelalter ist in all seinen Handlungen und seinen Bezügen durchdrungen von religiösen Vorstellungen. All sein Tun und alle Dinge, mit denen er umgeht, werden in Beziehung zu Christus und dem Glauben gesetzt. Alle gesellschaftlichen Regeln und Gebräuche werden daraufhin untersucht, ob sie mit den Worten der Bibel in Übereinstimmung zu bringen sind. Daraus resultiert eine Einheitlichkeit der Weltanschauung, die alle Lebensbereiche bestimmt. Das Universum ist eine von Gott geschaffene Einheit. Gott ist die höchste Instanz, und alles, was er in seiner Vollkommenheit geschaffen hat, ist sakrosankt und kann nicht hinterfragt werden. Meinungsäußerungen, die den Meinungen derer widersprechen, die allein das Recht haben, sich zu Glaubensangelegenheiten zu äußern, gelten als Ketzerei und als Zeichen für Überheblichkeit. Es ist die Aufgabe des frühmittelalterlichen Menschen, sich um das Allgemeinwohl zu sorgen, um damit auch das eigene Wohl zu erreichen. Das eine gilt als undenkbar ohne das andere.

Die Natur ist für den frühmittelalterlichen Menschen lebendig und beseelt, anthropomorph, und verfügt über moralische Qualitäten. Eine eindeutige Abgrenzung zwischen dem frühmittelalterlichen Menschen und der Natur ist kaum festzustellen. Das Leben wird durch die »natürliche« Zeit bestimmt.

In Gerichtsverfahren und durch die Kirche wird die Tat, beispielsweise der Diebstahl oder der Raub, be- und verurteilt. Sie verletzt die Lebensordnung und führt zu einer Entordnung, die schnellstens wieder zu beseitigen ist. Die Störung der Harmonie, in der alles menschliche Leben aufgehoben ist, muss wiederhergestellt und das Heil wiedergewonnen werden. Das geschieht durch einen Ausgleich der Unrechtsfolgen, den die gesamte Sippe des Täters zu leisten hat.

Insgesamt ist das Leben im Frühmittelalter als Gemeinschaftsleben zu kennzeichnen. Der Mensch erlebt sich organisch eingebettet in ein Beziehungssystem. Das Handeln des Einzelnen ist dem Wohl der Gruppe, der er zugeordnet ist, unterworfen, ebenso wie die Gruppe sich an den Interessen der größeren Gemeinschaft zu orientieren hat. Das Denken erfolgt in Bildern und Metaphern, in Gleichnissen und Erzählungen. Die Sprache ist konkret-anschaulich.

Diese Darstellung des Selbst- und Weltbildes des Menschen im Frühmittelalter verfolgt zwei Anliegen: Es soll veranschaulicht werden, dass die Art und Weise, wie wir uns heute verstehen und die Welt betrachten, keineswegs einzigartig und selbstverständlich ist, dass also ganz andere Selbst- und Weltkonzepte (wie sie meines Erachtens heute für die Zukunft entwickelt werden müssen) grundsätzlich möglich sind. Das hätte natürlich auch durch Verweis auf ferne Kulturen dargestellt werden können. Die Schilderung der Situation im Frühmittelalter kann jedoch aufzeigen, wie mit der Erfindung des Individuums im 11. und 12. Jahrhundert ein Wandel auf allen Gebieten des Lebens erfolgte und nahezu alle grundlegenden Gedanken unseres heutigen Selbst- und Weltverständnisses damals entwickelt oder zumindest angestoßen wurden.

2 Der Umbruch und die Erfindung des Individuums zur Zeit des Hoch- und Spätmittelalters

Die Änderung der gesellschaftlichen Rahmenbedingungen

Um 1050 setzt nahezu im gesamten Abendland ein tiefgreifender Wandlungsprozess ein. Er erfasst fast alle Lebensbereiche und führt zu einer Veränderung der Gesellschaft, die sich in neuen Lebens- und Bewusstseinsformen zeigt. Heer[67] bezeichnet das 11. Jahrhundert als die Zeit, in der »der feudal-germanische gottweltliche Kern des frühen Mittelalters wie ein Atomkern zerfällt«, und beschreibt das 12. Jahrhundert als das erste Jahrhundert eines neuen Europa[68].

> »Aus diesem Zerfalle entstehen, zum Teil in Kettenreaktion, ›Staat‹ und ›Kirche‹, Bürgertum und Laientum, Geist und Geistlichkeit der neueren Jahrhunderte ebenso wie die Wissenschaften vom Streite: Dialektik, Philosophie, Scholastik, die Künste des Minnesangs, des höfischen Epos und Romans, die Gotik und die polyphone Musik am Ende des Jahrhunderts – eben dort, wo es seinen gewichtigen Aufklang genommen hatte, in Paris.«[69]

Die vielfältigen religiösen, geistigen, politischen und wirtschaftlichen Bewegungen dieser beiden Jahrhunderte prägen das Denken und Handeln des europäischen Menschen bis in die heutige Zeit. Dieser Umbruch geht einher mit mehreren Ereignissen, die ganz offensichtlich sowohl als Ursache als auch als Folge dieser tiefgreifenden Veränderungen angesehen werden können: günstige klimatische Bedingungen und ein Bevölkerungswachstum sowie ein Anwachsen der Zahl und der Größe der Städte, ein zunehmender Handel und Warenaustausch, die Wahrnehmung der Diskrepanz zwischen den hohen Idealen und dem realen Geschehen in den Klöstern und unter den Geistlichen, die Kreuzzüge, die Begegnung mit einem wissenschaftlich weit entwickelten Islam in Südspanien und politische Verwerfungen.

Bevölkerungswachstum

Günstige klimatische Bedingungen führen zur Zeit des ausgehenden Frühmittelalters zu einem Bevölkerungswachstum. Viele Menschen ziehen in die Städte, deren Einwohnerzahl ansteigt. Es kommt zu zahlreichen Stadtgründungen. Auch wenn es sich dabei zunächst vorwiegend um Ackerbaustädte handelt, so geht diese Entwicklung doch einher mit einer beginnenden Ablösung des Menschen aus seiner engen Naturverbundenheit.

Aufgrund des erhöhten Nahrungsbedarfs werden Anbauflächen durch Neusiedlung und Urbarmachung vor allem im Osten des Landes gewonnen. Die Bauern entwickeln neue Arbeits- und Anbaumethoden wie beispielsweise neue Pflugtechniken oder die Dreifelderwirtschaft. Es entsteht eine wirtschaftliche Dynamik, die sich neben der Nahrungsproduktion im weiteren Verlauf auch auf Handel, Handwerk und Gewerbe auswirkt. Neue Handelsrouten schaffen ein Netz der Verbindung von Märkten und Städten.

Glaubenszweifel

Bereits seit Ende des 9. Jahrhunderts führen die Mönche in den Klöstern zunehmend ein ausschweifendes, auf weltliche Genüsse ausgerichtetes Leben. Als Gegenreaktion werden viele Klöster neu gegründet – als erstes 910 das Kloster Cluny –, die eine Rückbesinnung auf die Gebote von Armut und Askese und die Einhaltung der klösterlichen Ordnung zum Ziel haben. In den beiden darauffolgenden Jahrhunderten folgt die Gründung zahlreicher sogenannter Bettelorden, in denen nicht nur die Mitglieder selbst, sondern auch die Orden keinerlei Eigentum besitzen dürfen und allein von Almosen leben. Die bedeutendsten sind die Orden der Franziskaner und Dominikaner. Doch die Ausschweifungen in den Klöstern und unter den Priestern nehmen weiter zu. Vor allem aber werden sie auf einmal von der Bevölkerung wahrgenommen und lösen eine hohe Unzufriedenheit aus. Die Diskrepanz zwischen den hohen Idealen und dem realen Geschehen in den Klöstern und unter den Geistlichen tritt plötzlich ins Bewusstsein der Bevölkerung. Die Himmel- und Höllenpredigten der Dorfprediger und der Stadtpfarrer genügen nicht mehr, das Volk missbilligt den feudalherrschaftlichen Prunk der liturgischen Feiern adliger Mönchs- und Prälatensippen und beginnt, an der Liturgie, den Sakramenten und der hierarchischen Ordnung der Kirche zu zweifeln.

> »Seit dem 12. und 13. Jahrhundert wuchs im katholischen Europa ständig die Unzufriedenheit mit der päpstlichen Kurie, die sich in den größten Besitzer von Reichtümern verwandelt hatte und ständig mehr

Gelder aus den Gläubigen herauspresste, indem sie den Zehnten, den Peterspfennig, Kreuzzugsgelder, Zahlungen für kirchliche Dienste, Ämter (Annaten, Palliengelder) und für die von päpstlichen Agenten verkauften Ablasszettel – Indulgenzen – einzog.«[70]

Heer bezeichnet das 12. Jahrhundert als das mittelalterliche Jahrhundert der Ketzer, also der Menschen, die aus der tradierten Ordnung und dem geistig-kulturellen Gesamtgefüge der Zeit auszubrechen versuchen. Sie verstehen die »alte Welt«, die gottweltlich sakramental begründete Einheit von »Reich« und »Gottesreich« nicht mehr. Und so wird diese Epoche zu einer Blütezeit von Parodie und Satire. Weit verbreitet sich beispielsweise das »Evangelium von der Mark Silber«:

»Da herrschen die päpstlichen Torhüter den besitzlosen Armen an: ›Dass du verdammt werdest in deiner Armut! Hebe dich hinweg, Satan, denn du meinest nicht das, was des Goldes ist. Wahrlich, wahrlich ich sage dir: du wirst nicht eingehen zu deines Herrn Freude, bis du nicht deinen letzten Heller hergegeben hast.‹ Der Papst aber verkündet in Anlehnung an die Bergpredigt die Seeligpreisung der Reichen.«[71]

Die Kreuzzüge

1095 ruft Papst Urban II. zum Kreuzzug zur Befreiung von Jerusalem auf und stößt damit auf eine Zustimmung, die ihn selbst überrascht. Die Menge jubelt und skandiert: »Deus vult« (Gott will es!) Die Menschen reißen Stoffe in Stücke, um daraus Kreuze herzustellen, die sie sich an ihre Kleidung heften. Als Grund für diese große Begeisterung werden in der Literatur sowohl traditionell christliche Motive als auch soziale Ursachen benannt: Der Papst verspricht allen, »die dort hinunterziehen«, den totalen Sündenerlass. Zudem ist zum damaligen Zeitpunkt die Zahl der Adligen stark angestiegen, für die es keine Aufgaben gibt. Leibeigenen wird die Freiheit versprochen. Vom Gesetz Verfolgte sehen die Chance zur Flucht. Und nicht zuletzt ist die Kreuzzugsbewegung auch ein Auffangbecken für all jene, die durch die große Unruhe und Verunsicherung der Zeit ihre Lebensorientierung verloren haben. Gleichzeitig führen die Kreuzzüge dazu, dass viele Menschen Neues, Andersartiges kennenlernen und dadurch weiter in ihrer traditionellen Sicherheit und dem Selbstverständnis der gemeinschaftlichen Geborgenheit verunsichert werden.

Die Begegnung mit einem wissenschaftlich weit entwickelten Islam in Südspanien

Córdoba ist im 10. Jahrhundert die glanzvolle Hauptstadt eines unabhängigen Kalifenreiches und die mit weitem Abstand größte Stadt Europas. Abgesandte des Kaisers erstarren in Ehrfurcht angesichts der Pracht der Residenz. Die Bibliothek umfasst mehr Bücher, als es im übrigen Westeuropa zusammen gibt. Für Deutschlands erste Dichterin, Roswitha von Gandersheim, war die Stadt »die berühmte Zierde des Erdkreises«. Und auch nach dem politisch-militärischen Zusammenbruch des Kalifats im 11. Jahrhundert, als al-Andalus in zahlreiche kleine Königreiche zerfiel, dauerten der kulturelle Glanz und die wirtschaftliche Macht des islamischen Spanien weiter an.

In den sogenannten »goldenen Zeiten« des Zusammenlebens der unterschiedlichen Religionen in Südspanien wird die westliche Welt durch die Begegnungen mit dem wissenschaftlich weit entwickelten Islam zu einem neuen Denken angeregt. Die neuen Ideen breiten sich nach Frankreich aus, finden in Paris große Resonanz und erreichen schließlich auch Mitteleuropa.

Politische Verwerfungen

In der ersten Hälfte des 14. Jahrhunderts wird die allgemeine Verunsicherung durch politische Verwerfungen noch weiter bestärkt, so durch »die seltsame Farce« einer gemeinsamen Doppelregierung Ludwigs von Bayern und Friedrichs von Österreich.

> »Von da an kam (das Reich) nicht mehr zur Ruhe, bis das Jahr 1410 drei deutsche Könige brachte: Sigismund, Wenzel und Jost von Mähren. Und fast um dieselbe Zeit, im Jahr 1409, erlebte die Welt das Unerhörte, dass drei Päpste aufstanden: ein römischer, ein französischer und ein vom Konzil gewählter. Dies hieß für die damaligen Menschen ungefähr so viel, wie wenn man ihnen plötzlich eröffnet hätte, es habe drei Erlöser gegeben oder jeder Mensch besitze drei Väter. Und da sowohl Kaiser wie Päpste sich gegenseitig für Usurpatoren, Gottlose und Betrüger erklärten, so lag es nahe, sie auch wirklich dafür zu halten, alle drei, ja noch mehr: in ihrem ganzen Amt keine gottgewollte, sondern eine erschlichene Würde, nicht mehr den Gipfel geistlicher und weltlicher Hoheit, sondern einen erlogenen Scheinwert zu erblicken.«[72]

Folgen des Umbruchs

Mit dem allmählichen Zusammenbrechen der Kultur des Frühmittelalters breitet sich eine große Unruhe und Verunsicherung in sämtlichen Volksschichten aus. Deutlich lässt sich das typische Charakteristikum einer Umbruchphase erkennen, das in einer Gleichzeitigkeit eines leidenschaftlichen Zurück zum Alten und einer diffusen Zugewandtheit zu einer unbekannten Zukunft besteht. So kommt es einerseits zu einem dramatischen Nebeneinander von totalem Unglauben und der Unfähigkeit, die alte symbolistisch sakramentale Gott-Welt-Einheit noch zu begreifen, und einem glühenden Glauben andererseits. Wibald von Stablo und Corvey (1098–1158)[73] sagt über seine Zeit: »Ein Mensch scheidet sich von dem anderen, kaum trifft man zwei, die völlig einig sind.«

Friedell[74] schildert die Gleichzeitigkeit von Daseinsfreudigkeit einerseits und büßerischer Askese andererseits. In seiner bildreichen Sprache beschreibt er, wie sich eine allgemeine Weltuntergangsstimmung verbreitet:

> »Der Mensch aber, durch so viel Schlimmes und Widerspruchsvolles an Gegenwart und Zukunft irre geworden, taumelte erschreckt umher und spähte nach etwas Festem. Die Ernsten zogen sich gänzlich auf ihren Gott und ihre Kirche zurück, fasteten und beteten und taten Buße. Die Leichtfertigen stürzten sich in ein zügelloses Welttreiben, öffneten der Gier und dem Laster alle Ventile und machten sich aus dem Leben eine möglichst fette Henkersmahlzeit. Viele erwarteten das Jüngste Gericht. In alledem: in den pessimistischen und asketischen Strömungen ebensogut wie in der ungesund aufgedunsenen Lebensfreude ... zittert eine allgemeine Weltuntergangsstimmung, die, ausgesprochen oder unausgesprochen, bewusst oder unbewusst, das ganze Zeitalter durchdringt und beherrscht.«

Je weiter die Zeit fortschreitet, umso deutlicher nehmen die Menschen wahr, dass die Kraft des Glaubens und die Sicherheit und Geborgenheit vergangener Zeiten verloren gegangen sind. Das gilt sowohl bei der Betrachtung der Verhältnisse am päpstlichen Hof wie bei der Beobachtung des Verhaltens des niederen Volkes. Petrarca (1304–1374) schildert beispielsweise die Zustände am päpstlichen Hof zu Avignon:

> »Alles Gute ist dort zugrunde gegangen, zuerst die Freiheit, dann die Ruhe, die Freude, die Hoffnung, der Glaube, die Liebe: ungeheure

> Verluste der Seele. Aber im Reiche der Habsucht wird das nicht als Schaden gerechnet, wenn nur die Einkünfte ungeschmälert bleiben. Das zukünftige Leben gilt da als eine leere Fabel, was von der Hölle erzählt wird: alles Fabeln, die Auferstehung des Fleisches, der Jüngste Tag, Christi Gericht: lauter Torheiten. Wahrheit hält man dort für Wahnsinn, Enthaltsamkeit für Unsinn, Scham für Schande, ausschweifende Sünde für Großherzigkeit; je befleckter ein Leben ist, desto höher wird es gewertet, und der Ruhm wächst mit dem Verbrechen.«[75]

Über das Verhalten des niederen Volkes berichtet Huizinga[76]:

> »Die heiligsten Feste, die Christnacht selbst, werden in Zügellosigkeit verbracht, mit Kartenspielen, Fluchen und schändlichen Reden; ermahnt man das Volk, dann beruft es sich darauf, die großen Herren, die Pfaffen und Prälaten, dürften das ja auch ungestraft tun. An den Vigilien der Festtage wird in den Kirchen selbst bei liederlichen Liedern getanzt; Priester geben das Beispiel, die Nachtwachen mit Würfelspiel und Fluchen hinzubringen.«

Für Le Goff[77] scheint die Welt

> »im 14. und 15. Jahrhundert geradezu außer Rand und Band zu geraten. ... Die Frömmigkeit ist mehr denn je auf Schaustellung, Demonstration bedacht. Die Volksprediger entfesseln die Begeisterung der Mengen, reißen sie dazu hin, ihren Glauben mit allen möglichen physischen Mitteln zu äußern.«

Auftreten von Besessenheitsepidemien

Einen eindrucksvollen Ausdruck der tiefgreifenden Unruhe und Verunsicherung stellen die Besessenheitsepidemien – Tanzwut- und Veitstanzepidemien, Kinderkreuzzüge, Tarantismusepidemien (angeblich ausgelöst durch den Biss einer giftigen Spinne, der Tarantel), Geißler- und Flagellantenzüge – dar, die für das 12. und 13. Jahrhundert sehr charakteristisch werden. Sie zeigen unterschiedliche Ausprägungen. Doch in allen Beschreibungen lassen sich charakteristische Verhaltensmuster erkennen, die den um die Wende vom 19. zum 20. Jahrhundert beschriebenen hysterischen Verhaltensweisen gleichen und in der heutigen Internationalen Klassifikation psychischer Störungen als Konversionsstörungen bezeichnet werden.

Eine erste entsprechende Nachricht findet sich in einer »Sage, die im ganzen Mittelalter geglaubt und mit Erstaunen und Grauen wiedererzählt« wurde. Danach sollen im Jahre 1021 bei der Klosterkirche von Kolbig unweit Bernburg

> »18 Landsleute, deren Namen zum Teil noch aufbewahrt sind, durch Tanzen und Lärmen auf dem Kirchhofe den Gottesdienst gestört, und der Priester Ruprecht sie mit dem Fluche beladen haben, ein ganzes Jahr unablässig zu tanzen und zu schreien. Diese Verwünschung sei denn auch vollständig in Erfüllung gegangen, so dass die Unglücklichen ... (erst) durch die Fürbitte zweier frommer Bischöfe befreit worden wären. Sie sollen darauf in einen dreitägigen tiefen Schlaf verfallen und vier von ihnen gestorben sein, die übrigen aber zeitlebens ein Zittern der Glieder zurückbehalten haben.«[78]

Im selben Jahrhundert beschreibt Gariopontus, ein salernitanischer Arzt, Erscheinungen, die späteren Berichten über die Tarantismusepidemien sehr ähneln. Hecker[79] formuliert das so:

> »Wir stellen diese Erscheinung als einen bedeutsamen Vorläufer des Tarantismus auf, in der Überzeugung, dadurch noch anschaulicher gemacht zu haben, dass der Grund der Entwicklung des letzten in Verhältnissen gelegen haben müsse, welche vom zwölften Jahrhundert bis zu Ende des vierzehnten Jahrhunderts hervortraten, denn der Ursprung des Tarantismus ist mit höchster Wahrscheinlichkeit zwischen der Mitte und dem Ende dieses Jahrhunderts, mithin also gleichzeitig mit dem des Veitstanzes (1374) anzunehmen.«

Aus dem 13. Jahrhundert stammen die Berichte über den Auszug der Kinder aus Erfurt und über den Veitstanz auf der Rheinbrücke zu Utrecht*. Der Auszug der Kinder aus Erfurt im Jahr 1237 war einer der vielen damals begonnenen Kinderkreuzzüge. Die Kinder verließen unter Tanzen und Springen in der Nacht unbemerkt die Stadt, um in das Heilige Land zu ziehen. Doch wurden sie von ihren Eltern am nächsten Tag zurückgeholt und in den Häusern eingesperrt, woraufhin sie lange Zeit schwerste Zittererscheinungen und Lähmungen zeigten. Aus dem Jahre 1278 wird von 200 Tänzern berichtet, die sich auf der Rheinbrücke in Utrecht versammelten und sich ganz unsinnig gebärdeten, bis die Brücke einbrach und alle ertranken.[80]

---

* Zur damaligen Zeit floss der Rhein durch Utrecht. Ein Überbleibsel des früheren Rheins ist heute der so genannte Oude Rijn.

Doch setzen die großen, fast das ganze Land ergreifenden Veitstanzepidemien* erst im 14. Jahrhundert ein. Im Jahr 1374 brach in Aachen im Anschluss an den schwarzen Tod (die Pest) eine solche Epidemie aus, die sich in kurzer Zeit über Köln, Lüttich, Maastricht und Tongeren in ganz Europa ausbreitete.

> »Die Behafteten fielen bewusstlos und schnaubend zu Boden, Schaum trat ihnen vor den Mund, dann sprangen sie auf, und hoben ihren Tanz an mit unheimlichen Verzerrungen ... Ihrer Sinne anscheinend nicht mächtig, tanzten sie stundenlang in wilder Raserei, ohne Scheu vor den Umstehenden, bis sie erschöpft niederfielen; dann klagten sie über große Beklemmungen und ächzten, als stünde ihnen der Tod bevor, bis man ihnen den Unterleib mit Tüchern zusammenschnürte, worauf sie sich erholten und frei blieben bis zum nächsten Anfall.«[81]

> »Während des Tanzes hatten sie epileptoide Anfälle und Visionen. Es war dies der bekannte *Veitstanz*, der sehr bald größere Kreise ergriff, in seinem weiteren Verlauf immer mehr einen sexuellen Charakter annahm und schließlich eine Art Mode wurde, so dass Vagabunden sich dadurch, dass sie die Zuckungen nachahmten, ihren Unterhalt verdienen konnten.«[82]

Geißler- und Flagellantenzüge treten gehäuft in der Mitte des 13. Jahrhunderts in Italien, in Deutschland Mitte des 14. Jahrhunderts auf.

> »Die Flagellanten, exaltierte Religiöse, zogen in großen Scharen von Ort zu Ort, Fahnen schwingend, düstere Lieder singend, mit schwarzen Mänteln und absonderlichen Mützen bekleidet, von denen ein rotes Kreuz leuchtete. Bei ihrem Erscheinen läuteten alle Glocken, und alles strömte zur Kirche: dort warfen sie sich nieder und geißelten sich unter stundenlangen Liedern und Gebeten, verlasen vom Himmel gefallene Briefe, die das sündhafte Treiben der Laien und Pfaffen verdammten, und mahnten zur Buße. Ihre Doktrin ... war zweifellos häretisch: Sie lehrten, dass die Geißelung das wahre Abendmahl sei, da sich dabei ihr Blut mit dem des Heilands vermische, erklärten die Priester für unwürdig und überflüssig und duldeten bei ihren Andachtsübungen keinen Geistlichen. ... Diese Geißlerfahrten waren jedoch keine einfache Folgeerscheinung der Pest, ... sondern höchstwahrscheinlich eine Parallelepidemie, ein weiteres Zeichen der allgemeinen Beunruhigung. ... Für

* Veitstanz = Tanz des heiligen Johannes oder des heiligen Veit, so genannt »der bacchantischen Sprünge wegen, mit denen die Kranken im wilden Reigen schreiend und wuthschäumend den Anblick von Besessenen darboten« (Hecker 1865, S. 1).

> diese Annahme spricht die Tatsache, dass derartige seelische Massenerkrankungen zu jener Zeit auch unabhängig von der Pest auftraten.«[83]

Diese psychischen Massenepidemien zeigen sich noch bis ins 17. Jahrhundert mit großer Häufigkeit und hoher Teilnehmerzahl. Ab dem 18. Jahrhundert treten sie seltener auf; die Gruppen werden zunehmend kleiner.[84] Sie müssen als Ausdruck einer existenziellen Verunsicherung angesehen werden. Während ihres Ablaufs dürfte das Gruppenerleben von besonderer Bedeutung gewesen sein. Ihr appellativer Charakter wird von Außenstehenden im Laufe der Jahrhunderte zunehmend wahrgenommen und tritt dann immer stärker in den Vordergrund. Die phänomenologische Parallelität zu ähnlichen Erscheinungen im Rahmen der christlichen Mystik, einer Bewegung, die ebenfalls im 10. Jahrhundert einsetzt und bis ins 17. Jahrhundert reicht, ist nicht zu übersehen und wird von vielen Autoren beschrieben.[85]

Das Selbstbild des Menschen

Im Hoch- und Spätmittelalter erfindet der mitteleuropäische Mensch die Idee des Individuums. Er tritt aus der Geschlossenheit des frühmittelalterlichen Selbst- und Weltbildes heraus und schaut aus einer außenstehenden Position auf sich und die Welt. Er knüpft an die Aussage des Alten Testaments an, dass Gott den Menschen nach seinem Ebenbilde geschaffen hat, und schaut auf sich und die Welt, wie Gott es beim Blick auf seine Schöpfung getan hat, wenn im 1. Buch Mose (Genesis 1,31) geschrieben steht: »Und Gott sah an alles, was er gemacht hatte, und siehe, es war sehr gut.«

In der Loslösung aus der mythologischen Welt des Frühmittelalters erscheint die Utopie des Individuums als eines Gott ebenbildlichen, rationalen, die Welt nicht nur erkennenden, sondern zugleich auch erschaffenden Subjekts. Es kommt zu einer Sprengung der unmittelbaren Einheit der Welt und einer Ausdifferenzierung von Subjekt und Objekt auf allen Gebieten. Der Mensch macht sich zum Maß aller Dinge. Hier liegt der Ursprung des berühmten Ausspruchs von Descartes: »Cogito, ergo sum« – des ersten philosophischen Satzes, der die Sicherheit des Seins nicht mehr an Gott bindet, sondern an den Menschen.

Der Mensch wird sich zunehmend seiner selbst bewusst. Gebser formuliert:

> »Der Mensch ist nicht mehr nur in der Welt, sondern er beginnt sie zu haben; aus einem, der selber Besitz (nämlich des Himmels) war, wird einer, der beginnt, wenn auch nicht den Himmel, so doch vielleicht die Erde bewusst zu besitzen.«[86]

Diese Entwicklung vollzieht sich schrittweise und in den verschiedenen Schichten des Volkes in unterschiedlichem Tempo. Sie zeigt sich auch in den unterschiedlichen Dimensionen, die in den folgenden Kapiteln behandelt werden, zu unterschiedlichen Zeitpunkten. Dies dürfte der Grund dafür sein, dass je nach Schwerpunkt des jeweiligen Blickes die verschiedenen Forscher den Zeitpunkt dieses Wandels vorwiegend im 11., 12. oder 13. Jahrhundert verorten.

Begünstigt wird die dargestellte Entwicklung durch die frühscholastische Pflege der Argumentationskunst. Grundlegend für die Scholastik ist das Prinzip des Dialogs zwischen zwei Vertretern gegensätzlicher Auffassungen, aus dem sich die Lösung des gestellten Problems ergibt, indem der eine den anderen widerlegt. In diesem Rahmen entwickelt sich seit Mitte des 11. Jahrhunderts eine heftige Debatte zwischen den Anhängern der tradierten Autoritäten und den Vertretern des Erkennens durch menschliche Vernunft, die sich gegen den Vorwurf der Anmaßung und Blasphemie mit dem Argument verteidigen, die Überlegenheit der Vernunft beruhe auf der Gottebenbildlichkeit des Menschen.

Ein bedeutender und einflussreicher Vertreter der Frühscholastik ist Abälard (1079–1142), ein französischer Theologe und Philosoph. Er lehrt unter anderem in Paris Theologie, Logik und Dialektik und führt ein sehr bewegtes Leben. Mit seiner Lehre und auch wegen der Liebesaffäre mit seiner Schülerin Heloisa, seiner späteren Gattin und Äbtissin des Frauenkonvents Le Paraclet, stößt er auf heftige Kritik und erbitterten Widerstand. In seiner Schrift *Sic et non* (»Ja und Nein«) untersucht er die tradierten Texte der Bibel und der anerkannten, bis dahin unhinterfragten Autoritäten auf Abweichungen und Widersprüche, die er in großer Zahl aufdeckt. Er begründet damit die Zweifel an einer starken Bindung an die wortwörtlichen Aussagen der Texte und fordert, durch eine rationale Interpretation den eigentlichen Sinn des Ausgesagten zu erfassen. Im Prolog dieser Schrift formuliert er: »Indem wir nämlich zweifeln, gelangen wir zur Untersuchung und durch diese erfassen wir die Wahrheit.« Diese sei nicht als »Besitz des die Wahrheit verwaltenden Klerus« anzusehen, sondern eine dauernde Aufgabe.[87]

Mehr noch als durch seine philosophischen Werke wird Abälard berühmt durch seine autobiografischen Schriften, die *historia calamitatum* (Leidensgeschichte) und den *Briefwechsel* mit Heloisa. Die Echtheit der *historia calamitatum* wird im Allgemeinen nicht bezweifelt, die des Briefwechsels mit Heloisa ist umstritten. Er ist aber in jedem Falle ein eindrucksvolles Dokument eines in dieser Art neuen Strebens nach Selbsterkenntnis. Ein faktisch autonomes Individuum begreift sich als Maß der Welt.* In seinen letzten Lebensjahren entwickelt Abälard mit seiner *ethica* ein frühes Beispiel einer Intentionsethik. Mit ihr fordert er, die moralische Bewertung einer Handlung nicht mehr von der faktischen Tat und ihren Folgen abhängig zu machen, sondern von der Absicht des Handelnden.

Viele der von Abälard vertretenen Ideen sind schon in der zweiten Hälfte des 11. Jahrhunderts aufgekommen. Durch die Schärfe seiner Formulierungen, die Leidenschaft, mit der er seine Thesen vertritt, und den von vielen Zeitgenossen als anmaßend beurteilten Anspruch, eine neue Theologie, eine neue Philosophie, eine neue Ethik, das heißt: ein neues Weltbild für den neuen Menschen zu entwerfen, erreicht er einen großen Einfluss. Heer beurteilt seine Bedeutung als kaum zu überschätzen:

> »Er ist *der* Einzelne, *der* Einsame, *das ›moderne‹ Individuum* ..., welches sich auflehnt gegen die massive religiös-politische Weltordnung seiner Epoche.«[88]

> »Es ist das neue bürgerliche, eigenständige Individuum, die Person Abälards zunächst, in der sich ›Humanismus‹, spirituale Askese und Erfahrung des eigenen Lebens mit der Grundhaltung seiner Persönlichkeit verbinden. Dieser Mensch sieht mit neuen Augen die ›Welt‹: und siehe, was Jahrhunderte zusammengeschaut, als Einheit erlebt hatten, zerlöst sich vor diesem neuen Blick in heterogene Elemente. Reich und Gottesreich zerfallen. Es gibt keine religiös-politische Ständeordnung in Welt und Überwelt, die ›jedem das Seine‹, sein heilspolitisches Auskommen und Einkommen sichert. ...

---

* Dementsprechend entscheidet sich Abälard im Universalienstreit für die Position, dass nur die Dinge wirklich seien und Gattungen sowie Universalia keine seinshafte Realität besäßen. Allerdings führt er – spätere Entwicklungen vorwegnehmend – eine subjektive Sichtweise ein, die Ohlig (2001, S. 27) mit den Worten beschreibt: »Von unserer Aufmerksamkeit und Einstellung hängt es ab und ist somit subjektiv bedingt, was wir erkennen und begrifflich formulieren; man könne deswegen sagen, Universallinien seien res fictae. Das Wesen einer Sache, das wir in Allgemeinbegriffen ausdrücken, ist Angelegenheit des menschlichen Geistes, nicht des Seins.«

> Abälard stirbt 1145; in diesen Jahren ersteht in St-Denis der erste Bau der Gotik – fußend auf der neuen Spiritualität und Rationalität dieses ersten großen bürgerlichen Denkers Europas.«[89]

> »Das Mittelalter hat im Menschen ein Abbild, eine Welt im Kleinen, einen Mikrokosmos gesehen. Jetzt kehrt man die Betrachtungsweise um. ›L'uomo è modello dello mondo‹, sagt Leonardo Da Vinci: ›Der Mensch ist das Vorbild der Welt.‹ Und dieser Mensch bricht nun auf, die Welt zu entdecken.«[90]

Einen weiteren Schritt in der Ausformung des neuen Selbst- und Weltbildes des Menschen verbindet Gebser mit der Person des Francesco Petrarca (1304–1374), einem der wichtigsten Vertreter der frühen italienischen Literatur. Petrarca rückt den Menschen in den Mittelpunkt des Weltgeschehens – im Gegensatz zum mittelalterlichen Weltbild, in dem Gott als Weltenlenker fest verankert ist. Er sieht die Welt nicht mehr als eine feindliche und für den Menschen verderbliche, die nur Durchgangsstation in eine jenseitige Welt ist, sondern sie besitzt nun in seinen Augen eine eigene Wertigkeit. Wie in der Landschaftsmalerei dieser Zeit klingt bei Petrarca eine neue Natur- und Landschaftserfahrung an, bei der sich ästhetische und kontemplative Sichtweisen miteinander verbinden.

> »Der Mensch ist nicht mehr nur in der Welt, sondern er beginnt sie zu haben; aus einem, der selber Besitz (nämlich des Himmels) war, wird einer, der beginnt, wenn auch nicht den Himmel, so doch vielleicht die Erde bewusst zu besitzen.«[91]

Berühmt geworden ist seine Besteigung des Mont Ventoux gemeinsam mit seinem Bruder im Jahr 1336. Es handelt sich um die erste bekannte Bergbesteigung lediglich zum Zweck der Betrachtung der Landschaft. Der damals 32-jährige Petrarca beschreibt sie in einem Brief.

> »Diese Darstellung ist für die damalige Zeit ein geradezu epochales Ereignis, denn sie bedeutet nichts Geringeres als die Entdeckung der Landschaft, und in ihr kommt ein erstes Aufleuchten jenes Raumbewusstseins zum Durchbruch, das in der Folge grundlegend die Stellung des europäischen Menschen in und zu der Welt verändert.«[92]

Gebser zitiert in eigener Übersetzung Petrarcas berühmten Brief:

> »Den höchsten Berg unserer Gegend habe ich gestern bestiegen, nur von dem Verlangen geleitet, die namhafte Höhe des Ortes kennen zu lernen. Durch viele Jahre hindurch war dies in meiner Seele; von Kindheit an habe ich mich nämlich, wie du ja weißt, hier in diesen Gegenden herumgetrieben. Jener Berg, weit und breit sichtbar, stand mir fast allzeit vor Augen. Allmählich ward mein Verlangen ungestüm und ich schritt zur Ausführung ... In den Schluchten trafen wir [er und sein Bruder Gerardo] einen alten Hirten, der mit vielen Worten versuchte, uns von der Besteigung zurückzuhalten und sagte ... er hätte niemals davon gehört, dass jemand Ähnliches gewagt habe. ... [Auf dem Gipfel angekommen schildert er zugleich mit Staunen und Beunruhigung seine Beobachtungen beim Blick in die verschiedenen Himmelsrichtungen:] Erschüttert von dem ungewohnten Winde und von dem erweiterten und freien Schauspiele, war ich zu allererst wie vor Schreck erstarrt. Ich schaue: Die Wolken lagen unter meinen Füßen. ... Als ich alsdann im Betrachten dieses Berges meine Augen sattsam befriedigt hatte, wandte ich meine inneren Augen in mich selber hinein (in me ipsum interiores oculos reflexi); und von Stund an war es, dass man uns nicht reden hörte. ... So viel Schweiß und Mühe, damit der Körper dem Himmel um ein kleines näher komme ..., etwas Ähnliches muss die Seele erschrecken, die sich Gott annähert.«[93]

Petrarca spricht hier das an, was Stapelfeldt[94] für den entscheidenden Entwicklungsschritt hält. Beim Ausgang aus der mythologischen Welt des Mittelalters erscheint die Utopie des Individuums als »eines gottesebenbildlichen, rationalen, die Welt erkennenden, die Welt erschaffenden Subjekts«. Der Mensch blickt auf sich selbst und auf die Welt sozusagen von einem dritten Punkt, wie Petrarca von der Bergspitze aus die Landschaft entdeckt. Und damit wird er sich nicht nur seines Körpers, sondern er wird sich dieses Körpers als Träger seines Ich bewusst. »Er ist nicht mehr nur Mensch, sondern dieser eine, bestimmte Mensch.«[95]

Der Mensch als Maß aller Dinge gibt der Epoche den Namen: Zeit des Humanismus. Die Idee ist revolutionär: Der Mensch vermag Gottes Schöpfung zu erkennen und darum sich selbst und seine Welt gottebenbildlich zu erschaffen. Hierin sieht Horst Eberhard Richter die Grundlage für den radikalen Egozentrismus der folgenden Jahrhunderte und vor allem der heutigen Zeit.

> »Dieser Egozentrismus ist das Produkt der Einverleibung des einen großartigen Gottes, wie ihn die lange monotheistische Glaubenstra-

dition geprägt hatte. Der Mensch verwandelt sich selbst in ein Abbild dieser Gestalt und sieht sich fortan als eine in sich und von allen anderen vollständig abgeschlossene Einheit.«[96]

Beginnend im 13. Jahrhundert wird das Böse nicht mehr als von außen kommend interpretiert, sondern als etwas, das der Mensch tief in sich hat, mit dem er permanent ringen muss. Nicht zufällig wird ab 1215 die Pflichtbeichte eingeführt, sie dient der Gewissenserforschung. Im 15. Jahrhundert wird diese Selbstreflexion dann zu einem wichtigen Element des Protestantismus, der die Individualisierung weiter vorantreibt.

> »Luthers Rechtfertigung durch den Glauben wurde mit dem Einzelnen verbunden, nicht mit der universalen Kirche. Christus starb zwar für die ganze Welt, aber konkret für jeden einzelnen Menschen. Umgekehrt ist jeder Mensch ein Sünder, individuell und persönlich. Und jeder einzelne kann sich an Gott wenden, sofort, ohne Mittler und ohne Institution der Kirche. … Die Selbstverantwortlichkeit des Menschen, auch in Fragen der Religion, war geboren.«[97]

> »Die drei Jahrhunderte von etwa 1450 bis 1750 bringen bekanntlich die Lösung von der mittelalterlichen ›Gebundenheit‹; ihr erstes ganz hervorstechendes Ereignis ist in Deutschland die Reformation: die Befreiung des mittelalterlichen Menschen von jeder fremden Vermittlung seiner religiösen Beziehung zum Absoluten, seisie durch die Einrichtungen einer vielleicht noch so trefflichen Kirche gewährleistet, ferner die Gotteskindschaft des Einzelnen, d. h. die Möglichkeit des Einzelnen, dass er … fromm werde auf eigenem Wege. Indem aber diese Jahrhunderte den Einzelnen befreien, vereinzeln sie ihn zugleich: nie, weder früher noch später, ist der Einzelne so sehr auch isoliert, ein für sich stehender Mikrokosmos, menschlich also gesellschaftslos gewesen und gedacht worden.«[98]

Im 16. Jahrhundert entstehen viele Beiträge, die nach dem »Wesen« des Menschen fragen. Das Menschenbild ist zu dem Zeitpunkt weitgehend säkularisiert, ohne antichristlich zu sein. Die meisten Humanisten betonen in ihrem Interesse am Menschen dessen Freiheit und Möglichkeit, aktiv verschiedene Wege zu gehen und nach der Vernunft und dem eigenen Nutzen eine Wahl zu treffen. Daraus wird eine individuelle Verantwortung des Menschen für sich und das Ganze gefolgert. Gleichzeitig entwickelt sich ein Interesse am individuellen Körper, das zunächst auf den Wunsch von Medizinern zurückgeht, mit ihrem Wissen Menschen zu heilen. Man beginnt die äußere Erscheinungsform der Menschen zu beschreiben und aus der Physiognomie Schlüsse auf individuelle Eigenschaften abzuleiten. 1570 beschreibt Girolano Cardono ungewöhnlich realistisch sein eigenes Aussehen mit den Worten:

> »Meine Gestalt ist mittelgroß. Meine Füße sind klein, vorn an den Zehen breit und haben einen etwas hochgewölbten Rücken, so dass ich nur mit Mühe passende Schuhe finde und gezwungen bin, mir solche eigens herstellen zu lassen. Meine Brust ist etwas eng. Die Arme sind viel zu dünn, die rechte Hand zu plump und ihrer Finger unförmig, woraus die Handwahrsager wohl schließen möchten, dass ich dumm und roh sei. Sie mögen sich dieser ihrer Wissenschaft schämen.«

Weiter heißt es:

> »Meine Sprechweise ist etwas laut, so dass ich mitunter darob von Leuten getadelt wurde, die sich gern als meine Freunde ausgaben; die Stimme selbst ist rauh und stark und wurde gleichwohl in meinen Vorlesungen schon in einiger Entfernung nicht mehr verstanden. Meine Redeweise ist nicht gerade angenehm und viel zu umständlich, mein Blick fest und starr wie der eines Nachdenkenden.«
>
> Abschließend heißt es: »So ist also nichts Besonderes an mir.«[99]

Familie, Kindheit und Erziehung

»Im Zuge der großen Umwälzung um das Jahr 1000«[100] tritt an die Stelle einer horizontalen Einheit von Verwandten

> »unmerklich ein neuer Typ, der nunmehr vertikal, allein auf die ›agnatio‹ (die männliche Linie; W. R.) hin organisiert war. Zur maßgeblichen Verwandtschaftseinheit wurde jetzt eine Abstammungslinie von Männern, in der die Stellung und das Recht der Frauen immer schwächer wurden und an der entlang das Gedächtnis immer mehr Tote umfasste, bis hin zu einem Stammvater, dem heldenhaften Begründer des Geschlechts.«

H. E. Richter spricht von der »Entmündigung der Frau«, die er als geradezu logische Folge der Selbsterhebung des (männlichen) Individuums zur Gottebenbildlichkeit sieht.

> »Den Aufschwung zu narzisstischer Größe und die Zurückdrängung passiver Ohnmacht hat nicht der Mensch geleistet, sondern mit dem einen Aspekt [dem rationalen Ich und dem intellektuellen Sachdenken; W. R.] hat sich der Mann nach vorn gedrängt, und den anderen Aspekt [die Emotionalität einschließlich der passiven Seelenzustände; W. R.] hat die Frau mit sich in den Hintergrund genommen. ... Man kann es so ausdrücken: *Was er werden wollte,* teilte er dem *Mann* zu. Und was er nicht mehr sein bzw. als unerwünschten Teil *unterdrücken wollte,* delegierte er an die *Frau.* Jedenfalls konnten die Männer die Zivilisation der Neuzeit nur dadurch mit ihrem experimentierenden Macht- und Größenwahnverhalten gestalten, weil die Frauen ihnen die Selbstzweifel, das Kleinheitsbewusstsein und das Leiden abnahmen.«[101]

Wenn man dieser Sicht folgt, leuchtet es unmittelbar ein, dass dem 12. Jahrhundert auch die Erfindung der Liebe zugeordnet wird – Liebe verstanden als das Bedürfnis des Mannes – so Dinzelbacher[102] –, »die Frau nicht einfach nur zu besitzen, sondern von ihr geliebt zu werden«, d. h. den ihr zugewiesenen Aspekt des Menschseins, die emotionale Zuwendung von ihr zu erfahren. Le Goff[103] beschreibt die gleiche Wahrnehmung mit den Worten, dass ein Gefühl in dieser Zeit ausgesprochen moderne Züge annehme, nämlich die Liebe. Als Grundlage dafür sieht Derschka[104] das im Hochmittelalter wachsende »Bewusstsein für die Subjektivität und Individualität des Menschen«, das »den beteiligten Partnern einen Raum intensiver Erfahrung sowohl des Selbst als auch des Anderen eröffnet« habe.

Kinder gab es selbstverständlich zu allen Zeiten und in allen Kulturen. Die Vorstellung einer Kindheit allerdings als einer Epoche, die von der Erwachsenheit abgegrenzt ist, wird in Europa Ende des 15. Jahrhunderts erfunden. Diese Idee ist verbunden mit der Überzeugung, dass das Kind des Schutzes und der Erziehung bedürfe und ein Gegenstand ernster Verantwortung sei. Die Kindheit wird jetzt als die eigentliche Zeit der Formung des Menschen angesehen, als eine Zeit, die durch systematische Disziplinierung des Willens und Schulung des Geistes genutzt werden muss. Diese Aufgabe kommt vor allem der Familie zu, die nach der Auflösung der frühmittelalterlichen gesamtgesellschaftlichen Einheit nun eine zunehmende Bedeutung gewinnt.

So schreibt Erasmus von Rotterdam (1466–1536) in seiner *Declamatio de pueris:*

> »›Die Natur, indem sie dir einen Sohn gab, übergab dir nichts anderes als eine rohe Masse; es ist deine Sache, der fügsamen und zu allem bildsamen

Materie die beste Form zu geben: Wenn du es unterlässt, erhältst du eine Bestie. Wenn du sorgsam bist, erhältst du sozusagen einen Gott. Bald nachdem das Kind geboren ist, ist es für das, was dem Menschen eigentümlich ist, gelehrig. Demnach, gemäß dem vergilischen Wahrspruche: Gibt dir von früh an besondere Mühe, bilde das Wachs, solange es weich ist, forme den Ton, wenn er noch feucht ist, fülle den Krug mit köstlichem Naß, solange er neu ist. Färbe die Wolle, wenn sie schneeweiß vom Walker kommt, noch von keinem Flecken verunstaltet!‹ Er fügt etwas später hinzu: ›Mühselig ist eine gute Erziehung der Kinder, das gebe ich zu.‹«[105]

Die Vorstellung des Menschen als Individuum und die Idee des Kindes als noch unbeschriebenes Blatt, das formbar und zu entwickeln ist, dessen Zukunft als offen und gestaltbar angesehen wird, verbinden sich mit dem Wunsch des Bürgertums, gesellschaftlichen Aufstieg durch persönliche Leistung zu erreichen. Damit aber kommt der Erziehung der Kinder überragende Bedeutung zu. Die Wahrnehmung des gesellschaftlichen Standes oder aber gesellschaftlicher Aufstieg sind nur durch eine planmäßige Erziehung zu erreichen.[106] Und ganz im Gegensatz zur Zeit des frühen Mittelalters heißt es nun: Kinder sind keine kleinen Erwachsenen!

Scharf formuliert wird in diesem Konzept das Kind als ein Defizitwesen konzipiert, das sich allmählich zu einem mündigen und eigenverantwortlich handelnden Erwachsenen heraufarbeiten muss. Zu diesem Zweck wird es aus dem gesellschaftlichen Leben und aus dem Umgang mit den anderen Generationen herausgenommen und wächst in einer eigenen Kinderwelt, in einem pädagogischen Schonraum, einem »Permissivitätsraum«, einer »pädagogischen Provinz« auf in Distanz zum wirklichen Leben.

Postman begreift die Idee der Kindheit als eine der großen Erfindungen der Menschheit (zusammen mit der Wissenschaft, dem Nationalstaat und der Religionsfreiheit). Er stellt einen Zusammenhang her mit den Erfindungen des Buchdrucks und der mechanischen Uhr, die einen Bildungsschub unter den Erwachsenen ausgelöst hätten. Der damit erlebten Erwachsenheit habe man die andere soziale Welt der Kindheit gegenübergestellt. »Indem die Kinder aus der Erwachsenenwelt vertrieben wurden, musste eine andere Welt entworfen werden, die sie bewohnen konnten. Diese Welt nannte man Kindheit.«[107]

»Man stellt nun fest, dass das Kind für das Leben nicht reif ist, dass man es einer speziellen Einflussnahme, einer Quarantäne unterwerfen

> muss, ehe man es in die Welt der Erwachsenen entlässt. Dieses neue Interesse an der Erziehung wird die Gesellschaft allmählich prägen und sie von Grund auf verwandeln. Die Familie hört auf, lediglich eine privatrechtliche Institution zum Zweck der Weitergabe von Eigentum und Namen zu sein, sie bekommt eine moralische und geistige Funktion, formt den Körper und die Seele. Zwischen der physischen Erzeugung und der rechtlichen Institution bestand eine Kluft, die fortan die Erziehung ausfüllen wird. Die Fürsorge für das Kind weckt neue Empfindungen, schafft eine neue Affektivität, die die Ikonographie des 17. Jahrhunderts mit ebenso viel Nachdruck wie Geschick zum Ausdruck gebracht hat: den modernen Familiensinn. Die Eltern begnügen sich nicht mehr damit, Kinder in die Welt zu setzen, einigen von ihnen eine Aussteuer zu geben und den anderen keine Beachtung zu schenken. Die Moral der Zeit verlangt von ihnen, dass sie sämtlichen Kindern, am Ende des 17. Jahrhunderts sogar den Mädchen, und nicht nur dem Ältesten das Rüstzeug fürs Leben verschaffen.« [108]

In seinem berühmten Buch *Émile und Über die Erziehung* hat Rousseau später (1762) dieses Konzept einer Erziehung, die bis in unsere heutige Zeit das erzieherische Handeln weitgehend bestimmt, sehr genau beschrieben. Die Kinder sollen in einem Schonraum aufwachsen, in dem sie von der Realität des Lebens ferngehalten und damit geschützt werden. Innerhalb dieses Schonraums sollen sie weitgehend selbstbestimmt handeln. Seine Grenzen dürfen sie aber nicht überschreiten.

> »Die Natur will, dass Kinder Kinder sind, ehe sie Männer werden. Kehren wir diese Ordnung um, so erhalten wir frühreife Früchte, die weder reif noch schmackhaft sind und bald verfaulen: wir haben dann junge Gelehrte und alte Kinder. Die Kindheit hat eine eigene Art zu sehen, zu denken und zu fühlen und nichts ist unvernünftiger, als ihr unsere Art unterschieben zu wollen. Ebenso gut könnte man anstelle der Vernunft verlangen, dass ein zehnjähriges Kind fünf Fuß groß sei [die damalige Größe eines Erwachsenen – W. R.]. Wozu soll ihm wohl die Vernunft in diesem Alter dienen?« [109]

Grundlage der Erziehung ist für Rousseau – und diese Idee hat die nachfolgenden Jahrhunderte entscheidend beeinflusst – die »natürliche« Differenz zwischen dem Erwachsenen und dem Kind. Aufgabe des Erziehers ist es, dem Kind diese »natürliche Ordnung« zu vermitteln, es aber in einer »wohlgeordneten Freiheit« ohne Verbote und ohne Züchtigungen zu erziehen:

> »Behandelt euren Zögling, wie es seinem Alter entspricht. Weist ihm von Anfang an seinen Platz zu und haltet ihn darin so fest, dass er gar keinen Ausbruch mehr versucht. Dann befolgt er schon die wichtigste Lehre der Weisheit, ehe er weiß, was Weisheit ist. Befiehlt ihm nie und nichts, was es auch sein mag. Er darf gar nicht auf den Gedanken kommen, dass ihr irgendeine Autorität über ihn beansprucht. Er braucht nur zu wissen, dass er schwach ist und ihr stark seid, dass er also notwendigerweise von euch abhängig ist. Das muss er wissen, lernen und fühlen. Er soll früh das naturgewollte Joch fühlen, das schwere Joch der Notwendigkeit, unter das sich jeder Sterbliche beugen muss. Diese Notwendigkeit muss er immer in den Dingen, nie in den Launen der Menschen sehen. Der Zwang der Verhältnisse muss der Zügel sein, der ihn hält, nicht die Autorität.«[110]

Bald jedoch wird deutlich, dass die Kleinfamilie spätestens aufgrund der Arbeitsbedingungen des Frühkapitalismus die Aufgabe der Bildung der Kinder nicht übernehmen kann. So kommt es zunehmend zur Auslagerung pädagogischer Aufgaben in entsprechende Institutionen. Die Schule für Kinder als Ort systematischen Lernens (also eine ganz andere Schule als im Frühmittelalter) wird nun entwickelt. Dabei kann man aufbauen auf die Ideen der Schulreformatoren des 15. Jahrhunderts, etwa des Kardinals d'Estouteville und des Theologen Jean le Charlier de Gerson und später denen der Jesuiten, der Oratorianer und der Jansenisten. Sie hatten bereits einen Sinn für die kindlichen Besonderheiten entwickelt und sich um eine der kindlichen Psychologie angemessene Erziehungsmethode bemüht.[111] Die Schulen – und ebenso später die Kindergärten – werden ebenfalls als ein besonderer, aus dem wirklichen Leben ausgegliederter Schonraum für Kinder mit eigenen Gesetzen konzipiert. Kind sein und Schüler sein bedeutet, noch nicht erwachsen zu sein und die Aufgabe zu haben, erwachsen zu werden.

Die Sonderstellung des Kindes und seiner Zuordnung zu einem Schonraum für Kinder zeigt sich ab dem 16. Jahrhundert auch in einer speziellen Kinderkleidung, die die veränderte soziale Stellung des Kindes widerspiegelt. Mit einiger Verzögerung entstehen in der Folgezeit Kinderbücher und eine spezielle Kinderliteratur. Gesellschafts- und Bewegungsspiele, das Spiel mit Puppen, das Verkleiden und das Märchenerzählen werden bald nur noch von Kindern praktiziert. Andere Bereiche, beispielsweise das Glücksspiel, werden der Erwachsenenwelt zugeordnet.

Diese Vorstellungen von Kindheit und Erziehung, die nach dem Zusammenbrechen der frühmittelalterlichen Welt erfunden wurden, haben das Denken und Handeln bis in das zwanzigste Jahrhundert bestimmt und wirken in die heutige Zeit fort. Van den Berg fasst die wesentlichen Gesichtspunkte zusammen, wenn er schreibt:

> »Das Kind war nicht da, es ist erst gekommen, wir haben es gemacht. Unsere Erwachsenheit hat eine solche Gestalt angenommen, dass das Kind kindlich sein muss – will es uns jemals erreichen können – und dass es einen komplexen Zeitabschnitt des psychischen Erwachsenwerdens durchmachen muss – wollen wir Erwachsenen den Eindruck haben, dass es bei uns ist, dass es wirklich an unserer ... Erwachsenheit teilnehmen kann.«[112]

Und später:

> »Ohne zu wissen und sicherlich auch ohne es zu wollen, hält der Erwachsene durch seine besondere Form der Erwachsenheit das Kind so lange wie möglich in seinem kindlichen und jugendlichen, auf jeden Fall nicht-verantwortlichen, d. h. unerwachsenen Zustand. ... Während das Kind probiert, zu den Erwachsenen zu gelangen, geht der Erwachsene mit einladender Gebärde rückwärts: Jedesmal setzt er dem Kind eine neue Lebensphase ... vor, jedesmal entdeckt das Kind, dass es den Erwachsenen nicht erreichen kann. Bis die Gesellschaft endlich ihr ›Fiat‹ gibt und Beruf und Ehe endlich zulässt.«[113]

Die Natur, die Dinge, die Umwelt

Mit dem Erfinden der Idee des Menschen als Individuum und seiner damit verbundenen Herauslösung aus der Natur ergibt sich zwangsläufig, dass sich der Mensch der Natur und den Dingen seiner Umwelt entgegenstellt. Die Dinge werden damit zu Objekten (abgeleitet von lat. *objacere* = »entgegenwerfen«, »entgegenstellen«) oder (deutsch) zu »Gegenständen«, die der Mensch von nun an als etwas außerhalb seiner Person beobachtet.

Der oben referierte Bericht Petrarcas über seine Besteigung des Mont Ventoux im Jahre 1336 ist unter anderem deshalb so berühmt geworden, weil Petrarca seine Einbettung in eine zweidimensionale geschlossene Welt verlässt und die dritte Dimension entdeckt, in der eben diese Gegenüberstellung von Subjekt und Objekt möglich wird. Er betrachtet von der Spitze des Berges die Landschaft, ist erschüttert und »zu allererst wie vor Schreck erstarrt«. Das, was uns in unserem heutigen Weltbild so selbstverständlich erscheint, ist zum damaligen Zeitpunkt etwas revolutionär Neues.

Friedell beschreibt dies in seiner wortgewaltigen Sprache sehr anschaulich: Es

> »ereignet sich also etwas sehr Merkwürdiges. Der Mensch, bisher in dumpfer andächtiger Gebundenheit den Geheimnissen Gottes, der Ewigkeit und seiner eigenen Seele hingegeben, schlägt die Augen auf und blickt um sich. Er blickt nicht mehr *über* sich, verloren in die heiligen Mysterien des Himmels, nicht mehr *unter* sich, erschauernd vor den feurigen Schrecknissen der Hölle, nicht mehr *in* sich, vergrübelt in die Schicksalsfrage seiner dunklen Herkunft und noch dunkleren Bestimmung, sondern geradeaus, die Erde umspannend und erkennend, dass sie sein Eigentum ist. Die Erde *gehört* ihm, die Erde *gefällt* ihm.«[114]

Tatsächlich wird nun auf einmal der Auftrag Gottes an das von ihm geschaffene Menschenpaar aus dem ersten Buch Mose (Genesis 1,28) wahrgenommen. Er entwickelt sich in den folgenden Jahrhunderten bis zur heutigen Zeit zum dominierenden Motto des Menschen der westlichen Welt: »Seid fruchtbar und mehret euch und füllet die Erde und machet sie euch untertan und herrschet über die Fische im Meer und über die Vögel unter dem Himmel und über alles Getier, das auf Erden kriecht.«

Von nun an wächst das Interesse am Studium der Natur mit dem Ziel, sie zu beherrschen und sie mehr und mehr nicht als Schöpfung Gottes, sondern als Schöpfung des Menschen anzusehen. Francis Bacon (1561 bis 1626) gilt als einer der geistigen Väter der Neuzeit und als Vertreter des Machtanspruchs des Menschen gegenüber der Natur.

> »Seine Grundüberzeugung lässt sich in der These zusammenfassen, dass der Mensch aufgrund seiner Vernunft zur Herrschaft über die Natur bestimmt sei zum Wohle des einzelnen wie der Gemeinschaft, zur Förderung seiner individuellen wie der allgemeinen Lebensbedingungen und zur Bekämpfung von Sorge, Leid und Not. Hierin dokumentiert sich das Schlüsselerlebnis der neuzeitlichen Naturwissenschaft. Begründet wird die These durch eine bestimmte Anthropologie … Durch den Sündenfall hat der Mensch nicht allein seine Unschuld verloren, sondern auch seine ursprüngliche Herrschaft über die Geschöpfe. Beides aber vermag er zurückzugewinnen: die Unschuld durch ›Religion und Glauben‹, die Herrschaft über die Natur durch ›Künste und Wis-

> senschaften‹. Es besteht daher die Aufgabe und Verpflichtung für den Menschen, die einst verlorengegangene Stellung wiederzugewinnen, dadurch dass er immer tiefer in die Natur eindringt und so seine Kenntnisse über sie erweitert.«[115]

Der Mensch sieht sich – so Galater 4,1-7 – als Kind und Erbe Gottes und damit als Herr aller Güter.

> »Diese und ähnliche Stellen begründen eine Anthropozentrik, die den Menschen zum Endzweck und zur Krone der Schöpfung erklärt, so dass ihm die übrige Natur als Mittel zu dienen hat. Sie rechtfertigt ein Herrschafts-Knechtschafts- oder Untertanenverhältnis zwischen Mensch und Natur, das dem Menschen eine Herrschaftsrolle über die Natur einräumt, die alle Arten der Einwirkung und des Eingriffs gestattet, von bloßer Bearbeitung und Gestaltung bis hin zur Ausbeutung, Vergewaltigung und Technisierung. Der Genesisbefehl ›Macht euch die Erde untertan‹ ist oft als ›Magna Charta‹ der Technik bezeichnet worden.«[116]

Gefördert wird diese Entwicklung durch die wachsende Anzahl von Menschen, die in den Städten leben und dort in viel geringerem Maße als die Bauern den Naturrhythmen unterworfen sind. Sie trennen sich deutlicher von der Natur und betrachten sie zunehmend als ein äußeres Objekt. Es entwickelt sich ein neuer, rationaler Denkstil. Die Städte selbst sind bereits vom Menschen hervorgebrachte Lebenskontexte. Die dort zu schaffenden Bauten erfordern eine aktive und zielstrebige Planung sowie eine Vervollkommnung der Arbeitsgeräte. Infolge der wachsenden Wissbegierde des menschlichen Geistes beginnt sich die Sicht auf Natur zu desakralisieren und zu säkularisieren. Einzelne Philosophen rufen dazu auf, den Glauben mit der Erkenntnis der Natur zu vereinigen. Sie sind nicht mehr mit denen einverstanden, die »ähnlich den Bauern« sich nur mit dem Glauben begnügen, ohne mithilfe des Verstandes zu forschen.

Mit der Entstehung der gewerblichen Produktion wächst auch das Bedürfnis nach genauerer und standardisierter Messung der Körper und Flächen. Die Tätigkeit der Kaufmannschaft erfordert eine Erhöhung der Geschwindigkeit, mit der die Entfernungen zwischen den Handelspunkten überwunden werden.

Im 16. und 17. Jahrhundert führt dann die neue Wahrnehmung der Natur und der Dinge in der Welt dazu, den Kosmos als eine hochkomplizierte, in sich mannigfach gegliederte, auf äußeren Antrieb hin funktionierende Maschine zu verstehen. Die Faszination, die die

Räderuhr nach ihrer Erfindung ausgeübt hat – erste Räderuhren sind um 1300 in Erfurt, Augsburg und Mailand nachweisbar –, mag dabei Pate gestanden haben. Diese radikale Änderung in der Naturauffassung, die zu einer Revolutionierung des Weltbildes führte, ist als Mechanisierung desselben in die Geistesgeschichte eingegangen. »Die Natur, eigentlich Inbegriff dessen, was ohne menschliche Planung und Eingriffe existiert, wird als Kunstprodukt genommen, das menschliche Planung und Handwerk gerade voraussetzt.«[117]

Gloy verweist in ihrer »Geschichte des wissenschaftlichen Denkens« darauf, wie dieses damals entwickelte Konzept noch heute unser Denken prägt:

> »Da mit der Aufwertung des Menschen als technítes (Konstrukteur) gleichzeitig die Zurückdrängung Gottes als technítes einhergeht, tritt an die Stelle des Gedankens der göttlichen Schöpfung der Welt mehr und mehr der Gedanke eines menschlichen Machwerks. Diesem Säkularisierungsprozess verdankt sich die neuzeitliche Auffassung von der Natur, die in dieser ein künstliches Produkt des Menschen sieht. Die Konsequenzen dieser Auffassung zeigen sich heute in der Manipulation und Technologisierung der Natur, etwa in der Genmanipulation, in der Gentechnologie, in den technischen Raffinessen der künstlichen Intelligenz, in der Computerisierung usw., die hier ihren Ursprung haben.«[118]

Die Wissenschaft

Aus dem Gesagten wird deutlich, wie im Hochmittelalter und zu Beginn der Neuzeit das bis heute dominierende Paradigma der Wissenschaft erfunden wird: Der Wissenschaftler betrachtet die Lebewesen und die unbelebten Gegenstände der Natur als Objekte, die zu erforschen sind. Sein Ziel ist es, die von ihm beobachteten Dinge zu beherrschen, sie zu verändern und zu formen, damit sie ihm von größtmöglichem Nutzen sind. Dieses Paradigma wird in allen Wissenschaften angewandt, die sich in den folgenden Jahrhunderten ausdifferenzieren. So wird beispielsweise auch das Kind beobachtet und erforscht mit dem Ziel, es so zu produzieren, wie man es gerne haben möchte. Der berühmte Psychologieprofessor Skinner, prominentester Vertreter des Behaviorismus, hat diesem Ziel in der zweiten Hälfte des vorigen Jahrhunderts sein Lebenswerk gewidmet, getragen von der Überzeugung, dass das bei konsequenter Anwendung der Lerngesetze zuverlässig zu erreichen sei.

Der Weg hin zu den neuen Vorstellungen von Wissenschaft war lang. Als erster Meilenstein ist Albertus Magnus (geb. 1193 in Lauingen/Donau, gest. 1280 in Köln) zu nennen, der als Vater oder aber einer der Väter der empirischen experimentellen Naturforschung zu bezeichnen ist. Er erklärt die konkrete sinnliche Erfahrung und Wahrnehmung für wichtiger als den bloßen Glauben und das blinde Vertrauen auf schriftlich oder mündlich Tradiertes. Er kommt zu der Überzeugung, dass das Wissen über die Natur nicht darin besteht, einfach das hinzunehmen, was berichtet wird, sondern dass man den Ursachen der Naturdinge selbst nachspüren muss. Und nicht nur dem Autoritätsglauben wird eine Absage erteilt und ihm die eigene Erfahrung entgegengesetzt, sondern auch dem bloßen Argumentieren und Diskutieren. Die Erkenntnis rein aus Begriffen, das bloß logische Schließen und rationale Diskutieren, wie es die Scholastik pflegte, garantiert ihm noch keine hinreichende Sicherheit. Entscheidend ist vielmehr die Erfahrung. Was ihr widerspricht, ist aufzugeben.

Gloy urteilt:

> »Erst Albertus Magnus hat die geistigen Grundlagen der empirischen experimentellen Naturforschung gelegt. Er darf als geistiger Vater des Experiments gelten, auch wenn das mittelalterliche Verständnis noch wenig Gemeinsamkeit mit dem modernen zeigt und das Experiment noch nicht im neuzeitlichen Sinne als Instrumentarium und Vorrichtung zur Herstellung bestimmter Aspekte an den Objekten oder zur Manipulation der Objekte verstanden werden darf.«[119]

Nur wenig später erklärt auch Roger Bacon (ca. 1214–ca. 1292) die Empirie mittels reproduzierbarer Experimente zum wichtigsten Weg der Erkenntnis. Naturwissenschaft begreift er als autonomen Bereich, den er klar von der Religion abgrenzt. Scharf kritisiert er Unwissenheit, Scharlatanerie und unkritische Autoritätshörigkeit bei Theologen, Philosophen, Ärzten und Juristen (in seinem *Compendium studii philosophiae*). Er erklärt kategorisch, Wissenschaft habe nur dann einen Sinn, wenn sie zu nützlichen Resultaten führe. Er sucht die Bestätigung der Theorie durch die Erfahrung *(experientia)*. Seine Wissenschaftslehre entwickelte eine eigene Theorie des »Fragewegs«, der *via inquisitionis*, die zwar dem »Vernunftweg«, der *via rationis*, folgte, doch auf Erfahrung rekurriert.[120]

Unterstützt wird diese Entwicklung dadurch, dass sich im Universalienstreit in zunehmendem Maße der Nominalismus durchsetzt, vor allem vertreten von Wilhelm von Ockham (ca. 1288–1347). Im Gegensatz zum Realismus, der dominierenden Überzeugung des frühen Mittelalters, wird jetzt die Sichtweise vertreten: *Universalia sunt nomina post rem* (»Allgemeinbegriffe sind Namen und stehen nach dem Ding«). D. h.: Die Allgemeinbegriffe sind gedankliche Abstraktionen, die als Bezeichnungen von Menschen gebildet werden. Realität, wirkliches Sein, kommt nach Auffassung der Nominalisten nur den wahrnehmbaren Einzeldingen zu, die besonders und unteilbar (individuell) sind (beispielsweise einem einzelnen Tisch, nicht aber dem Begriff »Tisch«). Die Allgemeinbegriffe haben demnach keine eigene Existenz, sondern sind nur die Summe der gedachten Dinge.

Friedell hält den »Sieg des Nominalismus« für das wichtigste Ereignis im Hochmittelalter und zu Beginn der Neuzeit,

> »viel bedeutsamer als die Reformation, das Schießpulver und der Buchdruck. Er kehrt das Weltbild des Mittelalters vollständig um und stellt die bisherige Weltordnung auf den Kopf: alles Übrige war nur die Wirkung und Folge dieses neuen Aspekts.«

Denn die Vertreter des Nominalismus leugnen die Realität der Universalien, der Kollektivvorstellungen, der übergeordneten Ideen: all jener großen Lebensmächte, die das Dasein im frühen Mittelalter erfüllt und getragen haben. Demgegenüber bejahen sie die Realität der Singularitäten, der einzelnen Vorstellungen und der körperlichen Augenblicksempfindungen, also aller jener Orientierungskräfte, die das Sinndasein und die Praxis der Tageswirklichkeit beherrschen.

Mit folgenden Worten charakterisiert Friedell die Dramatik dieser Übergangszeit:

> »Es war, als ob die Menschheit plötzlich ihr statisches Organ verloren hätte. Es ist die,s im Grunde der Charakter aller Werde- und Übergangszeiten. Das Alte gilt nicht mehr, das Neue noch nicht ... Wir könnten auch sagen, es sei wie bei Abendeinbruch: zum Lesen bei der Sonne schon zu dunkel, zum Lesen bei der Lampe noch zu hell; ... Bei dem *natürlichen Licht Gottes* im Buche der Welt zu lesen, hatten die Menschen schon verlernt; und bei dem *künstlichen Licht der Vernunft*, das sie sich bald selbst anzünden sollten, vermochten sie es noch nicht.«[121]

Im 16. und 17. Jahrhundert entwickelt sich dann zunehmend – wie im letzten Abschnitt bereits dargestellt – das mechanistische Welt- und

Naturverständnis, nach dem die Natur als eine komplizierte Maschine gedeutet wird, in deren Funktionen der Mensch unter dem Aspekt der Nützlichkeit beliebig eingreift und über die er eine unbeschränkte Verfügungsgewalt beansprucht. Dieses Denkmodell wird nicht allein auf die Naturwissenschaft angewandt, sondern auch auf die Geistes- und Humanwissenschaften (Physiologie, Psychologie, Soziologie usw.). Es wird zum Paradigma wissenschaftlicher Rationalität überhaupt und ist bis heute das dominante Strukturmodell der westlichen Zivilisation geblieben.

> »Der Mensch als ›*maistre et possesseur de la nature*‹ (Herr und Besitzer der Natur), wie es bei Descartes im *discours de la methode* heißt, wird zum Leitbild der neuzeitlichen Weltsicht. Diese Haltung hat sich bis heute nicht geändert; sie ist Ausdruck des neuzeitlichen Lebensgefühls.«[122]

Die Wirtschaft

Im Hoch- und Spätmittelalter steigt die Zahl der Stadtbewohner kontinuierlich und es kommt in ganz Europa zu immer mehr Stadtgründungen. Die Stadtbevölkerung erlebt einen beachtlichen wirtschaftlichen Aufschwung. Die Handwerker verfeinern ihre Produktion; die Zünfte werden entwickelt. Der Handel und der Güterverkehr erfahren eine beachtliche Ausdehnung, sowohl im Hinblick auf die wachsenden Entfernungen, die bewältigt werden, als auch im Hinblick auf den erzielten Gewinn. In Italien entwickeln sich die Stadtrepubliken, die eine große Macht und Bedeutung erlangen. Im Gebiet der Nord- und Ostsee wird Mitte des 12. Jahrhunderts in Lübeck die Hanse gegründet, die als »Mutter der Hanse« betitelt wird. In der Gesellschaft werden Bürger und Handwerker tonangebend, die Zünfte werden gegründet.

Gemeinnutz – Eigennutz

In dieser Situation entsteht eine alle gesellschaftlichen und politischen Kreise erfassende Diskussion über den Gemeinnutz. Es dominiert die Forderung, dass jedwedes wirtschaftliche, soziale oder politische Handeln dem gemeinen Nutzen dienen solle.

> »Jeder Herrscher musste sein Handeln als gemeinnützig legitimieren, um Anerkennung zu finden. Zum anderen schuf der Gemeinnutz die moralische Grundlage jedes altständischen Gemeinwesens und regu-

lierte das individuelle Wohlverhalten des einzelnen Bürgers. Allein der gemeine Nutzen garantierte Recht und Frieden. ›Und wurd darum der Gemeinnutz genannt, dass in dem Fall keiner auf sein eigen Sach allein sehen soll.‹ Gerade weil der Mensch zu Lastern neigt und allzu schnell seinen Vorteil auf Kosten anderer durchsetzt, muss er auf den gemeinen Nutzen verpflichtet werden.

So hoch gepriesen in der frühneuzeitlichen Gesellschaft der Gemeinnutz ist, so entschieden wird jede Form des Eigennutzes verurteilt: Jede Zunft, die ihre Produkte zu teuer verkauft, und jeder Kaufmann, der eine Monopolbildung auf Kosten der Allgemeinheit anstrebt, wird einer ›eigennützigen Hantierung‹ bezichtigt und kann deswegen bestraft werden. Er stört nicht nur die soziale Harmonie, sondern widerspricht auch der göttlichen Schöpfungsordnung. Jedes individuelle Streben nach Reichtum gilt als verwerflich. Ziel der Gesellschaft ist die ständig gebundene Sicherung der ›Nahrung‹.«[123]

Diese Forderung gilt bis ins 16. Jahrhundert. Der Ulmer Bürger Leonhard Fronsperger gilt als einer der ersten, der in seiner Schrift *Von dem Lob deß Eigen Nutzen* 1564 den Eigennutz als die Kraft bezeichnet, die den Menschen motiviere zu handeln. Nicht die Zünfte, sondern der Einzelne müssten aktiviert werden. In der Folgezeit setzt sich immer mehr die Vorstellung durch, dass der Wohlstand des Staates nur durch den Wohlstand des einzelnen Bürgers zu erreichen sei, der deshalb in seiner Eigenverantwortlichkeit gestärkt werden müsse.

Einführung des arabischen Zahlensystems

Durch die Kreuzzüge ins Heilige Land ergibt sich ein kultureller und wirtschaftlicher Austausch mit dem Orient. So erreichen neue Handelswaren wie beispielsweise Gewürze und Seide Europa. Der Fernhandel begründet den Reichtum der Händler und der Städte wie Venedig und Genua als Umschlagplätze am Mittelmeer. Mit dem Geldhandel entwickelt sich ein neuer Wirtschaftszweig. Vor allem aber lernen die Europäer durch die Berührung mit der arabischen Kultur in Südspanien und durch die Kreuzzüge die arabischen Zahlen und damit das arabische Zahlensystem kennen. Es ist folglich nicht verwunderlich, wenn es gerade ein Kaufmannssohn, nämlich Leonhard von Pisa (Leonardo Fibonacci, ca. 1170–ca. 1240), ist, der als bedeutender Mathematiker 1202 ein neues Rechenbuch schreibt, in dem er die arabischen Ziffern und eine höhere Zahlenlehre einführt. »Dieses Buch ist für die Praxis, das heißt: für das tägliche Leben der Händler und Kaufleute gedacht.«[124]

Im frühmittelalterlichen Konzept von Zahlen als Repräsentanten von Dingen hatte es keine Null gegeben.

> »Null repräsentiert das ›Nichts‹, das Nichtvorhandensein von Dingen. ... Die Null ist eine Erfindung der Inder (um 500 n. Chr.), sie kam zu uns über den Weg der Araber. Die Inder erfanden die reine Stellenschrift: die Stelle im Ganzen einer Zahl bestimmt ihren Wert als Einer, Zehner, Hunderter, ...; sie benötigt ein Zeichen für ›Nichts‹, das etwa 302 von 32 unterscheidet. ... Das arabische Konzept konnte im frühen und hohen Mittelalter niemals Fuß fassen, weil es das mittelalterliche Denken sprengt.«[125]

> »Mit der Null kommt eine neue und zusätzliche Bedeutungsebene in das Zahlensystem hinein. Null bezeichnet eine konkrete Zahl (mit der man rechnen kann) und zugleich eine externe Position außerhalb aller anderen Positionen: den Beginn des Rechnens. Die Null hat einen Doppelaspekt. Sie befindet sich als Zeichen ›innerhalb‹ des Zahlensystems und zugleich ›außerhalb‹, weil es das gesamte Zahlensystem organisiert und in bedeutungsvoller Weise auf es hinweist.«[126]

Die norditalienischen Kaufleute sind die ersten in Europa, die sich diese Denkform aneignen, die ihren Zeitgenossen schlichtweg unverständlich ist und ihnen sehr große Vorteile bietet. Sie besitzen im 13. und 14. Jahrhundert zeitweise fast ein Monopol für Bankgeschäfte und den Fernhandel. Es entstehen die Geldhäuser als Vorläufer der Banken, die Kredite vergeben und Geld in fremde Währungen tauschen.

> »In diesem Denken entstehen die ersten Formen moderner Banken- und Versicherungsgeschäfte. Ein Aspekt dieser Denk-Kategorie ist die Entwicklung von nichtstofflichem ›Zeichen-Geld‹ (wie den ersten Wechseln auf Fremdwährungen), deren ökonomischer Wert nichts mit ihrem stofflichen Wert (wie bei Gold- und Silbermünzen) zu tun hat (eine Denkweise, die Parallelen zum Denken von ›Nichts‹ bei der Null aufweist). Das übrige Europa kann sich diese Denkform erst viel später aneignen. In Deutschland z. B. wurden die arabischen Ziffern erst im 15. Jahrhundert bekannt, und zwar zuerst in den Handels- und Schreibstuben der großen Städte.«[127]

> »Der Übergang vom mittelalterlichen zum neuzeitlichen Zahlen-Konzept markiert einen der großen Umbrüche im Denken der Menschen. In der neuzeitlichen Geschichte der Mathematik werden Zahlen immer abstrakter und entfernen sich immer mehr von realen Gegenstücken der Außen-Welt, – bis die Mathematik schließlich als Theorie logischer

Leerformeln, losgelöst von jeder inhaltlichen Interpretation, verstanden werden kann. Erst mit dem Konzept von ›leeren‹ Zahlen (›freien‹ Zahl-Zeichen) wird sowohl die experimentelle Methode als auch ein rationalistischer System-Gedanke möglich. Der Nachweis der Isomorphie von Geometrie und Arithmetik (Descartes' großartige Entdeckung), die ›Erfindung‹ des ›Cartesianischen‹ Koordinatensystems und der Welt als messbarer Raum-Welt (res extensa) sind ohne dieses Zahlen-Konzept nicht möglich. Die moderne Modell-Ökonomie und die modernen quantitativen Verfahren in der Ökonomie basieren damit auf ›Denk-Formen‹, die nicht anthropologisch gegeben, sondern sich in einem jahrhundertelangen Prozess langsam und schrittweise herausgebildet haben.«[128]

Ethik

In den ethischen Vorstellungen über Sünde und Buße sowie über Schuld und Sühne tritt im 12. Jahrhundert ein durchgreifender Wandel ein. Abälard vollzieht in seiner zwischen 1135 und 1139 verfassten Schrift *Ethica oder Scito te ipsum* (»Erkenne dich selbst«) diese radikale Abkehr von den ethischen Vorstellungen des Frühmittelalters. Aus seiner Sicht kommt es bei der Beurteilung einer Tat darauf an, welche Absichten der Einzelne hat und welche Gesinnung ihr zugrunde liegt. Er kritisiert scharf die Rechtspflege seiner Zeit. Denn das Gericht urteile nur nach dem äußeren Schein, nämlich dem Tatgeschehen. Dadurch werde nicht einmal der Einzelne gebessert, sondern lediglich öffentlicher Schaden verhindert. Gott aber urteile gerecht, weil er in die Tiefen des Herzens sehe. Nicht das Werk, sondern die Gesinnung prüfe Gott. Für das frühmittelalterliche Rechtssystem ist das eine ganz unverständliche Aussage, da jedes Gericht als ein Gottesgericht, jedes Urteil als ein Gottesurteil angesehen wird. Abälard aber behauptet: Wenn zwei dasselbe tun, ist es nicht dasselbe. Dasselbe Tatgeschehen kann das Entgegengesetzte bedeuten, je nachdem, ob es in guter oder böser Absicht geschieht. Bei Gott wird nur die innere Absicht, der Wille, die Gesinnung gewogen. Dieselben Werke sind den Erwählten wie den Verdammten gemeinsam. Es gibt keine ›guten Werke‹, nur die Gesinnung, in der sie getan werden, ist gut oder böse.

Auch die Kirche vollzieht diesen Wandel. Die bis dahin geltenden Bußbücher werden zunehmend als unzureichend beurteilt. Es entstehen neue Anleitungen für das priesterliche Beichtgespräch, die sogenannten Buß- und Pönitenzialsummen.[129] Den Priestern wird jetzt explizit aufgegeben, die besonderen Umstände der Sünde zu erforschen und bei der Bemessung der Schuld zu berücksichtigen. Die subjektive Gesinnung des Sünders wird nun auf einmal als beunruhigender empfunden als die sündhafte Handlung, weil sie nun mit einer gegen Gott gerichteten inneren Haltung in Verbindung gebracht wird. Als Kriterium für die Schwere der Schuld gilt nicht mehr primär der äußere Tatbestand, sondern die innere Einstellung des Täters. Beurteilt wird mithin seine persönliche sittliche Verantwortung. Entsprechend wird im vierten Laterankonzil (1215) festgelegt, dass jeder Christ, der ein Alter erreicht hat, das eine selbstständige geistige Entscheidung erlaubt, fortan jährlich die Beichte ablegen muss. Und dabei werden die Reue des Sünders, Zerknirschung, Demutshaltung und seine innere Umkehr zur Voraussetzung für seine Entlastung, seine Absolution von den Sünden. Die Selbsterkenntnis – letztlich etwas vollkommen Neues – gewinnt an Bedeutung. Hier wird etwas entwickelt, das in den folgenden Jahrhunderten die moderne westliche Psychologie prägen wird.

Das Recht

Getragen von solchen ethischen Überlegungen erfährt das Deliktrecht – mehr noch als andere Rechtsbereiche – im Hoch- und Spätmittelalter eine grundlegende Umgestaltung. Die wesentliche Innovation liegt darin, dass die Individualität sowohl des Täters als auch des Opfers einer Missetat eine stärkere Berücksichtigung findet als zuvor. Jeder Einzelne, auch wenn er in einer Gruppe (Diebesbande) gefangen genommen wird, ist für seine Tat verantwortlich und erhält ein eigenes Verfahren. Kollektive Verurteilungen und Abstrafungen werden abgeschafft. Das bis dahin geltende Ordalienrecht – das Recht des Gottesurteils –, das die Entscheidung über Schuld oder Unschuld einer »göttlichen« Fügung überlässt, wird durch das streng rationale Inquisitionsverfahren ersetzt, das nur aufgrund eines Geständnisses verurteilen kann.* Allerdings gibt es keine Verteidiger, und die Geständnisse werden häufig durch Folter erpresst. Auch besitzen Standespersonen wie Adelige gewisse Privilegien.

Viktor Achter[130] gelangt in seinem Buch *Die Geburt der Strafe* über das Studium südfranzösischer Quellen zu der Einschätzung,

* Aus dem 14. Jahrhundert ist das Wort Prozess in der Bedeutung von »Erlass«, »gerichtliche Entscheidung« erstmalig belegt (F. Kluge [2002]: Etymologisches Wörterbuch der deutschen Sprache. Berlin/Boston (De Gruyter), 24. Aufl.).

dass ein Strafrecht im heutigen Sinne erst um 1150 in den großen Feudalherrschaften des Languedoc entstanden sei, wo erstmals eine konsequente Ethisierung des Rechtes stattgefunden habe. An die Stelle der Unrechtsfolge als Wiederherstellung der – absichtlich oder unabsichtlich – gestörten Ordnung sei die Strafe für eine als böse qualifizierte Untat getreten. Damit wird im Hochmittelalter ein fundamentaler Wandel in der europäischen Rechtsgeschichte vollzogen, der im Prinzip bis heute seine Gültigkeit hat.

> »Das Individuum war in den Vordergrund getreten. Die Missetat ist jetzt ein gewolltes Tun und wird sittlich beurteilt. Die Strafe ist (um das Jahr 1200) geboren. Dieser Akt ... geht hervor aus einer Wandlung des abendländischen Geistes.«

Auch eine weitere wesentliche Bestimmung des heutigen Strafrechts wird im Hochmittelalter in das Rechtssystem eingeführt: Papst Alexander III. legt in der zweiten Hälfte des 12. Jahrhunderts fest, dass Kinder unter zwölf beziehungsweise vierzehn Jahren strafunmündig seien. Außerdem ist ein von einem Jungen unter vierzehn Jahren geleisteter Eid ungültig, der Vater dazu berechtigt, diesen für ungültig erklären zu lassen.[131]

Ein anderer bemerkenswerter Wandel in der europäischen Rechtsgeschichte betrifft das Zivilrecht*: Erstmals wird um diese Zeit dem Eigentümer ein Verfügungsrecht über sein Grundstück eingeräumt. Danach kommt seit dem beginnenden 12. Jahrhundert der Handel mit Grundstücken regelmäßig vor. Hans Hattenhauer stellt in seiner detaillierten Untersuchung der Verfügungsmacht fest, es habe erst seit dieser Zeit der bloße Verfügungswille eines handlungsfähigen Subjekts als Legitimation für solch ein Geschäft ausgereicht.[132]

Der Staat

Der Zusammenbruch der frühmittelalterlichen Welt, in der die Glaubenseinheit, die Dominanz der göttlichen Gebote, die gesellschaftliche Einheit und ein hohes Maß an sozialer Kontrolle das Zusammenleben der Menschen regulierten, führt zu einer inneren Orientierungslosigkeit, aber auch zu einer realen Unsicherheit mit gewalttätigen

* Von Beginn des 13. Jahrhunderts an erscheint in den Urkunden die Unterscheidung zwischen Strafrecht und Zivilrecht (Achter 1951, S. 104).

Handlungen im täglichen Leben. In den Städten entstehen aufgrund des Bevölkerungszuwachses neue Beziehungsstrukturen, für die es wenig Ordnungsprinzipien gibt, sodass es vermehrt zu Konflikten kommt. Beide Entwicklungen begründen die Notwendigkeit einer umfassenderen ordnungspolitischen Instanz, eine Aufgabe, die durch die Vielzahl lokaler und begrenzter Herrschaftssysteme nicht geleistet werden kann. Konkret stellen sich zwei Erfordernisse: zum einen die Festlegung umschriebener Herrschaftsräume mit klaren Grenzen und einem staatlichen Machtmonopol sowie zum anderen eine neue Rechtsordnung und ein einheitliches Sanktionssystem.

Auf diesem Hintergrund entwickeln sich neue Machtzentren, die Fürstenhöfe. Sie sind bestrebt, ihren Herrschaftsraum durch klare Grenzen festzulegen und ihn einheitlichen Regelungen zu unterwerfen. Es entwickelt sich das Konzept des modernen Staates: Ihm wird das Gewaltmonopol zugestanden. Eine dem jeweiligen Herrscher untergeordnete Administration sorgt für die Aufrechterhaltung einer zunehmend absolutistisch organisierten Gesellschaftsordnung und ist unter anderem für eine zentralisierte Erhebung der finanziellen Mittel zuständig. Die militärische Macht wird in der Hand des Herrschers konzentriert. Es werden ein einheitliches Recht und ein einheitliches Münzsystem eingeführt. Der Staat räumt den Einzelnen zwar keine Rechte ihm gegenüber ein, stärkt aber – und das ist neu – die Rechtsstellung der Einzelnen untereinander. Das Zusammenleben der Menschen und ihre Beziehungen miteinander werden durch genauere rechtliche Definitionen friedlicher gestaltet.

Dieses Staatskonzept gilt als ein Produkt der menschlichen Vernunft, um das Überleben zu garantieren. Es wird im Sinne eines Vertrags zwischen freien und gleichen Menschen betrachtet. Der Staat ist der Souverän und Garant von Frieden und Gerechtigkeit, dem man bedingungslos gehorchen muss, wie das später Thomas Hobbes 1651 in seinem *Leviathan* beschreibt.

Die Zeit

Die lineare, gleichförmig verlaufende und nicht umkehrbare Zeit, die in gleich große eigenschaftslose Einheiten unterteilt ist, stellt für das Erleben des heutigen Menschen ein völlig selbstverständliches Konzept dar, sodass es äußerst schwer fällt, die Zeit in anderer Weise zu denken. Dass im Frühmittelalter ganz andere Zeitkonzepte vorherrschten, ist im vorangegangenen Kapitel dargestellt worden. Im Verlaufe des 13. Jahrhunderts aber beginnen einzelne Gelehrte, die Zeit als messbare Größe zu erfassen. Sie nutzen dafür die Bewegung der Himmelskörper und lösen sich von der Fixierung auf die Naturzyklen. Damit beginnen sie, die Zeit als »objektive Gegebenheit« zu erforschen, und sie entwickeln über einen mehr oder weniger wissenschaftlichen Zugang erste Vorstellungen über eine abstrakte Dimension der Zeit.

In den Reformklöstern gegen Ende des Frühmittelalters mit ihren strengen Regeln und der Festlegung von Gebets- und Arbeitszeiten ist bereits das Bedürfnis nach einer Zeitbestimmung zur Einhaltung einer Regelmäßigkeit des Tagesablaufes und zur Förderung der Zeitdisziplin gestiegen. Man bemüht sich darum, die von Gott anvertraute Zeit zu planen und die rechte Zeit für die Gebete und für die Arbeiten möglichst genau zu bestimmen. Man nutzt dafür vor allem Sonnenuhren und Wasseruhren.

Zunächst eher vereinzelt bildet sich in der Folgezeit vor allem in den Städten ein Bedürfnis nach einer regelmäßigen Zeiteinteilung des Tages und damit ein neues Zeitempfinden heraus. Nach Wendorff[133] führt zunächst der Einsatz der Glocken, die zu jeder Stunde durch den Türmer einmal geschlagen werden, als abstraktes Instrument der Zeitangabe zu einer neuen und beständigen Zeitwachheit des Menschen. Für die Kaufleute wird die Zeit bedeutsam, weil sie Warentransport und Warenverteilung organisieren müssen. Für den Handwerker ist die Kenntnis der Zeit nützlich, um festzulegen, wann er seine Werkstatt betreibt.

Gegen Ende des 13. Jahrhunderts wird die mechanische Uhr erfunden. Die Hemmung muss als die epochale Idee angesehen werden, die die Entwicklung der Räderuhr ermöglicht. Ein Erfinder ist namentlich nicht bekannt. Man geht am ehesten davon aus, dass in einem der zahlreichen Klöster die erste mechanische Uhr erfunden worden ist. Bereits im 14. und spätestens 15. Jahrhundert sind dann die Rathaustürme vieler Städte Europas mit diesen neuen Uhren geschmückt. Sie übernehmen die Funktion der Glocke und machen die Person des Türmers überflüssig. Auch wenn es sich dabei noch um Uhren ohne Minutenzeiger handelt, liegt die Neuerung im Bereich der Stundenzählung, das heißt in dem Wechsel von den ungleichen Stunden, den sog. Temporalstunden des Frühmittelalters, zu einem nun gleichförmigen Ablauf unveränderbarer, Tag und Nacht gleich langer Stunden, den sog. Äquinoktialstunden. Allerdings bringt selbst die Räderuhr keine einheitliche Zeit für die verschiedenen Regionen und Länder. Jede Stadt hat ihre eigene Zeit; eine Abstimmung der Uhren über längere Distanzen erfolgt erst wesentlich später.

Die Erfindung eines Mechanismus zum Messen der Zeit stellt allein schon deshalb eine Revolution dar, weil die Bestimmung über die Zeit so den Händen des Klerus zunehmend entgleitet. Zudem schafft sie die Bedingungen dafür, dass sich ein neues Verhältnis zur Zeit herausbilden kann. Die Zeit wird von nun an als einförmiger Strom betrachtet. Damit beginnt in den europäischen Städten zum ersten Mal in der Geschichte die »Entfremdung« der Zeit vom Leben. Die europäischen Menschen schicken sich an, »das Bewusstsein der Endlichkeit im geschlossenen Lebenskreis aufzugeben und sich auf eine ins Unendliche fortschreitende zeitliche Linie zu begeben«, die – so Horst Eberhard Richter[134] – »so wenig Anfang und Ende hat wie die naturwissenschaftliche Kausalkette bzw. das sich diesem Prinzip verschreibende menschliche Denken«.

> »Erstmals ›erstreckte‹ sich die Zeit endgültig in einer geraden Linie, welche aus der Vergangenheit in die Zukunft durch den Punkt geht, den man Gegenwart nennt. Wenn in den vorausgegangenen Epochen der Unterschied zwischen Vergangenem, Gegenwärtigem und Zukünftigem relativ war und die sie trennenden Grenzen beweglich ..., so wurden mit der linearen Zeit diese Unterschiede ganz klar, und die Gegenwart ›presste‹ sich auf einen Punkt zusammen, der unaufhörlich auf der Linie entlanggleitet, die aus der Vergangenheit in die Zukunft führt und die Zukunft in die Vergangenheit verwandelt. Die Gegenwart wurde schnell vergänglich, unwiederbringlich und nicht fassbar. Der Mensch stieß zum ersten Mal auf die Tatsache, dass die Zeit, deren Lauf er erst dann bemerkte, als irgendwelche Ereignisse sich zutrugen, auch beim Fehlen der Ereignisse nicht stehen blieb. Folglich muss man die Zeit sparen, sie vernünftig gebrauchen und bestrebt sein, sie mit Handlungen zu erfüllen, die für den Menschen nützlich sind. ...
>
> Es ist nicht schwer zu erfassen, dass das Verständnis der Bedeutsamkeit der Zeit gemeinsam mit dem Wachstum des Selbstbewusstseins des Individuums einherging, das begann, in sich nicht ein Gattungswesen, sondern eine unwiederholbare Individualität, d. h. eine Persönlichkeit, zu sehen, die in eine konkrete zeitliche Perspektive gestellt ist und ihre Fähigkeiten im Verlauf eines begrenzten Zeitabschnitts entfaltet, der für dieses Leben bewilligt war. Die mechanische Zeitrechnung geht ohne die direkte Teilnahme des Menschen vor sich, der genötigt ist,

> diese Unabhängigkeit der Zeit von ihm anzuerkennen. … Doch ist auch wahr, dass der Mensch gerade in der Stadt aufhört, Herr über die Zeit zu sein; denn, nachdem die Zeit die Möglichkeit hatte, ohne Beziehung zu Menschen und Ereignissen zu verlaufen, errichtete sie ihre Tyrannei, der sich die Menschen unterordnen müssen. Die Zeit drängt ihnen (den Menschen in der Stadt) ihren Rhythmus auf, zwingt sie, schneller zu handeln, zu eilen und keinen Moment zu versäumen. … Aus dem Eigentum Gottes verwandelt sich die Zeit in das Eigentum des Menschen.«[135]

Sulzgruber fasst sein Werk *Zeiterfahrung und Zeitordnung vom frühen Mittelalter bis ins 16. Jahrhundert* mit der Feststellung zusammen, dass sich noch am Ende des Mittelalters in Europa ein neues Zeitbewusstsein entwickelt hat, das mit dem Übergang in die Neuzeit gänzlich zur Entfaltung kommt, also im Spätmittelalter eigentlich »geboren« wird.

> »Der mittelalterliche Mensch begann seinen persönlichen Lebenslauf zu planen bzw. den Tag genau einzuteilen, um keine ›Zeit zu verlieren‹. … Dem entspricht ein neues Selbstbewusstsein des Menschen, das von einem persönlichen und zeitgestaltenden Willensimpuls ausgeht und verbunden mit der technischen Gegebenheit einer kurzfristigen und genauen Zeitmessung das Leben bestimmte.«[136]

> »Die Tätigkeiten des Kaufmanns brachten eine gewisse Geschwindigkeit im ›temporalen‹ Zeiterleben mit sich. Die Zeit drängte gleichsam für Kaufleute und Händler, sie mussten mit dem Zeitfaktor kalkulieren, die Zeit synchronisieren und voraussehen. Die Zeitdimension wurde für den Kaufmann vor anderen Gesellschaftsgruppen in einer kurzfristigen und engmaschigen Form zur Existenzgrundlage. Die Zeitpunkte und -strecken stellten für ihn ein kostbares Gut und gleichzeitig Realien dar; die Zeitkontrolle, die Terminisierung und das Tempo bilden die Basis jedes Verhältnisses der Zeit.«[137]

Folgerichtig beginnt man in der damaligen Zeit davon zu sprechen, »Zeit zu haben«, »Zeit zu verlieren«, »Zeit zu berechnen«, »Zeit zu sparen« oder »Zeit zu gewinnen«.

Wie sehr Menschen im 15. Jahrhundert dieses neue Erleben der Zeit offensichtlich ganz bewusst wahrgenommen haben, lässt sich an den folgenden beispielhaften Zitaten aus der Literatur belegen. So schildert Leon Battista Alberti um 1440 in seinem Werk *Della famiglia* folgende Szene:

»GIANOZZO: Es gibt drei Dinge, die der Mensch als sein persönliches Eigentum bezeichnen kann: das Schicksal, den Leib …

LIONARDO: Und das Dritte?

GIANOZZO: Ah, das Dritte ist das Kostbarste. Diese Hände, diese Augen bedeuten mir nicht mehr als es.

LIONARDO: Wahrhaftig?! Aber was ist es?

GIANOZZO: Die Zeit mein lieber Leonardo, die Zeit, meine Kinder! … Wie sehr aber die Zeit zum Wohle des Körpers und zum Glück der Seele notwendig ist, könnt ihr selbst ermessen, und so werdet ihr finden, dass die Zeit bei weitem das Kostbarste ist.«[138]

Und schon im Jahre 1399 schreibt die Frau eines Kaufmanns an ihren Gatten in Prato, dass sie nichts im Interesse ihres Mannes für »kostbarer für Leib und Seele« halte als die Zeit.[139]

Der Aufbau unseres heutigen Zeitgefühls war ein jahrhundertelanger Prozess. Er hat dazu geführt, dass dem modernen Menschen die Vorstellung eines unerbittlich in die Zukunft verlaufenden Zeitstrahls so selbstverständlich ist, dass andere Vorstellungen von der Zeit undenkbar erscheinen. Die Uhr bestimmt das moderne Leben. Und wenn ein Mensch heute sich entschließt, grundsätzlich keine Uhr bei sich zu führen, ist das bereits ein bemerkenswerter Akt. Und doch ist das Konzept einer linearen Zeit nur eine der möglichen Formen der sozialen Zeit, was man erkennen kann, wenn man über die Grenzen regional und historisch bedingter und daher unvermeidlich begrenzter Ansichten hinausgeht.

Der Raum

Wenn man heute Menschen in westlich geprägten Regionen zu dem Begriff »Raum« assoziieren lässt, werden Wörter genannt, die von den Räumen des Hauses bis hin zum Weltraum, zum galaktischen Raum reichen. Die Vorstellungswelt Raum ist für diese Menschen grundsätzlich klar und völlig selbstverständlich. Dabei ist auch diese Idee eines Raumes erst zu Beginn des letzten Jahrtausends erfunden worden.

Es wurde bereits dargestellt, dass im 12. und 13. Jahrhundert auf gesellschaftspolitischer Ebene der Herrschaftsraum mit eindeutigen Grenzen entwickelt wurde und mit den Fürstenhöfen Machtzentren für klar umschriebene Gebiete entstanden, letztlich also Staaten in unserem heutigen Sinne.

Auch durch den Handel wurde die Ausbildung einer Raumvorstellung gefördert, da die Länge der Transportwege eingeschätzt und aufgrund dessen der Preis der Ware kalkuliert werden musste. So entstanden in der zweiten Hälfte des 14. Jahrhunderts mit der *Pisaner Karte* und dem sogenannten *Katalanischen Weltatlas* (1375) Seekarten des Mittelmeeres, die sehr genau die Küstenumrisse und die Namen der Hafenorte erfassten und grafische Maßstäbe aufwiesen.

Als einen wichtigen Schritt in der Entwicklung der Idee einer dritten, also räumlichen Perspektive sieht Gebser die bereits beschriebene Besteigung des Mont Ventoux durch Petrarca. Auch in der Malerei gewinnt die Landschaft an Bedeutung, und ab dem 12. Jahrhundert sind erste Versuche perspektivischer Darstellung zu beobachten, bis dann im 15. Jahrhundert die Gesetze der Perspektive systematisch erarbeitet werden.

Eine neue Etappe in der künstlerischen Aneignung des Raumes sehen Gurjewitsch[140] und andere Autoren in der Gotik. Ein besonderes Merkmal der Architektur dieser Zeit ist die Skelettbauweise mit Kreuzrippengewölben, die die Innenräume prägen und das Öffnen der Wände ermöglichen. Mit Tabernakeln verzierte Strebepfeiler schmücken die Fassaden und Spitzbögen an den Fenstern und Türen der Kathedrale wie auch Gewändefiguren. Aufgrund dessen wirkt der Raum der gotischen Kathedrale wie dematerialisiert und »spiritualisiert«. Er erscheint endlos und ist doch gleichzeitig organisiert und rhythmisch gegliedert.

Bemerkenswerter ist, dass im Spät- und Hochmittelalter erstmalig die Namen der Baumeister der Dome für die Nachwelt festgehalten werden, was im Frühmittelalter niemals der Fall gewesen war.

Die Kunst

Es ist gut zu beobachten, wie das Individuum, beginnend mit ersten Anzeichen im 11. Jahrhundert, in der Kunst zunehmend an Bedeutung gewinnt. Um 1080 entsteht in einer unbekannten Werkstatt die erste figürliche Grabplatte Mitteleuropas, die in einem kirchlichen Raum platziert wird. Es handelt sich um die Grabplatte Rudolfs von Rheinfelden im Dom zu Merseburg, die den König allerdings noch nicht mit individuellem Antlitz, sondern in typisierter Form als idealen

Herrscher zeigt. Realistische Züge werden erstmals dem Grabmal des Papstes Clemens IV. († 1268) zugesprochen. Es gilt als erstes naturgetreues Abbild auf italienischem Boden. Das Grabmal König Rudolfs von Habsburg (gestorben 1291) in Speyer zeigt zum ersten Mal einen deutschen Herrscher in naturgetreuer Weise.[141]

In der Malerei entstehen im Verlaufe des 14. Jahrhunderts Gemälde, die individuelle Ähnlichkeit als völlig neues gestalterisches Ziel verfolgen. Es sind zuerst Herrscher, die erkennbar im Bild auftauchen. Doch ihre Anwesenheit muss – wie etwa auf dem Giotto zugeschriebenen Bild des Jacopo Gaetano Stefaneschi auf dem Stefaneschi-Altar (um 1320) – noch durch einen Heiligen legitimiert werden. Auf diese Weise wird die Säkularisierung der Darstellung gemildert, ebenso wie durch die Abbildung der Herrschergestalt als demütige Stifterfigur.

Als erstes Porträt gilt das um das Jahr 1360 von einem unbekannten Künstler gestaltete Profilbild des französischen Königs Jean le Bon, das in Paris im Louvre hängt. Als Gegenstück entsteht das Porträt seiner Frau Johanna. Das um 1365 entstandene Bildnis von Herzog Rudolf IV. von Österreich ist das älteste Frontalporträt. Der Porträtkopf ist hier als selbstständiges und formatfüllendes Motiv in einem durch einen Fensterrahmen umgrenzten Bild dargestellt und weist im Dreiviertelprofil ein neues Maß an individueller physiognomischer Charakterisierung auf.[142] Weitere Beispiele für das wachsende Bedürfnis, in den Darstellungen die Ähnlichkeit mit der individuellen Person und ihre charakteristischen Gesichtszüge zu zeigen, sind die Porträtbüste von Peter Parler im Veitsdom in Prag und das Porträt des Robert des Masmines (um 1425) von Robert Campin, dem Meister von Flémalle, sowie die Bildnisse des Niccolò Albergati (um 1430), des Giovanni Arnolfini (um 1435) oder seiner Frau Margarete van Eyck (1439) von Jan van Eyck.

In der Darstellung von Jesus Christus am Kreuz findet in dieser Zeit ein bemerkenswerter Wandel statt. Während im Frühmittelalter der Gekreuzigte als göttlicher Sieger über den Tod dargestellt wurde, tritt ab Mitte des 12. Jahrhunderts der leidende Mensch am Kreuz in den Vordergrund. Arnold Angenendt begründet diesen Wandel des Gottesbildes damit, dass in der Sphäre des Religiösen dieselben emotionalen und individuellen Empfindungsweisen wirksam werden, die zur gleichen Zeit die Entfaltung der Liebeslyrik und der Autobiografie begünstigen.[143]

Auch die neue Sicht auf Kinder lässt sich an der Malerei sehr gut ablesen: Kinder werden seit dem 12. Jahrhundert zunehmend realistisch als Kinder und nicht mehr als kleine Erwachsene gemalt. Außerdem finden sich sehr viel mehr kindgerechte und einfühlsame Darstellungen. So zeigt beispielsweise auf einer Miniatur aus der zweiten Hälfte des 12. Jahrhunderts der stehende Jesusknabe ein leichtes, fast durchsichtiges Hemd, er umklammert mit beiden Armen den Hals seiner Mutter und drängt sich an sie, Wange an Wange.[144] Im 14. Jahrhundert hebt der Künstler fortan an dem Jesuskind die anmutigen, zärtlichen und naiven Aspekte der frühen Kindheit hervor: Da sucht das Kind die Brust der Mutter oder versucht sie gerade zu umarmen; da spielt das Kind Spiele seiner Zeit oder beschäftigt sich mit einem zahmen Vogel; da isst das Kind oder wird in Windeln gewickelt.[145]

Eine sehr spannende Entwicklung ist bei der Entdeckung des Raums in der Malerei zu beobachten. Im 12. und 13. Jahrhundert erweitern sich allmählich die dargestellten Inhalte. Neben der Hauptfigur erscheinen dekorative Szenen und Elemente einer Landschaftsdarstellung, bei denen perspektivische Versuche erkennbar sind. Die Farben werden zunehmend realitätsnah gewählt.

Zu Beginn des 15. Jahrhundert wird dann endgültig die Perspektive durch den florentinischen Bildhauer und Baumeister Filippo Brunelleschi (1377–1447) ausgearbeitet. Das Neue besteht im Wesentlichen in der Festlegung der Regeln, nach denen unter bestimmten Bedingungen perspektivische Verkürzungen der Räume und Körper berechnet werden können. Um 1420 demonstriert der Baumeister in einem Experiment am Domplatz des Baptisterium *Santa Maria del Fiore* von Florenz die Zentralperspektive, indem er mittels einer Spiegelapparatur und eines Tafelbildes ein naturgetreues Abbild des Gebäudes schafft. Nach Beschreibungen eines Zeitgenossen von Brunelleschi, Antonio di Tuccio Manetti, und des Mathematikers Richard Krautheimer ist das Experiment wie folgt abgelaufen:

»Als Erstes sorgte Brunelleschi dafür, dass er einen Platz bestimmte, von wo aus er das Gebäude und die Platzsituation betrachten konnte. Er nahm eine Tafel als Zeichenfläche und einen Spiegel als Hintergrund, sodass der Himmel reflektiert wurde. Er machte ein Loch in die Tafel, auf der dieses Bild war, das sich in der Abbildung des Baptisteriums genau an der Stelle befand, wohin das Auge blickte (auf das Hauptportal). Das linsengroße Loch war sowohl Fluchtpunkt der perspektivischen Konstruktion des dargestellten Bauwerks als auch Augenpunkt des Beschauers, der die Reproduktion des Baptisteriums

> *in dem gegenüberliegenden Spiegel in dem richtigen Größenverhältnis zum realen Ambiente des Domvorplatzes erblickte.*
>
> *Nach genauem Vermessen des Domvorplatzes zeichnete er Grundriss und Aufriss der Piazza und des Baptisteriums auf seine Tafel. Den Ort aller Punkte des horizontalen und vertikalen Bildausschnittes verband er mit seinem Standort durch Linien (Sehstrahlen). Durch die Koordination der Schnittpunkte des Netzwerks aus horizontalen und vertikalen Linien auf der Bildwand, die jeweils den exakten Ort jedes Punktes des Gebäudes angaben, konnte er ein exakt perspektivisch konstruiertes Bild zeichnen.*
>
> Dieses Verfahren nennen die Theoretiker später *costruzione legittima.* Brunelleschi gilt als ›Kunstreformator‹, und er ist die erste Künstlerpersönlichkeit, der durch einen Zeitgenossen eine Biographie gewidmet wird.«[146]

Brunelleschis praktische Demonstrationen werden von Leon Battista Alberti (1404–1474) in seinem Traktat von 1435 *De pictura (Drei Bücher über die Malerei)* theoretisch begründet. Er ist einer der Ersten, der die Grundlagen der Perspektive anhand seiner wissenschaftlichen Untersuchungen über Fluchtpunkt und Horizont niederschreibt. Alberti verkürzt das perspektivische Darstellungsverfahren von Brunelleschi für den Gebrauch durch die Maler in den Werkstätten.

Albrecht Dürer veröffentlichte 1525 sein Buch *Underweysung der messung mit dem zirckel un richtscheyt,* das die erste Zusammenfassung der mathematisch-geometrischen Verfahren der Zentralperspektive darstellt und damit auch die Grundlagen der perspektivischen Konstruktionsverfahren als Teilbereich der darstellenden Geometrie bildet.

Literatur

Während die frühmittelalterlichen Autoren volkssprachiger literarischer Werke anonym blieben, wird seit dem 12. Jahrhundert in der höfischen Literatur die Selbstnennung der Autoren zur Regel. Zunächst erfolgt dies noch in der dritten Person. Aber schon um 1170 schreibt der Bearbeiter des altfranzösischen Rolandsliedes: »Ich heiße Pfaffe Konrad.« Im 13. Jahrhundert tritt mit Wolfram von Eschenbach dann ein dezidiertes Ich vor sein Publikum. »Ich bin Wolfram von Eschenbach und verstehe, Lieder zu machen«, so heißt es im *Parzival.* Auch die Lieddichtung von Walter von der Vogelweide enthält viele Formulierungen, die von großem Selbstbewusstsein und einem ausgeprägten Stolz auf die eigene Leistung zeugen. Bei allen weltlichen Dichtern dieser Zeit wird ein bis dahin ungewöhnliches Maß an Aufmerksamkeit für einen bestimmten und herausgehobenen Einzelnen beansprucht.[147] Und auch im Minnesang tritt jeweils ein Sänger als Subjekt in den Vordergrund, der seine werbenden und preisenden Worte und Weisen an ein Du, die anonym bleibende Dame, richtet. In dieser Art tritt seit dem 12. Jahrhundert das Individuum sowohl als Autor als auch als Adressatin in den Vordergrund des literarischen Interesses.

Die Entwicklung der literarischen Gattung *Autobiografie* geht ebenfalls ins 13. Jahrhundert zurück (wenn man von Abälards schon 1132 entstandenem, oben erwähntem Werk *Historia calamitatum* absieht). Autobiografische Züge weisen die Erlebnisberichte von Mystikerinnen und Mystikern auf, so beispielsweise die Schriften von Mechthild von Magdeburg (1207–1290) und Margareta Ebner (1291–1351). Ulrich von Lichtensteins 1255 entstandener Versroman *Frauendienst* gilt als die erste deutschsprachige Autobiografie.

Eines der frühesten *Tagebücher* stammt von einem unbekannten Pariser Bürger, dessen Lebensdaten jedoch bekannt sind (*1405, † 1449) und der Tag um Tag anhand von Einzelheiten den Wandel des französischen Staates gegen Ende des Hundertjährigen Krieges festhält. Er bekundet ein dramatisches Zeitgefühl und ein erstes subjektives Empfinden für den Wandel aller Dinge. Es handelt sich eigentlich um ein politisches Tagebuch. Ganz auf seine innere religiöse Erfahrung konzentriert sich Ignatius von Loyola, der Gründer des Jesuiten-Ordens, in seinem *Geistlichen Tagebuch* von 1544.[148]

Musik

Die moderne Phase der Polyphonie beginnt im 12. Jahrhundert mit der selbstständigen Entfaltung der bislang nur ornamental verwendeten Zweitstimme in der Liturgie. Bis dahin wurde in der mehrstimmigen Kirchenmusik die Hauptstimme durch eine Zusatzstimme im meist parallelen Abstand der Unterquart oder -quint begleitet. Das ändert sich nun: Jede der beiden Stimmen wird eigenständig, Gegenbewegungen und Kreuzungen werden möglich. Dinzelbacher verweist auf das Ende des Hallelujas des liturgischen Gesangs für ein Kirchweihfest des Magister Leonin (gestorben um 1201), eines berühmten Komponisten an der Kathedrale Notre-Dame de Paris.

> »Überflügelt wurde er nur von dem wenig jüngeren Perotinus, der um 1200 sogar schon drei- und vierstimmige Organa verfasste. Damit wurde aber die alte gregorianische ›Eintönigkeit‹ zugunsten der jüngeren Mehrstimmigkeit zurückgedrängt, was offenbar anderen ästhetischen Bedürfnissen entsprach und neue Hörgewohnheiten förderte. ... Zukunftsweisend war auch die Entstehung der so genannten Modalrhythmik, die ein richtungsbewusstes Vorwärtsschreiten ausdrücken konnte ... Zukunftsweisend erscheint weiter die zunehmende Bedeutung der Instrumentalmusik, wie sie sich im 12. Jahrhundert vom arabischen Spanien aus verbreitete.«[149]

Im 15. und 16. Jahrhundert findet sich eine Weiterentwicklung bis zu einem Stimmenquartett. Zu der Stimme, von der die Melodie getragen wird, dem Tenor, stellen sich in gleichem Rhythmus die *vox alta* und die *vox bassa* ins Verhältnis, denen dann im Quartett noch eine weitere, zuerst eine zweite obere Stimme zur Seite tritt. »Erst jetzt begann damit das im höheren Sinne Seelische der Musik zu erblühen: die Thore eines neuen, des individualistischen Zeitalters der Musik hinaus über die Räume des mittelalterlich gebundenen Stiles öffneten sich.«[150]

Zusammenfassung

Im 11. bis 13. Jahrhundert zeigen sich die charakteristischen Zeichen einer Umbruchphase. Es kommt zu einem dramatischen Nebeneinander von einerseits totalem Unglauben und der Unfähigkeit, die alte symbolistisch-sakramentale Gott-Welt-Einheit noch zu begreifen, andererseits einem glühenden Glauben. Durch den Zusammenbruch des bis dahin unhinterfragbaren Selbst- und Weltbildes entstehen eine tiefgreifende Unruhe und eine Untergangsstimmung. Tanzwut- und Veitstanzepidemien, Kinderkreuzzüge, Tarantismus-, Geißler- und Flagellantenepidemien durchziehen das Land. Ein Teil der Bevölkerung sucht sein Heil in einer übersteigerten Religiosität, wie sie in den Flagellantenepidemien anschaulich zum Ausdruck kommt.

Auf der anderen Seite steht eine immer größere Zahl von Menschen, die die Unhinterfragbarkeit der kirchlichen Lehre nicht mehr akzeptiert, sondern das Individuum als von Gott mit Vernunft ausgestattetes und damit Gott ebenbildliches Wesen versteht. Dieses Individuum löst sich aus der Verbundenheit mit der Welt und stellt sich ihr gegenüber, um diese Welt nicht nur zu erkennen, sondern zugleich auch in seinem Sinne zu verändern. Damit wächst das Interesse am Studium der Natur mit dem Ziel, sie zu beherrschen und sie mehr und mehr nicht als Schöpfung Gottes, sondern als Schöpfung des Menschen anzusehen.

In der Wissenschaft wird das bis heute dominierende Paradigma erfunden: Der Wissenschaftler betrachtet die Lebewesen und die unbelebten Gegenstände der Natur als Objekte, die zu erforschen sind. Dazu löst er sie aus ihrem jeweiligen Kontext heraus. Sein Ziel ist es, die von ihm beobachteten Dinge zu beherrschen, sie zu verändern und zu formen, damit sie ihm von größtmöglichem Nutzen sind. In der Wirtschaft wird über lange Zeit noch die Forderung nach Gemeinnutz aufrechterhalten, bis sich schließlich die Idee durchsetzt, dass der Eigennutz die motivierende Kraft sei, die den Wohlstand des einzelnen Bürgers und damit auch den Wohlstand des Staates sichere. Es entstehen Geldhäuser als Vorläufer der Banken, die Kredite vergeben, Geld in fremde Währungen tauschen und erste Wechsel ausstellen.

Die Idee der Kindheit wird erfunden. Kinder sind keine kleinen Erwachsenen mehr, sondern müssen zu einem vollgültigen (erwachsenen) Menschen herangezogen werden. Dazu wird erstmalig die Schule für Kinder geschaffen. Bei der Beurteilung des Tuns eines Menschen durch die Kirche oder durch Gerichte steht nicht mehr die Tat im Vordergrund, sondern die innere Einstellung des Täters und seine individuelle sittliche Schuld – eine Idee, die bis heute unserem Strafrecht zugrunde liegt. Durch die Erfindung der Räderuhr wird die Vorstellung einer gleichmäßig und unerbittlich fortschreitenden linearen Zeit zu dem das Selbstbild dominierenden Zeitmodell bis in unsere Gegenwart. In der Kunst wird das auf Ähnlichkeit abstellende Porträt erfunden und die Perspektive entwickelt. Es entstehen erstmalig Ich-Gedichte und Autobiografien. Man beginnt damit, die Namen der Baumeister der Dome festzuhalten und an die Nachwelt zu überliefern.

Es ist erstaunlich, in welchem Umfang in dieser relativ kurzen Zeitperiode auf allen Gebieten die Grundlagen unseres heutigen Weltbildes entwickelt wurden. Selbstverständlich gibt es große Unterschiede darin, wie umfassend und wie schnell sich die neuen Ideen in den verschiedenen Kreisen der Bevölkerung durchsetzten. Die Erfindung des Buchdrucks trägt allerdings in der Folgezeit wesentlich dazu bei. Mit der Renaissance kommt es im 15. und 16. Jahrhundert zu einer Wiederbelebung der kulturellen Leistungen vor allem der griechischen Antike, in der Individualismus bereits in ganz verschiedenen Formen auftrat, sodass »die Welt der Griechen und der Römer dem modernen Menschen in vielen Aspekten weit weniger fremd erscheint als manche antike Kulturen des Orients und der neuen Welt«.[151] So zeigen Vasenmalereien aus dem 5. Jahrhundert v. Chr. Ansätze von Perspektive durch den Versuch einer körperlichen Darstellung von Figuren und Gegenständen, und Sappho werden Ich-Gedichte zugeschrieben. Allerdings haben diese Ansätze in der politischen Philosophie des antiken Griechenlands eine nur geringe Entfaltung gefunden.

Im weiteren Verlauf wird die Idee des Individuums im 17. und 18. Jahrhundert durch die Aufklärung stärker ausgearbeitet. Die Handlungsfreiheit des Individuums wird zu einem wichtigen Wert. Das Vernünftige ist zugleich auch das Gute. Ein unbedingter Fortschrittsglaube vertraut darauf, dass eine vernunftorientierte Gesellschaft die Hauptprobleme menschlichen Zusammenlebens lösen wird. Im 19. Jahrhundert stimmen die unterschiedlichen Strömungen des Liberalismus in der hohen Wertschätzung des Individuums, seiner persönlichen Freiheit und Selbstverantwortung überein. Jeder Mensch soll leben, wie er möchte, solange er nicht die Freiheit anderer verletzt. Demokratie und Nation werden als Mittel angesehen, die Freiheit der Bürger zu schützen. Meinungs-, Glaubens- und Gewissensfreiheit werden als Voraussetzung der Selbstverwirklichung und Selbstentfaltung des Menschen angesehen.

3 Das Ende des Zeitalters des Individuums

Zeichen des Umbruchs

Wohl zu allen Zeiten gab es Beschwerden der Erwachsenen über die Unzuverlässigkeit und Widersetzlichkeit der Jugendlichen sowie die Unangepasstheit ihres Verhaltens, und die Zukunft wurde in schwarzen Farben gemalt. 3700 Jahre alt ist die Klage aus Mesopotamien: »Mit unserer Erde geht es in der jüngsten Zeit abwärts. Bestechung und Unehrlichkeit breiten sich aus. Die Kinder folgen ihren Eltern nicht mehr ... Der Untergang der Welt steht offensichtlich bevor.«[152]

Heutzutage ist die Jugend zutiefst beunruhigt, und sie hat allen Grund dazu. Das Individuum hat in seinem Bedürfnis, sich die Erde und alle Lebewesen untertan zu machen und sie zu seinem eigenen Nutzen auszubeuten, einen Zerstörungsprozesse in Gang gesetzt, der kaum noch zu bremsen und aufzuhalten ist. Mit seinem Egozentrismus, seiner binären Logik und seinem mechanistischen und interventionistischen Ursache-Wirkungs-Denken war und ist dieser Mensch, der sich als Individuum begreift, nicht bereit oder nicht in der Lage (beides ist letztlich nicht zu unterscheiden), die Eigendynamik und die ökologischen Prozesse des komplexen Systems Erde mit all ihren Lebewesen zu verstehen und bei seinen Handlungen zu berücksichtigen. Sein gottgleicher Herrschaftsanspruch hat ihn blind gemacht. Die Folgen seines Handelns sind aber inzwischen nicht mehr zu übersehen.

Und so zeigen sich alle Anzeichen einer Umbruchphase: Eine tiefe Beunruhigung breitet sich in allen Schichten der Bevölkerung aus. Sie äußert sich in den Demonstrationen, die teils ein den Teilnehmenden wichtiges Anliegen verfolgen, deren Ziele oft aber auch diffus bleiben – wie die der sogenannten »Gelbwesten« in Frankreich – oder aber von rechtsradikalen, ausländerfeindlichen Ideen bestimmt werden. Einzelne Gruppen protestieren gegen die starken Beharrungskräfte, wie sie vor allem die Wirtschaft zeigt, und die Halbherzigkeit, mit der die Politiker die notwendigen Veränderungen angehen. Die lang dauernden Proteste rund um den Hambacher Forst mit teils heftigen Angriffen auf die Polizei oder der Widerstand gegen das Abbaggern weiterer Dörfer durch den Tagebau Garzweiler II verfolgen das Ziel eines baldigen Ausstiegs aus der Braunkohleverstromung. Andere veranstalten Demonstrationen für die Seenotrettung von Flüchtlingen im Mittelmeer. Dann wieder kommt es in verschiedenen Großstädten Deutschlands Mitte 2020 zu heftigen Krawallen mit massiven Angriffen auf Polizisten im Rahmen der sogenannten Partyszene oder schon nach wenigen Wochen der coronabedingten Einschränkungen zu Großdemonstrationen gegen die Corona-Auflagen, die als freiheitsbeschränkende Eingriffe des Staates verstanden werden.

Die allgemeine Verunsicherung spiegelt sich auch in einer Allensbach-Umfrage. So äußerten 2018 die Deutschen mittleren Alters ihre Sorgen um die politische und gesellschaftliche Stabilität. Zwei Drittel der 30- bis 59-Jährigen bewerteten den gesellschaftlichen Zusammenhalt als schwach bis sehr schwach, wobei interessanterweise die meisten die eigene ökonomische Lage positiv beurteilten. 42 Prozent bezeichneten die Zeiten als »ausgesprochen schwierig«, die deutsche Gesellschaft werde »materialistischer, egoistischer und intoleranter«, der Zusammenhalt in der Gesellschaft nehme ab. Mehrheitlich wird angegeben, die Hilfsbereitschaft nehme immer mehr ab, Regeln und Vorschriften würden weniger respektiert und die Menschen verhielten sich rücksichtsloser als noch vor zwei Jahren. »Trotz der materiellen Zufriedenheit ist die Generation Mitte«, so die Geschäftsführerin von Allensbach Renate Köcher[153], »durch die weltweiten Krisen, den Verlust an politischer Stabilität in Deutschland und die Veränderung des gesellschaftlichen Klimas zutiefst verunsichert.«

Zudem führen der zunehmende Individualismus und die damit einhergehende soziale Unverbundenheit zu einer »Neuen Einsamkeit«, die – wie Kinnert und Bielefeld (2021) es darstellen – immer weiter um sich greift. Allein in Deutschland würden 14 Millionen Menschen angeben, dass sie sich einsam fühlen. Der Verlust des gesellschaftlichen Miteinanders und seine psychischen und körperlichen Folgen seien das große Thema unserer Zeit. Nils Minkmar (2021) beschreibt in gut nachvollziehbarer Weise Einsamkeit als den tieferen Grund für populistische Bewegungen. Als Folge des postmodernen Individualismus sieht er eine »zunehmende Vereinzelung, die Abnahme, der Kompetenz, zu kooperieren und Kompromisse zu finden, sowie die Zunahme des Misstrauens«. Wer nicht im Dialog mit anderen steht, kann keine fundierten Überzeugungen mehr entwickeln, fühlt sich unsicher und ist leicht beeinflussbar. Einfache Glaubenssätze und simple Lösungsideen schaffen dann ein Gefühl von Kontrolle. Aus dem gleichen Grund werden autokratisch handelnde Regierungschefs bewundert und gewählt.

Das Erleben von Kontrollverlust ist ein entscheidendes Merkmal einer Umbruchphase, in der die Menschen die Unsicherheit und die verloren gegangene Tragfähigkeit alter Selbst- und Weltkonzepte in häufig diffuser Weise spüren, gleichzeitig aber keine Vorstellung davon haben, wohin die Reise gehen könnte. Gewissheiten sind verloren gegangen. Mit dem Zusammenbruch der DDR wurde die Hohlheit des Verses »Die Partei, die Partei, die hat immer recht« aus dem *Lied der Partei* allzu deutlich. Aber auch im sogenannten Westen ist spätestens seit dem Wahlsieg von Trump nichts mehr sicher. Die Rechtsradikalen sprechen zwar die Ängste vieler Menschen an, bieten aber nur rückwärtsgewandte Scheinlösungen. »Europa« stellt als neue supranationale Einrichtung den Rahmen für die notwendige Reorganisation der politischen Welt bereit und vermag den europäischen Menschen prinzipiell eine gemeinsame Geschichte und vor allem eine großartige gemeinsame Kultur zu bieten, auf die sie stolz sein könnten, die ihrem Leben Sinn zu verleihen vermöchte und die eine Idee von Gemeinsamkeit beflügeln könnte. Allerdings bietet »Europa« aufgrund der egozentrischen Dominanz nationaler Interessen eher ein Bild der Zerstrittenheit, sodass es den europäischen Politikern bisher nicht gelingt, Europa als ein starkes Symbol für Sicherheit in Mannigfaltigkeit und Vielfalt zu gestalten.

Nicht zufällig spielt der Begriff der Identität im Rechtsradikalismus eine große Rolle. Dabei geht es, wie Francis Fukuyama in einem Interview der Frankfurter Allgemeinen Sonntagszeitung vom 3.2.2019 formuliert, »vor allem darum, die Grenzen so zu ziehen, dass man sich in seinem eigenen Land kulturell und sprachlich anerkannt fühlen« kann. Auch einige Spielarten des Islamismus sollte man seiner Meinung nach besser als Identitätspolitik, denn als religiöse Bewegung verstehen. Nach seiner Überzeugung sind alle diese Bewegungen zwar inhaltlich unterschiedlich, in ihrer Struktur aber sehr ähnlich. In jedem Fall »geht es darum, dass Leute finden, ihre eigene Gruppenidentität erfahre unzureichende Anerkennung«.

Auf der anderen Seite ist eine Übersteigerung des Individualismus, ein oftmals grotesker Hyperindividualismus zu beobachten, im Kleinen beispielsweise nach dem Motto »Ich bin doch nicht blöd« oder im Großen bei den Managern vieler Unternehmen in der beinahe schon als wahnhaft zu bezeichnenden Idee, sie seien mehr als hundertmal klüger und ihre Arbeit hundertmal mehr wert als der

Durchschnitt ihrer Mitarbeiterinnen und Mitarbeiter (der ehemalige Chef der Deutschen Bank John Cyran, der nur zwei Jahre diese Stellung behaupten konnte, weil er die in ihn gesetzten Erwartungen nicht erfüllte, verdient beispielsweise pro Tag 20.000 Euro – auch noch nach seinem Ausscheiden).

> »Das Narrativ des Individualismus, des persönlichen Vorankommens, hat uns immens geschadet. Die Aussage ›Wir haben uns unseren Wohlstand verdient, und deshalb müssen wir auch nichts teilen‹ ist unter den Eliten sehr beliebt. Diese Einstellung aber, die sich vom Prinzip der gemeinsamen Verpflichtung verabschiedet, ist tragisch«,

so der Wirtschaftswissenschaftler Paul Collier[154], Autor des Bestsellers *Sozialer Kapitalismus! Mein Manifest gegen den Zerfall der Gesellschaft*. Die Kluft zwischen Arm und Reich wird immer größer. Das Gesamtvermögen in der Welt ist seit 1980 deutlich gewachsen. Davon ist allerdings »bei vielen Armen etwas, bei sehr wenigen Reichen unfassbar viel und bei der großen Mittelschicht kaum bis gar nichts angekommen« – so Maja Göpel[155]. 0,1 Prozent der Weltbevölkerung hat sein Vermögen in dieser Zeit um die gleiche Summe gesteigert wie die unteren 50 Prozent. Milliarden von Menschen führen ein Leben unter der Armutsgrenze. Die genaue Zahl ist davon abhängig, wie hoch man den Wert für diese Grenze ansetzt. 1981 wurde für die USA ein Standard von 1,90 Dollar pro Tag für gesunde Ernährung, Wohnen und Gesundheit festgelegt, mit dem sich die Zahlen natürlich schönrechnen lassen. Wird die Bemessungsgrenze von Armut demgegenüber auf 7,40 bis 15 Dollar pro Tag angehoben, was viele Wissenschaftler für ein würdevolles Leben für notwendig erachten, lebten 2019 ganze 4,2 Milliarden Menschen unter der Armutsgrenze – also deutlich mehr als die Hälfte der Weltbevölkerung von derzeit 7,7 Milliarden Weltbewohnern[156].

Die in den letzten Jahrzehnten auf die Spitze getriebene Egozentrierung des Individuums hat Vorstellungen von Gemeinsamkeit und Solidarität ganz in den Hintergrund treten lassen. Hier liegt der große, mir persönlich sehr sympathische Irrtum von Angela Merkel auf dem Höhepunkt der Flüchtlingsströme bei ihrer Aussage: »Wir schaffen das!« Die Idee von Gemeinschaftsleistungen trägt nicht mehr. Und dadurch kommt es zu einem Auseinanderbrechen der Gesellschaft in multiple kleine Gruppen und Grüppchen. Diesen Verlust an Gemeinsamkeitsgefühl aber mit Transfers von Geld an die Ärmeren lösen zu können, ist ein fundamentales Missverständnis.

> »Zu glauben, dass es reicht, Menschen zu Empfängern von Wohltaten zu machen, zeigt ein sehr reduziertes Menschenbild. Menschen sind keine Konsumenten, sie wollen handeln und etwas zur Gesellschaft beitragen, sie brauchen die Würde, produktiv zu sein.«[157]

Unterschiedliche Krisen haben in den vergangenen 40 bis 50 Jahren große mediale Aufmerksamkeit gefunden und die Politik herausgefordert. Vor allem die Weltwirtschaftskrise 2008 hat Rettungsmaßnahmen in unvorstellbar großem Ausmaß ausgelöst.

> »Dabei wurde aber der Öffentlichkeit durch die Politik keine Erklärung geboten. Die Krise selbst wurde nicht als Thema angesprochen, es wurden keine Ursachen und keine Schuldigen genannt und es wurde medial nicht vermittelt, was die Politik in Zukunft anders machen will, um eine solche Erschütterung in der Zukunft zu vermeiden. Eine solche Situation schafft das Gefühl eines Kontrollverlustes, d. h. die Ahnung, dass die Politik gegenüber dem Finanzsystem die Kontrolle verloren und zweitens, dass die Bevölkerung die Zeche zu zahlen hat. Beide Vermutungen sind berechtigt, sie werden aber nicht als solche offen angesprochen.«[158]

Das Selbstbild des heutigen Menschen

»Heute ist vielen Menschen klar, dass es viele katastrophale Gefahren gibt, die aus den Irrtümern der abendländischen Erkenntnistheorie erwachsen sind.«
Bateson 1972, S. 625

Die Erfindung der Idee des Individuums hat im Laufe der Jahrhunderte eine eindrucksvolle kulturelle, technische und wirtschaftliche Entwicklung ausgelöst und dem europäischen Menschen Wohlstand und viele technische Hilfsmittel beschert. Sie hat aber vor allem in den letzten 50 Jahren eine beunruhigende Zuspitzung erfahren und Prozesse ausgelöst, die die Gefahr in sich bergen, dass der Planet Erde für die Menschen unbewohnbar wird. Dabei ist die Idee des Individuums ein Konstrukt oder eine Fiktion. Denn der Mensch als Einzelner ist gar nicht lebensfähig. Nicht zuletzt als ein Wesen in Sprache ist er auf den anderen angewiesen. Die Ausreifung seines Gehirns nimmt etwa 20 Jahre in Anspruch, in denen der Mensch in der Beziehung und durch die Beziehung zu anderen lernt und sich entwickelt.

Menschen existieren nicht im luftleeren Raum, sondern finden sich bei ihrer Geburt in einer von ihnen nicht selbst gewählten und gemachten Welt und immer schon in bestimmten sozialen und moralischen Strukturen vor. Auch die Normen, nach denen sie leben, sind wesentlich etwas Vorgegebenes, in das die Menschen hineinwachsen. Jeder Mensch ist zwangsläufig Mitglied eines Gemeinwesens; Heteronomie ist für jeden konstitutiv.

Das im 12. Jahrhundert erfundene Selbstbild des Menschen besagt demgegenüber, dass das Individuum der eigentliche Quell allen Sinns sei und dass sein freier Wille deshalb die oberste Autorität darstelle. Statt auf irgendeine äußere Instanz zu warten, die ihm erklärt, was Sache ist, vertraut das Individuum auf seine eigenen Gedanken, Gefühle und Wünsche. Wenn er nach den Regeln frage, die er sich selbst vorzuschreiben habe, so Rousseau, leite er sie nicht aus einer hohen Philosophie ab, sondern finde sie »im Grunde meines Herzens, wo sie die Natur mit unauslöschbaren Zügen eingräbt. Ich brauche mich nur selbst zu befragen, was ich machen will. Alles, was ich als gut empfinde, ist gut; alles, was ich als schlecht empfinde, ist schlecht.«[159]

> »Keine Kultur in der Geschichte hat menschlichen Gefühlen, Wünschen und Erfahrungen je so viel Bedeutung beigemessen.«[160]

> »Als der Ursprung von Sinn und Macht vom Himmel in die menschlichen Gefühle wanderte, veränderte sich das Wesen des gesamten Kosmos. Das äußere Universum – in dem es bis dahin vor Göttern, Musen, Feen und Guhlen nur so wimmelte – wurde zu einem leeren Raum. Die innere Welt – bis dahin eine bedeutungslose Enklave vulgärer Leidenschaften – erschien mit einem Male unermesslich tief und reichhaltig. Engel und Dämonen waren keine realen Wesenheiten mehr, die Wälder und Wüsten dieser Welt durchstreiften, sondern innere Kräfte in unserer eigenen Psyche. ... Wenn ich überhaupt an Gott glaube, dann ist dieser Glaube meine Entscheidung: Wenn mein inneres Ich sagt, ich solle an Gott glauben, dann glaube ich. ... Meine eigenen Gefühle sind der eigentliche Quell von Autorität. Selbst wenn ich also davon spreche, ich würde an Gott glauben, glaube ich in Wahrheit viel stärker an meine eigene innere Stimme.«[161]

Das Vertrauen in die Kirche und deren Lehren schwindet zunehmend. Die Zahl der Kirchenaustritte steigt von Jahr zu Jahr. An die Stelle kirchlicher Lehrmeinungen treten individuelle Vorstellungen und Ansichten zu religiösen Fragen. Insgesamt nehmen die Menschen in individualistischen Kulturen eine recht selbstbewusste Haltung ein. Autoritäten werden infrage gestellt. Das hat sich im Laufe der Zeit gesteigert. So ist zum Beispiel ein Drittel der deutschen Bevölkerung in der zweiten Hälfte des vorigen Jahrhunderts der Auffassung, Eltern müssten sich die Achtung ihrer Kinder erst durch entsprechendes Verhalten verdienen. Nur knapp die Hälfte meint, dass sie diese Achtung auch unabhängig von einem solchen Verhalten erwarten können.[162] Ähnlich ist die Haltung gegenüber Vorgesetzten. Nur knapp die Hälfte ist bereit, deren Anordnungen nachzukommen, wenn sie nicht mit ihnen übereinstimmen.[163]

Das Bedürfnis nach zwischenmenschlichen Beziehungen ist nicht geringer geworden. Aber sie sind unverbindlicher. Denn allein das Individuum entscheidet, ob ihm eine Beziehung von Nutzen ist, ob sie ihm Vorteile bringt oder es fördert. Verlustbeziehungen werden nach Möglichkeit vermieden. Das gilt auch bei Ehepartnern, Kindern und sonstigen Verwandten. Selbst in diesen Beziehungen sucht das Individuum vorrangig seinen eigenen Vorteil. Ist dieser nicht mehr zu erlangen, werden sie vernachlässigt oder beendet. Das Individuum betrachte heute, so der Soziologe Robert Bellah[164] in seinem berühmten *Habits of the Heart,* sein Handeln unter dem Aspekt von Gewinnen und Verlusten. Die Menschen blieben nicht länger in Beziehungen, als sie sie im Hinblick auf ihre eigenen Interessen für nützlich erachteten. Das Verständnis für das allgemeinere öffentliche Wohl gerate aus dem Blick.

Ehe und Familie werden immer häufiger als Belastung empfunden. Denn sie behindern die individuelle Vervollkommnung des Menschen oder was als solche angesehen wird. Das führt zu einer nachhaltigen Veränderung der Familienstrukturen. Die Zahl der Kinder, die geboren werden, wird zunehmend von den wirtschaftlichen Verhältnissen der Eltern bestimmt. Dadurch zieht in die Familien – die Wissenschaft hat dafür einen wunderbaren Begriff geprägt – eine bis dahin unbekannte »Rechenhaftigkeit« ein.

Während in Westdeutschland noch vor 50 Jahren Verwandtenbesuche, die Beschäftigung mit der Familie, der Plausch mit den Nachbarn und die Beteiligung am Vereins- und kirchlichen Gemeindeleben zu den zehn wichtigsten Freizeitaktivitäten zählten, wird bereits Ende des letzten Jahrhunderts bei einer Befragung[165] nicht eine dieser gemeinschaftsbezogenen Tätigkeiten mehr als wesentlich benannt. Selbst die Karnevalsvereine in der Karnevalshochburg Köln haben inzwischen Nachwuchssorgen. Auch engagieren sich die Menschen heute seltener in Parteien und Gewerkschaften. Sie treffen sich weniger zum Frühschoppen oder zum Feierabendbier. Vielmehr beschäftigt sich der Einzelne vorwiegend mit Dingen, die ausschließlich für ihn selbst von Interesse sind, wie Spazierengehen, Fernsehen, Fitnesstraining, Heimwerkern.

Der Lebenslauf ist in viel geringerem Maße als in früheren Zeiten familiär oder gesellschaftlich vorgezeichnet. Den meisten Menschen eröffnet sich eine Vielfalt an Möglichkeiten – nicht nur bei der Zahl der Fernsehkanäle bzw. bei der Gestaltung eines eigenen Fernsehprogramms mithilfe von Netflix und anderen Portalen –, was ständig Entscheidungen notwendig macht und letztlich oft als belastend und verunsichernd erlebt wird. Im Beruf erleben viele Menschen einen immer härteren Wettbewerb. Jeder zweite Bundesbürger fühlt sich von Burn-out bedroht. Sechs von zehn Befragten klagen zumindest gelegentlich über typische Burn-out-Symptome wie anhaltende Erschöpfung, innere Anspannung und Rückenschmerzen.*

Grenzen der Selbstverwirklichung, der Selbstbereicherung und Selbstdurchsetzung werden zunehmend weniger akzeptiert. Auf die immer häufigeren, völlig grotesk erscheinenden Übergriffe auf Rettungssanitäter, Feuerwehrleute und Polizisten habe ich schon in der Einleitung verwiesen. Selbst »normale« Verkehrsteilnehmer reagieren zum Teil sehr aggressiv, wenn ein Feuerwehrauto die Straße blockiert und sie sich deshalb keinen Parkplatz suchen können. Experten wie der Münchner Psychologe Dieter Frey glauben, dass ein Mix aus verschiedenen Faktoren dazu führt, dass der Respekt voreinander verloren geht und Menschen schneller ausrasten.

Da sei zum einen das Gefühl des Kontrollverlustes im eigenen Leben – etwa durch Globalisierung und Digitalisierung: Die Leute suchten sich dann Sündenböcke für ihren Frust. Dieser entlädt sich oftmals gegen Staatsdiener. Ein weiterer Faktor ist laut Frey das Netz, wo eine aggressivere und unpersönlichere Kommunikation stattfinde. Und es stehe heute für viele Menschen ihre Selbstverwirklichung im Vordergrund. Frey sagte dem Deutschlandfunk, er stelle einen zunehmenden Narzissmus in unserer Gesellschaft fest, nach dem Motto: »Ich lasse mich nicht einschränken, jetzt komme ich, ich habe Vorrang.«[166]

---

* Verfügbar unter: https://www.aerzteblatt.de/nachrichten/92312/Jeder-Zweite-fuehlt-sich-von-Burnout-bedroht [9.4.2018].

Eben das hat der Soziologe Christopher Lasch in seinem Buch *The Culture of Narcissism*[167] beschrieben und argumentiert, dass die individualistische Orientierung heute ein maßloses »Ich-zuerst« begünstige. Jeder Lebensbereich werde zu einer Arena der Eigensucht.

Die Verwendung des Wortes »ich« ist ein charakteristisches Merkmal unserer Zeit geworden, die sich in einer Haltung des »Ich-bin-eben-ich« ausdrückt. Henriette Orheim zitiert eine »Weltmeisterin im Eisschnelllauf« mit einer Aussage, wie sie heutzutage in ähnlicher Form landauf, landab zu hören ist: »Ich bin so, wie ich bin: Man kann mich lieben, man kann mich hassen. Ich spreche aus, was mich bewegt, offen und ehrlich. Und wenn jemand ein Problem damit hat, soll er es mir sagen.« Für dieses Ich ist die Welt da draußen, sind andere Personen letztlich uninteressant. Sagt jemand zu ihm »Ich liebe dich« oder »Ich hasse dich«, lauten mögliche Antworten: »Schön für dich« oder: »Ist doch dein Problem«.

> »Es gibt überhaupt keinen sozial relevanten Raum mehr, nur noch einen kleinen ›Ich‹-Raum. Klar, nervend ist das schon, dass dem ›Ich‹ manchmal irgendetwas im Wege steht, Wirklichkeit in sozialen Räumen eben, oder angetragene Gefühle, mein Gott, lästig, aber letztlich berührt es nichts und niemanden, das ›Ich‹ lässt sich nicht berühren, kann nicht berührt werden, steht außerhalb aller Gemeinschaften, ist für sich. Das ›Ich‹ bleibt ›Ich‹, zur Not helfen auch mal Pillen.«[168]

Gesellschaftliche Zukunftsvisionen werden in dieser Ich-Kultur kaum noch entwickelt. Sie haben nicht die Kraft, den Einzelnen zu binden. Der ist auf seine individuelle Zukunft orientiert, deren Gelingen er nicht zuletzt an seinem persönlichen Wohlstand misst. Er wird dadurch für Krisen anfälliger, woraus eine tendenziell pessimistische, ängstliche Gemütslage resultiert.

Hans-Peter Müller[169] deutet all diese Entwicklungen ebenfalls als Zeichen einer Umbruchphase und formuliert:

> »Was wir heute erleben, ist, dass dem modernen Individualismus als dem Ethos selbstbestimmter Lebensführung vollends die Substanz entzogen wird. Wir sehen die Endmoräne des individualistischen Zeitalters und des Zeitalters der Individualisierung. Es wird kein ›Weiter so‹ geben des ›Schneller, höher, weiter‹, also des einzigen Ziels und der hauptsächlichen Rechtfertigung unserer Existenz in einem blindwütigen Materialismus mit seinen drei geheiligten ›W‹: Wachstum, Wohlstand, Wohlfahrt.«[170]

Aus der Sicht des chinesischen Philosophen Zhao Tingyang[171] sitzt der Westen in der Ego-Falle. Seiner Ansicht nach geht die westliche Philosophie auf einen Begriff der Rationalität zurück, der zu eng vom Individuum aus gedacht ist. Danach ist im westlichen Verständnis das rational, was letztlich dem Einzelnen und der Maximierung seines Nutzens dient. Diese individuelle Rationalität ist für ihn die Rationalität der Konkurrenz.

Und Paul Zelik[172] formuliert:

> »Wir stehen vor einem Epochenbruch. Unser Leben wird sich extrem verändern – *by design or by disaster.* Der Journalist David Wallace-Wells hat unlängst daran erinnert, dass es fünf große Wellen des Artensterbens in der Erdgeschichte gab, die alle auf die eine oder andere Weise mit schnellen Temperaturveränderungen zu tun hatten. Die schlimmste ereignete sich vor 252 Millionen Jahren am Ende des Perms, als sich die Erde um fünf Grad erwärmte und, vermutlich durch Freisetzung von Methangas, eine Kettenreaktion in Gang kam, an deren Ende ›90 Prozent der Meerestierarten, 70 Prozent der Landwirbeltiere und 30 Prozent der Insektenarten‹ ausgestorben waren. Das ist das Szenario, auf dass wir zusteuern, wenn wir nicht in der Lage sind, die Notbremse zu ziehen und für einen radikalen Paradigmenwechsel von Ökonomie und Gesellschaft zu sorgen.«

Gregory Bateson sieht das Problem tief im Denken des Menschen im Zeitalter des Individuums verwurzelt und schreibt:

> »Wenn wir fortfahren, im Rahmen eines cartesischen Dualismus von Geist und Materie zu denken und zu handeln, werden wir die Welt vermutlich auch weiterhin im Sinne von Gott *versus* Mensch sehen; Elite *versus* Volk; auserwählte Rasse *versus* andere; Nation *versus* Nation; und Mensch *versus* Umgebung. Es ist zweifelhaft, ob eine Gattung, die sowohl eine fortgeschrittene Technologie *als auch* diese eigenartige Weltanschauung hat, überleben kann.«[173]

Diese »eigenartige Weltanschauung« ist nicht nur geprägt durch den Dualismus von Geist und Materie, sondern auch durch ein recht simples Ursachendenken, das für das Verstehen von komplexen Systemen ungeeignet ist. »Unsere angeborenen Anschauungsformen«, so Riedl,

> »sind aus dem bescheidenen Ursachen-Milieu unserer tierischen Vorfahren selektiert. Jenen Verantwortungen aber, die sich die entstandene

Technokratie in dieser Welt anmaßt, sind sie nicht mehr gewachsen. Unser eindimensionales Ursachendenken reicht zur Lösung nicht aus. So konstruieren die Zivilisationen soziale Wahrheiten, Ursachen, die einander wechselseitig ausschließen. Und die Entscheidung zwischen ihnen bleibt weiterhin jener blinden Macht überlassen, vor welcher – geben wir es zu – wir uns alle fürchten.«[174]

Erziehung und Bildung

Eltern sind in ihrer Erziehungshaltung heute sehr verunsichert und eine Fülle von Erziehungsratgebern verstärkt diese Unsicherheit. Eine Erziehung, wie sie aus den letzten Jahrhunderten tradiert wird, scheint nicht mehr möglich zu sein. Die nach der Erfindung des Individuums entwickelte Idee, Kinder aus der Gesellschaft auszugliedern und Schonräume für Kinder zu schaffen, in denen ihnen die Informationen wohldosiert vermittelt werden, ist heute angesichts der Allgemeinverfügbarkeit der Medien gar nicht mehr zu realisieren. Die Dominanzbeziehung zwischen Erwachsenen und Kindern als Grundlage von Erziehung ist nicht mehr lebbar. Es ist eine Nivellierung des Unterschieds zwischen Kindern und Erwachsenen eingetreten, die sich von beiden Seiten her, sowohl vonseiten der Kinder als auch vonseiten der Erwachsenen beschreiben lässt.

Postman spricht vom Verschwinden der Kindheit, andere Autoren von einer Liquidierung der Kindheit (Hengst), von einer Aushöhlung der Kindheit (Hengst) oder von der Kindheit als Fiktion (Suransky). Die Fülle der Hinweise ist überzeugend: Postman hebt vor allem hervor, dass der prinzipielle Wissensvorsprung der Erwachsenen durch die Videomedien verloren gegangen ist, dass Intimität und Sexualität, früher für Kinder tabuisiert, heute kein Geheimnisbereich der Erwachsenen mehr genannt werden können, ein Geheimnisbereich der Erwachsenen generell verloren gegangen sei. Andere verweisen darauf, wie die traditionellen Kinderspiele fast völlig verschwunden seien, die Nutzung des öffentlichen Raums durch Kinder an rigide Restriktionen, sprich an Erwachsenenregeln gebunden sei, dass Verhalten und Sprache, Einstellungen und Wünsche von Kindern ebenso wie die von Erwachsenen durch Werbung geprägt werden und vieles andere mehr.

Das Verschwinden der Differenz zwischen Kindern und Erwachsenen lässt sich aber auch von den Erwachsenen her beschreiben: Die vor zwei bis drei Generationen noch selbstverständliche Idee, dass der

Erwachsene ausgelernt habe, wirkt heute bereits nahezu komisch. Im Gegenteil werden die Erwachsenen zu lebenslangem Lernen aufgerufen und zu der Bereitschaft, ggf. mehrfach in ihrem Leben den Beruf zu wechseln. Erwachsene legen aber auch nicht mehr so großen Wert auf ihr Erwachsensein wie in früheren Zeiten, in denen es schlicht undenkbar gewesen wäre, dass ein Erwachsener sich mit Spielzeug in der Öffentlichkeit gezeigt hätte, beispielsweise mit Inline-Skatern oder einem Tretroller durch die Innenstadt gefahren wäre. Was zeichnet den heutigen Erwachsenen also gegenüber dem Kind aus? Das Merkmal prinzipieller Wissensvorsprung? – Im Umgang mit Handy, PC, Internet und sonstiger Medientechnik haben sich die Verhältnisse nicht selten umgekehrt. Das Merkmal Schüler sein? – Alle Menschen müssen heute lebenslang lernen und auch als Erwachsene immer wieder »die Schulbank drücken«. Das Merkmal Kleidung? – Erwachsene und Kinder werden in ihren Vorlieben gleichermaßen von der Werbung geprägt und beeinflusst. Die Beispiele ließen sich beliebig fortsetzen.

Und so scheint es ebenso berechtigt, statt von einem Verschwinden der Kindheit von einem Verschwinden der Erwachsenheit zu reden, was der Erziehungswissenschaftler Treml – etwas unfreundlicher – als eine Infantilisierung der Erwachsenen benennt.[175] Von welcher Seite aus man es auch betrachtet: Die Voraussetzungen für die Idee der Kindheit haben sich geändert. Die Differenz zwischen Kindern und Erwachsenen ist unzweifelhaft geringer geworden. Das bedeutet auch: Das traditionelle Rollenbild des Erwachsenen, das Sicherheit gab und davor schützte, sich individuell mit dem Kind auseinandersetzen zu müssen, ist verloren gegangen und ein neues Rollenbild, wie es meines Erachtens erforderlich ist, ist gesellschaftlich noch nicht definiert.

Wenn nun aber die Voraussetzungen für die Idee der Kindheit zunehmend schwinden und Kinder wesentlich eher als »Jugendliche« im klassischen Sinne anzusehen sind, dann muss das auch Auswirkungen auf die Chancen und Möglichkeiten von Erziehung haben. Angesichts dieser Situation wird von vielen Seiten das »Ende der Erziehung« ausgerufen, von Postman 1995 beklagt, von Giesecke 1985 demgegenüber gefordert. Entsprechend werden in der aktuellen Diskussion zwei verschiedene Lösungen proklamiert: Von der einen Seite wird gefordert, das alte Verhältnis zwischen Kindern und Erwachsenen wiederherzustellen, d. h., die überkommene Trennung von Kindheit und Erwachsenheit zu restaurieren, wieder Eltern und Erzieherinnen zu sein, damit Kinder Kinder sein können. Von der anderen Seite wird demgegenüber verlangt, die Unterscheidung zwischen Kindern und Erwachsenen ganz aufzugeben und die Kinder als junge Erwachsene zu betrachten, die sich – wie es eben bis zum Ende des Frühmittelalters üblich war – durch gemeinsames Leben mit den Erwachsenen in die Erwachsenenwelt eingliedern.

Gleichzeitig wird das Kind in zunehmendem Maße nicht mehr als Objekt von Erziehung und Unterricht, sondern als sich selbst organisierendes Subjekt und als Träger eigener Rechte angesehen. Die Tatsache, dass bereits 1924 in der Erklärung des Völkerbundes Kinderrechte erstmalig formuliert wurden, ist dafür ein eindrucksvoller Beweis, auch wenn ihre Realisierung zu weiten Teilen bis heute nur unzureichend gelungen ist.

Die hier skizzierte gesellschaftliche Entwicklung der letzten Jahrzehnte, die Änderung des Beziehungsverhältnisses mit dem Verschwinden der Differenz zwischen Erwachsenen und Kindern und eine große Unsicherheit im Hinblick auf den Dominanzanspruch des Erwachsenen vergangener Tage sind der tiefere Grund für die heute allerorts zu beobachtende Erziehungsunsicherheit. Dass vielen Erwachsenen heute Selbstverständnis und Selbstbewusstsein, Sicherheit und Orientierung in ihrem erzieherischen Handeln fehlen, erklärt sich zwingend aus der Tatsache, dass mit der skizzierten gesellschaftlichen Entwicklung der uns noch tradierten Erziehung der Boden, auf dem sie fußte, entzogen worden ist. Ein neues, eindeutiges und klares Erziehungskonzept, das den geschilderten Entwicklungen Rechnung trägt, ist aber noch nicht zu erkennen. Der entscheidende Grund dafür liegt in einer großen Unklarheit darüber, wie der Erwachsene seine Beziehung zum Kind neu beschreiben soll.

Hinzu tritt ein Weiteres: Die Ausgliederung der Kinder aus der Gemeinschaft der Erwachsenen und ihre Zuweisung zu einem pädagogischen Schonraum hat – durchaus gewollt – dazu geführt, dass Kinder künstlich kindlich gehalten wurden. Angesichts der Tatsache, dass das heute nicht mehr möglich ist, muss es nicht verwundern, dass die Kindheit sich in den vergangenen Jahrzehnten verkürzt hat und die Jugendzeit eher beginnt. Der Zeitpunkt ist schwer festzulegen, er dürfte für viele Kinder beim Übergang von der Grundschule in die weiterführende Schule anzusiedeln sein. Die Menarche und die Spermarche treten wesentlich früher ein als noch vor 30 Jahren, wofür die Wissenschaft keine befriedigenden Erklärungen geben kann.[176] Kinder bekommen heute Erwachsenenkrankheiten, machen demgegenüber die üblichen Kinderkrankheiten vielfach gar nicht mehr durch.

Auch der traditionelle Schonraum Schule muss ganz offensichtlich Veränderungen vollziehen, damit Schule von Kindern und Jugendlichen noch akzeptiert wird. Die wissende Lehrerin auf dem Katheder vor den unwissenden Schülerinnen kann sicher nicht mehr die geeignete Metapher von Unterricht sein. Das starre Stundensystem löst sich allmählich auf. Selbstorganisiertes Lernen nimmt zunehmend breiteren Raum ein. Aber dieser Prozess verläuft noch allzu schleppend, was mit ein Grund dafür sein dürfte, dass Jugendliche ein hohes Maß an Schulunlust, Desinteresse an schulischen Inhalten, stundenweise und tageweise Schulversäumnisse und schließlich ein gänzliches Fernbleiben von der Schule aufweisen.[177] Auch die zunehmende Gewalt von Schülern gegen Lehrerinnen und Lehrer muss neben anderen Faktoren in diesem Zusammenhang gesehen werden.

Das Geschöpf Mensch und seine Mitgeschöpfe

»Das Geschöpf, das gegen seine Umgebung siegt,
zerstört sich selbst.«[178]

Mit der Erfindung des Individuums hat der Mensch ein Selbstbild entwickelt, das ihn über seine Mitgeschöpfe auf diesem Planeten erhebt. Dieses Narrativ seiner selbst hat er durch die Idee untermauert, dass nur der Homo sapiens über eine unsterbliche Seele verfügt. Wenn der Mensch stirbt, verbleibt der Körper auf dieser Erde und wird zu Staub. Seine Seele aber reist in Richtung Erlösung oder Verdammnis und wird entweder immerwährende Freude im Paradies oder ewiges Elend in der Hölle erfahren. Da die anderen Geschöpfe auf diesem Planeten aber keine Seele besitzen, nehmen sie an diesem kosmischen Drama nicht teil. Sie leben, sterben und entschwinden ins Nichts.

> »Das ist kein Märchen aus dem Kindergarten, sondern ein äußerst wirkmächtiger Mythos, der auch am Anfang des 21. Jahrhunderts noch das Leben von Milliarden Menschen und Tieren bestimmt. Die Überzeugung, Menschen hätten eine unsterbliche Seele, während Tiere nur über einen vergänglichen Körper verfügen, bildet einen zentralen Pfeiler unseres rechtlichen, politischen und wirtschaftlichen Systems. Dies erklärt, warum es beispielsweise völlig in Ordnung ist, wenn Menschen

> Tiere töten, weil sie etwas zu essen brauchen oder weil sie einfach nur Spaß daran haben.«[179]

Die Wissenschaft hat sich ebenfalls über lange Zeit bemüht, dieses Narrativ des Individuums zu unterstützen. Sie hat die Behauptung entwickelt und zu belegen versucht, nur der Mensch könne freie Entscheidungen treffen und sich dementsprechend verhalten. Demgegenüber handelten alle anderen Geschöpfe lediglich instinktgesteuert. Auch Descartes hat behauptet, Menschen würden fühlen und begehren, während alle anderen Tiere geistlose Automaten seien, ähnlich wie ein Roboter oder ein Kaffeeautomat.

> »Wenn ein Mensch einem Hund einen Tritt versetzt, dann erlebt der Hund nichts. Er zuckt ganz automatisch zusammen und jault, genau wie ein brummender Kaffeeautomat, der eine Tasse Kaffee zubereitet, ohne dabei irgendetwas zu fühlen oder zu wollen. Zu Zeiten von Descartes fand diese Theorie breite Zustimmung.«[180]

Doch letztlich weiß jeder, der beispielsweise mit einem Hund zusammenlebt, dass das Unsinn ist. Wenn er seinem Hund einen Essensteller vorstellt, entscheidet dieser sich eindeutig, ob er Hunger hat und ihm das Präsentierte gefällt oder nicht, ebenso wie er sich entscheidet, ob er bei Sturm und Regen hinreichend Lust zu einem Spaziergang im Freien hat.

Natürlich ist das Argument nicht von der Hand zu weisen, dass viele Geschöpfe andere Geschöpfe töten, um sie des eigenen Überlebens wegen zu fressen. Auch der Mensch verfügt über eine Geschichte des Fleischessens von etwa 2,5 Millionen Jahren, deren Beginn mit der Entwicklung von Werkzeugen einherging. Die Haltung von Kühen, Schweinen, Hühnern und anderen Mitgeschöpfen hat eine lange Tradition. Erst Ende des letzten Jahrzehnts aber hat sich eine Massentierhaltung entwickelt, die von einem grenzenlosen Egozentrismus des Menschen bestimmt wird und jedes Mitgefühl vermissen lässt. Allein die Sprache enthüllt eine erschreckende Haltung den Mitgeschöpfen gegenüber. Man spricht von »Fleischindustrie«, »Fleischproduktion«, »Fleischprodukten«, als wenn Autos oder Fahrräder hergestellt würden. Es werden sogenannte »Produktionsketten« aufgebaut, bei denen die Aufzucht der Ferkel, das Mästen der Tiere und schließlich das Schlachten an unterschiedlichen »Produktionsstätten« stattfindet. Die »Schlachtmenge« wird in Tonnen gemessen.

Während die Autoindustrie durchaus daran interessiert ist, dass Besuchergruppen und Schulklassen ihre Arbeitsstätten besichtigen, wird das bei der Fleischproduktion sorgfältig vermieden. Das Schreddern von 55 Millionen Küken im Jahr wird verständlicherweise nicht als besonders schöner Anblick angesehen. Die Klimabelastung durch die Fleischproduktion ist um 40 Prozent höher als die durch den Straßenverkehr und belegt damit den Platz eins der Treibhausgas-Emissionen. In Deutschland stammten 2016 rund 59 Prozent der gesamten Methan- und 80 Prozent der Lachgas-Emissionen aus der Land- und dabei weitestgehend aus der Tierwirtschaft. Beides sind extrem klimaschädliche Gase: Methan ist rund 25-mal und Lachgas rund 300-mal klimaschädlicher als CO_2.[181]

Exkurs: »Es war einmal …« – Das Märchen von Herrn Markt

Es war einmal in einem fernen Land ein sehr bedeutender Mann, der über eine wundersam große Macht verfügte. Man sprach ehrfurchtsvoll von seiner »unsichtbaren Hand«. Er nannte sich schlicht: Herr Markt. Die Kinder in diesem Land lernten schon früh den Markt-Katechismus, in dem die Marktgebote aufgeführt und begründet wurden.

Das 1. Gebot lautete: »Ich bin der Herrscher über die Wirtschaft: Du sollst keine anderen Herrscher neben mir dulden!«

Das 2. Gebot hieß: »Nur beständiges Wachstum sichert den Wohlstand! Wer anderes denkt, ist dumm und verdient nicht, dass man ihm zuhört.«

Das 3. Gebot: »Angebot und Nachfrage bestimmen den Preis!«

Das 4. Gebot: »Der Staat darf sich in den Herrschaftsbereich des Herrn Markt nicht einmischen! (Nur wenn ein Zusammenbruch der Wirtschaft droht, hat er finanzielle Unterstützung zu leisten, damit die Herrschaft des Herrn Markt nicht gefährdet wird.)«

Das 5. Gebot: »Wenn du dich genug anstrengst, wirst auch du auf wunderbare Weise von Herrn Markt profitieren!«

Das 6. Gebot: »Du sollst viel konsumieren! Wenn du noch Geld übrig hast, lass es für dich arbeiten!« (Dazu gab es in dem Markt-Katechismus eine lange Erklärung; denn die Erfahrung hatte gezeigt, dass Kinder nur schwer verstehen, wie Geld arbeiten kann.)

Die Macht von Herrn Markt war so groß, dass selbst die Regierungschefin dieses Landes das Volk dazu aufrief, man solle ihn respektieren und seine Besonderheiten beachten. Vor allem müsse die Politik vermeiden, ihn zu beunruhigen. Denn er reagiere sehr sensibel auf das, was die Politik mache. Deshalb verkündete sie, dass sie selbstverständlich eine »marktkonforme« Politik verfolge und alle Wirtschaftsmaßnahmen ihrer Regierung »marktgerecht« ausfallen würden. Nicht die Politik müsse die Wirtschaft lenken, sondern sie müsse die Märkte überzeugen (man sprach von Herrn Markt gern auch im Pluralis Majestatis).*

Um seinen Einfluss zu sichern, hatte Herr Markt dafür gesorgt, dass Wissenschaftler lukrative Beraterverträge erhielten und Konzernchefs – unabhängig von ihrer faktischen Leistung – mit horrend hohen Gehältern bezahlt wurden. Damit hatte er erreicht, dass die meisten Menschen treu ergeben den Geboten des Herrn Markt dienten und Widerspruch gegen seine Herrschaft nicht aufkam. Wenn seine Weisheit überhaupt mal vorsichtig hinterfragt wurde, gelang es ihm immer in bewundernswerter Art und Weise, diese Stimmen verstummen zu lassen. Als einmal ein Virus das Volk bedrohte und sich in Schlachtbetrieben als besonders erfolgreich zeigte, wurde in einer Talkshow ein Mindestpreis für Fleisch vorgeschlagen. Der Bauernvertreter – dessen Leute von einem solchen Preis profitiert hätten – äußerte nur: »Aber der Markt!« (Langes Schweigen; denn das hieß: Denkverbot!)

Es gab auch noch andere interessante Ereignisse. So hatten sich einmal Kinder und Jugendliche zusammengefunden, die die Forschungsergebnisse unabhängiger Wissenschaftler ernst nahmen: Sie schwänzten immer wieder die Schule, organisierten unter dem Motto »Fridays for Future« Protestmärsche und beklagten, dass die Herrschaft des Herrn Markt in eine Klimakrise führe, die ihnen und ihren Kindern die Zukunft raube. Das war natürlich lächerlich, und Herr Markt verfügte über genügend Vasallen, die die Schülerinnen und Schüler aufforderten, doch erst einmal die Schule zu besuchen und den Katechismus des Herrn Markt zu lernen; die Politiker würden die Probleme schon lösen. Auch gab es Stimmen, die es nicht in Ordnung fanden, dass Herr Markt 85 Prozent der materiellen Güter an eine kleine Gruppe von Gefolgsleuten verteilte, während das Einkommen eines großen Teils der Bevölkerung unter dem Existenzminimum lag.

---

* Zitate aus 32 Reden und Ansprachen von Angela Merkel im Zeitraum von 2008 bis 2014 (nach Ötsch 2019, S. 10).

Und es zeigten sich in seiner Herrschaftszeit auch noch andere Hinweise, die leise Zweifel an seiner Allweisheit und Allmächtigkeit aufkommen ließen. So gab es in diesem Land beispielsweise einmal eine Bankenkrise, in der sein System vollkommen versagte. Doch in dieser Situation zeigte sich seine Klugheit und Schlauheit aufs Trefflichste: Es gelang ihm mit Verweis auf das 4. Markt-Gebot, dem Staat Milliarden an Unterstützungssummen zu entlocken, die sein System vor dem Zusammenbruch bewahrten. Nach kurzer Zeit war seine Herrschaft wiedererstanden, und er brachte es fertig, diese »kleine Schwächeperiode« vergessen zu lassen, ohne dass überflüssige Diskussionen über alternative Wirtschaftskonzepte in nennenswertem Umfang aufgekommen wären. Nur schrecklich naive Menschen – so seine Anhänger – konnten es für möglich halten, dass Wohlstand auch ohne beständiges Wachstum möglich sei. Und so dauerte die Herrschaft des Herrn Markt weiter an. Die Menschen, selbst diejenigen, die unter ihm litten, glaubten weiterhin treu an seine Weisheit. Und wenn sie nicht an einem Crash-down des Systems gestorben sind, leben sie heute noch.

Die Wirtschaft

Im Hoch- und Spätmittelalter findet – wie dargestellt – eine lebhafte Diskussion über den Gemeinnutz statt und es dominiert die Forderung, dass jedwedes wirtschaftliche, soziale oder politische Handeln dem gemeinen Nutzen dienen solle. Dies ändert sich mit dem Erscheinen der Schrift des Leonhard Fronsperger *Von dem Lob deß Eigen Nutzen* im Jahr 1564. Etwa von dieser Zeit an wird der Eigennutz als die Kraft angesehen, die den Menschen motiviert zu handeln.

Gut 200 Jahre später (1776) erscheint das Hauptwerk des schottischen Ökonomen Adam Smith *Der Wohlstand der Nationen*. Smith sieht den Eigennutz als zentrale Triebkraft für den Wohlstand eines Landes: Wer eigennützig handelt, dient indirekt auch der Gemeinschaft. Damit richtet Smith sich gegen die zum damaligen Zeitpunkt noch vorherrschende christliche Ethik, die das Streben nach Reichtum als unmoralisch verurteilt. Angeregt durch den Eigennutz des Einzelnen, so Smith, kann sich das Wirtschaftsgeschehen am Markt entwickeln und wird gleichsam durch eine »unsichtbare Hand« geführt. Der Staat hat lediglich für bestimmte öffentliche Güter und einen Ordnungsrahmen zu sorgen. Auch wenn es inzwischen an diesem Wirtschaftsmodell viel Kritik gibt, die sich von den Wirtschaftskrisen der letzten Jahre bestätigt sieht, dominiert die Idee vom sich selbst regulierenden Markt weiterhin die Wirtschaftswissenschaften. So ist der Wirtschaftsnobelpreisträger Paul Krugman immer noch von der Wirksamkeit makroökonomischer Lenkungsmechanismen überzeugt. Die Politik müsse nur an den richtigen Stellschrauben drehen, um im Bedarfsfall die Konjunktur wieder flottzukriegen.

Mit Adam Smith setzt sich in den Wirtschaftswissenschaften der westlichen Welt ein individualistisches Menschenbild durch. Der Mensch ist danach als eine egoistische Kreatur anzusehen, der es nur um den eigenen Vorteil geht und der dadurch auf wundersame Weise für alle Wohlstand schafft. Als Konsument wählt dieser Mensch immer das, was ihm den größten Nutzen bringt. Als Produzent stellt er das her, was ihm den höchsten Gewinn verspricht. Dieses Leitbild prägt das Wirtschaftsdenken bis in die heutige Zeit.

Dass der Mensch sich auch an anderen Werten orientieren könnte, ist einem solchen Denken fremd.

> »Soziale Eigenschaften und Orientierungen wie Solidarität, Mitgefühl, Verpflichtungen, Rollen oder Gruppennormen (oder ein Handeln im Interesse der Gesellschaft) spielen für die Analyse des Markts und für das Bild des Menschen im Marktfundamentalismus keine Rolle. Hier gilt der Mensch immer als vereinzeltes Individuum, das nur auf seinen Vorteil achtet.«[182]

Dabei besteht in der Wissenschaft zur Menschheitsgeschichte große Einigkeit darüber, dass der enorme zivilisatorische Sprung der Menschheit in den vergangenen 8000 Jahren vor allem mit der Entfaltung von Kooperation, Kommunikation und Empathie zu tun hatte.[183]

Die Vorstellung aber von dem Individuum Mensch als einer egoistischen Kreatur wird heute in den Wirtschaftswissenschaften mit einer überraschenden Absolutheit vertreten. Dabei wird die Tatsache, dass in Mitteleuropa noch zu Beginn des 2. Jahrtausend – wie in den vorangegangenen Kapiteln dargestellt – völlig andere Sichtweisen vorherrschten, ausgeblendet. Sie scheint deshalb gar nicht zu verunsichern. Göpel[184] erweitert den Gesichtskreis und verweist auf den Buddhismus, nach dem Arbeit als etwas gilt, das die Menschen darin unterstützt, ihre Fähigkeiten zu entwickeln. In der westlichen Welt demgegenüber würde Arbeit für Arbeitgeberinnen lediglich Kosten bedeuten, die möglichst zu minimieren seien, während sie für Arbeitnehmerinnen eine Einbuße an Freiheit und Freizeit bedeuten, für die sie durch Lohn entschädigt werden müssten. Anders im Buddhismus: Dort verbindet die Arbeit die Menschen miteinander

> »und verhindert, dass sie sich in Selbstbezogenheit verlieren. Sie stellt zudem Waren und Dienstleistungen her, die für ein menschenwürdiges Dasein nötig und wünschenswert sind. Das Ideal einer solchen Welt wäre damit nicht Produktionssteigerung zu möglichst billigen Preisen, sondern eine so genannte Tätigkeitsgesellschaft zur Sicherung von allgemeinem Wohlergehen. Nicht Automatisierung, sondern menschliches Tun, das durch Technik dort ergänzt wird, wo Personen Entlastung wünschen. ... Arbeit so zu organisieren, dass sie um jeden Preis möglichst viele Güter ausstößt und das möglichst schnell, wäre im buddhistischen Weltbild ein Vergehen, weil es Masse wichtiger nimmt als Menschen, Profite und Produkte wichtiger als Erfahrung und Beziehungen.«

Göpel ergänzt: »Um die Welt neu zu denken, genügt es manchmal schon, nur eine einzige Sache anders zu bewerten als bisher.«

Geld und immaterielle Güter gelten heute in der westlichen, individuumszentrierten Welt als das Maß aller Dinge. Leistungen werden – weitgehend unabhängig von einer sachlichen Bewertung – dann als wertvoll anerkannt, wenn sie hoch honoriert werden. Nur so sind die exorbitanten Gehälter von Managern in der Wirtschaft zu erklären. Und nur so ist zu verstehen, dass die Gesellschaft es in erstaunlichem Maße toleriert, dass die Besitzer erfolgreicher Konzerne Milliarden mit der Arbeit anderer und überhöhten, am Markt aber durchsetzbaren Preisen verdienen. Bill Gates ist ein gutes Beispiel dafür, zumal er die Absurdität seines Vermögens selbst erkannt und es in eine Stiftung eingebracht hat. Auch die Behauptung, nur der Privatsektor sei in der Lage, die für die Wirtschaft notwendige Innovationskraft zu entwickeln, konnte von Mariana Mazzucato[185] aufgrund ihrer Forschungen widerlegt werden: Viele bahnbrechende Innovationen wie beispielsweise das Apple iPhone ebenso wie das Internet, GPS, den Touchscreen und das Spracherkennungssystem Siri hätte es ohne öffentliche Grundlagenforschung nicht gegeben.

Die Jagd danach, das eigene Vermögen immer weiter aufzustocken, auch wenn es bereits unübersichtlich groß ist, (und Abgaben für die Allgemeinheit nach Möglichkeit zu vermeiden), scheint heutzutage nahezu ein Naturgesetz zu sein. Dabei trägt ein Mehr an Geld ab einem bestimmten Kipp-Punkt keineswegs mehr zu größerer Zufriedenheit bei. Dies konnte der Wirtschaftswissenschaftler Richard Easterlin in einer berühmten Untersuchung nachweisen.

> »Er stellte fest, dass ab einem gewissen durchschnittlichen Einkommen pro Kopf die durchschnittliche Zufriedenheit der Menschen nicht mehr anstieg, wenn sich das Einkommen weiter erhöhte. Offenbar gab es einen Punkt, an dem die anfangs verlässliche Verbindung zwischen Pro-Kopf-Zahlen des Bruttoinlandsprodukts und des Bruttoinlandsglücks sich auflöste und noch mehr Wohlstand nicht automatisch zu mehr Lebensqualität führte. Dieser Widerspruch wird nach seinem Entdecker bis heute als Easterlin-Paradox bezeichnet, auch wenn es für alle Nicht-Ökonominnen nicht so wirklich paradox ist, dass immer mehr haben nicht automatisch immer glücklicher macht: Wenn wir genug zu essen, zu trinken und ein Dach über dem Kopf haben, werden gute Gesundheit, intakte Beziehungen, eine erfüllte Beschäftigung und zwischenmenschliche Anerkennung in unserer Bewertung des Lebens natürlich wichtiger.«[186]

Das Fatale für das aktuelle ökonomische Denken besteht im Weiteren darin, dass die Idee des egoistisch orientierten Individuums sich mit der Vorstellung von einer unerbittlich fortschreitenden linearen Zeit verbindet. In dem ökonomischen Denken der heutigen Zeit bedeutet das: Wachstum um jeden Preis! Zwar hat das Wirtschaftswachstum tatsächlich bewirkt, das uns in der sogenannten westlichen Welt reichlich Nahrung, Wohnraum, technische Hilfsmittel, Medizin, Energie und vieles mehr zur Verfügung stehen. Doch genau dieses Wachstum destabilisiert aktuell das ökologische Gleichgewicht des Planeten auf vielfältige Weise und treibt uns in eine Umweltkatastrophe, deren erste Anzeichen inzwischen unübersehbar sind. Denn die Bedingung, die diese Entwicklung ermöglicht hat, existiert nicht mehr: »die Verfügbarkeit eines ganzen Planeten für einen kleinen Teil der Menschheit und sein Wirtschaftssystem«.[187] Trotzdem: Wenn es darum geht, zwischen Wirtschaftswachstum und ökologischer Stabilität und Nachhaltigkeit zu wählen, dann entscheiden sich Politiker, Unternehmensvorstände und Wähler fast immer für das Wachstum.

Den tieferen Grund für diese Tatsache sieht Welzer darin, dass das Wachstumskonzept inzwischen in den basalen Vorstellungen über uns, also in unserem Selbstbild, verankert ist. Die Zwänge zur permanenten Fortentwicklung und Selbstoptimierung seien längst und unbemerkt zum Selbstzwang geworden, und zwar so sehr, dass kaum noch jemand auf die Idee komme zu fragen, wozu das eigentlich gut sei. Der Kaufakt sei inzwischen zu einer (scheinbar) sinnstiftenden Handlung geworden.

> »Und das ist insgeheim das, was den Leuten Angst macht: dass alles sinnlos war, was man sich aufgebaut, worauf man hingearbeitet, wofür man sich vorausentworfen und woran man geglaubt hatte.«[188]

Sinn und Identität würden heute stehen und fallen mit dem Funktionieren des Marktes.

Mitte des 20. Jahrhunderts setzte sich mit dem Bruttoinlandsprodukt eine Kennziffer durch, um dieses Wachstum zu erfassen. Zelik[189] hält diese Wachstumskennziffer für ungeeignet, die Lebensqualität von Gesellschaften zu messen. Er verweist darauf, dass der Club of Rome bereits 1972 konstatiert hat, dass ab einem bestimmten Punkt Wachstum verheerende Folgen für Natur und Gesellschaft hat.

> »Gesellschaftlichen Fortschritt anhand des BIP-Wachstums messen zu wollen, hatte schon immer eine zutiefst irrationale Seite, denn erstens ist nichts damit gewonnen, wenn eine Gesellschaft materiellen Reichtum produziert, dieser der Bevölkerung aber nicht zugänglich ist. ... Zweitens war das Bruttoinlandsprodukt immer schon für jene Arten von Arbeit ›blind‹, die überhaupt erst die Voraussetzung für gutes Leben herstellen – so taucht die überwiegend von Frauen geleistete Sorgearbeit in den Familien ebenso wenig in der Wirtschaftsrechnung auf wie das Engagement von Menschen in ihren Nachbarschaften. Und drittens schließlich erfasst das Bruttoinlandsprodukt zahlreiche negative Effekte als positiv, während es umgekehrt positive Effekte als wachstumsmindernd verbucht. So steigt das Bruttoinlandsprodukt, wenn Gewässer so stark verschmutzt sind, dass Trinkwasser teuer eingekauft werden muss, fällt hingegen, wenn sich weniger Verkehrsunfälle ereignen und Autos nicht repariert werden müssen.«

Bereits Robert Kennedy hat das auf den Punkt gebracht, wenn er sagte: »Das Bruttoinlandsprodukt misst alles außer dem, was das Leben lebenswert macht.«[190]

In den 1990er-Jahren haben die Wissenschaftler Mathis Wackernagel und William Rees die Idee des ökologischen Fußabdrucks entwickelt. Der gibt in Hektar an, wie viel ein Mensch an Natur konsumiert, und vergleicht dies mit der Fläche, die unsere Erde zur Verfügung stellt. In die Berechnung gehen die Äcker und Weiden ein, die für die Ernährung eines Menschen nötig sind, die Grundfläche, die der Mensch für Wohnen und Verkehr nutzt, die Wälder, die für die Aufnahme des von ihm verursachten Kohlendioxids notwendig sind, und vieles andere mehr. Dem wird gegenübergestellt, welche Flächen der

Planet in welcher Form zur Verfügung stellt. Das Ergebnis entspricht der Biokapazität der Erde.

Bis 1970 lag der ökologische Fußabdruck der Menschheit noch innerhalb dessen, was die Erde hergibt. Das änderte sich Mitte der 1970er-Jahre, sodass die Menschheit bei der Natur seitdem auf Pump lebt. Der sogenannte *Earth Overshoot Day*, der Tag, an dem die Menschheit bereits verbraucht hat, was für das ganze Jahr reichen sollte, ist 2021 der 29. Juli. Der *German Overshoot Day* ist 2021 der 5. Mai. Das heißt: Vom 1. Januar bis zum 5. Mai haben die Einwohnerinnen und Einwohner Deutschlands im Durchschnitt so viel von der Natur verbraucht, wie der Planet pro Person im gesamten Jahr erneuern kann.[191]

> »Während der Menschheit lange sehr viel Planet für wenig Mensch gegenüberstand, gibt es heute für immer mehr Menschen immer weniger Planet. Will die Menschheit nicht ihren eigenen Zusammenbruch herbeiführen, muss sie lernen, in einer vollen Welt zu wirtschaften, auf einem einzigen Planeten, mit begrenzten Ressourcen. Das ist die neue Realität.«[192]

Carsten Kaven (2020) hat ein Phasenmodell des Zerfallsprozesses erarbeitet, das ein gestörtes gesellschaftliches Naturverhältnis als Treiber ökologischer Krisen zum Ausgangspunkt nimmt.

> »Die erste Phase bezeichnet die Normalität und die stabile Lebenswelt. Menschen erwarten, dass diese Welt von Dauer ist und zumindest für die folgende Generation Bestand hat. In der zweiten Phase entstehen Risse in der Normalität und die stabile Lebenswelt löst sich teilweise auf. In der dritten Phase sind Menschen aus dem gewohnten Alltag gerissen, die Erwartung an eine stabile gesellschaftliche Umwelt ist erodiert, lange Interdependenzketten lösen sich auf. In der vierten und letzten Phase haben sich Menschen auf einem niedrigeren Niveau wieder gesammelt, als längerfristige gesellschaftliche Folgen finden sich Verteilungskämpfe um Ressourcen und räumliche Segregation.«[193]

Dieser Phasenablauf, der hier sehr vereinfacht referiert worden ist, wird als eine Sequenz verstanden, die sich vielfach wiederholen wird. Das Modell soll Anschlussmöglichkeiten an verschiedene zu erwartende Prozesse bieten. Dabei denkt der Autor an die abnehmende Fähigkeit von Staaten zur Durchsetzung verbindlicher Regeln an den Grenzen ihrer Territorien und an zunehmende Verteilungskämpfe um Ressourcen durch Migrationsbewegungen.

Die Wissenschaft

Mit der Erfindung des Individuums tritt der Mensch aus seiner engen Einbettung in die Natur hervor und stellt sich den Dingen seiner Umwelt gegenüber, die er als Objekte betrachtet und erforscht. Dafür löst er diese Dinge ebenfalls aus ihrem Kontext heraus und betrachtet die Kontextfaktoren eher als Störfaktoren bei seinen Untersuchungen. Dieses Paradigma der Wissenschaft, das noch heute weitverbreitet ist, bewährt sich bei einfachen Systemen wie technischen Geräten und Maschinen, die im Sinne Heinz von Foersters als triviale Maschinen* zu betrachten sind.

Demgegenüber ist dieses Wissenschaftsmodell wenig hilfreich zur Erforschung von komplexen Systemen, wie beispielsweise Lebewesen oder die Natur es sind, die im Sinne von Heinz von Foerster nichttriviale Maschinen darstellen. Bei solchen Systemen gibt es keine lineare Beziehung zwischen einer Einwirkung auf das System und der dadurch ausgelösten Reaktion.

Hinzu tritt, dass auch die Idee, objektiv beobachten zu können – eine Grundlage der Wissenschaft der vergangenen Jahrhunderte –, heute als nicht mehr haltbar angesehen werden muss. Das ist zum einen dadurch bedingt, dass das beobachtende Subjekt keine »tote« Maschine ist, sondern die Erkenntnis nur durch ein die Wahrnehmung prozessierendes Gehirn erfolgen kann. Heinz von Foerster[194] hat das mit dem Satz ausgedrückt: »Objektivität ist die Wahnidee des Menschen, wahrnehmen zu können, ohne selbst daran beteiligt zu sein« (Übers.: R. W.).** Und von Foerster setzt hinzu: Die Bezugnahme auf Objektivität ist gleichbedeutend mit der Abschaffung persönlicher Verantwortung. Darin liegt ihre große Popularität begründet.

Darüber hinaus führt zumindest im atomaren Bereich nach der von Heisenberg 1927 beschriebenen Unschärferelation allein schon die Messung zu einer Veränderung der Energie des gemessenen Teilchens. Das hat im alltäglichen Leben, soweit es den Umgang mit

* Eine »triviale Maschine« ist eine Blackbox mit nur einem inneren Zustand: Bei ihr führt ein bestimmter Input immer zu demselben Output. Eine »nichttriviale Maschine« hat mindestens zwei innere Zustände, d. h., sie liefert auf denselben Input einmal diesen, einmal einen anderen Output. Bei nichttrivialen Maschinen lässt sich mathematisch zeigen, dass es ab einer bestimmten Anzahl innerer Zustände grundsätzlich unmöglich wird herauszufinden, nach welchen Regeln die Maschine aktuell den einen oder anderen Output liefert. Ihr Verhalten ist nicht prognostizierbar, d. h. unberechenbar.

** »Objectivity is a subject's delusion that observing can be done without him.«

nicht lebenden Objekten betrifft, keine bemerkenswerte Bedeutung. Anders im sozialen Bereich: Dort kann ein Beobachter ein anderes Lebewesen prinzipiell nur so weit beobachten, wie dieses sich ihm in der ganz konkreten Situation zeigt. Allein schon aus diesem Grund kann seine Beobachtung niemals als allgemeingültige Beschreibung dieses Lebewesens dienen.

Um 1900 haben Max Planck mit seiner Quantenhypothese und 1905 Einstein mit der speziellen Relativitätstheorie und der dann 1916 abgeschlossenen allgemeinen Relativitätstheorie wichtige Grundlagen der traditionellen Physik infrage gestellt. In der Quantenphysik ist der Zeitpunkt der Beobachtung wichtig. Denn ein Teilchen kann sich an zwei Orten zugleich aufhalten. Und auch die Ursache-Wirkungs-Beziehung, das heißt die Eindeutigkeit der Kausalität, ist nicht immer gewahrt. Je nachdem, wann der Beobachter hinschaut, verhält sich das Elektron, wie es die Alltagserfahrung sagt, oder nach den Gesetzen der Quantenphysik.

Erwin Schrödinger erdachte damals ein berühmt gewordenes Gedankenexperiment: Man stelle sich eine Katze in einer verschlossenen, nicht einsehbaren Kiste vor. Ebenfalls in der Kiste befindet sich eine Tötungs-Apparatur, die vom Zerfall eines radioaktiven Atoms gesteuert wird. Dieser Vorgang läuft komplett zufällig ab. Man kann zwar sagen, wie viele von 1000 Atomen binnen einer Stunde zerfallen werden. Doch es ist unmöglich, die restliche Lebenszeit für ein einzelnes Atom zu bestimmen. In welchem Zustand befindet sich die Katze? Aus der Sicht der Quantentheorie lautet die Antwort: In einer Überlagerung aus den beiden Zuständen »tot« und »lebendig« – also in einem Zustand des Sowohl-als-auch. Doch sobald ein Beobachter die Kiste öffnet, entscheidet sich der Zustand der Katze.

Einstein beschreibt mit der speziellen Relativitätstheorie das Verhalten von Raum und Zeit aus der Sicht von Beobachtern, die sich relativ zueinander bewegen, und erläutert die damit verbundenen Phänomene. Er führt die Gravitation auf eine Krümmung von Raum und Zeit zurück, die unter anderem durch die beteiligten Massen verursacht wird. Konkret hat er dargelegt, dass es von der Geschwindigkeit eines Körpers abhängt, wie schnell eine Sekunde vergeht oder wie lang ein Meter ist. Je schneller man sich bewegt, desto langsamer vergeht die Zeit. Und wie lang ein Stab ist, hängt von der Geschwindigkeit ab, mit der der Stab sich bewegt. Je schneller er sich bewegt, desto kürzer wird er. Beides, Zeit und Länge, ändern sich auch, je nachdem, wie weit man von der Erde entfernt ist. Eine Uhr in einem Satelliten, der hoch über der Erde in der Schwerelosigkeit fliegt, geht langsamer als eine Uhr auf der Erde. Einsteins Theorie besagt zum Beispiel: Wenn von zwei 20-jährigen Zwillingen einer mit einem schnellen Raumschiff auf eine lange Reise geht und dann zurückkommt, ist er langsamer gealtert als der zu Hause Gebliebene. Er ist nur 30 Jahre, sein Zwilling aber 60 Jahre älter geworden.

Beide Theorien, die Quantentheorie und die Relativitätstheorie, sind inzwischen vielfach experimentell bestätigt worden. Und die auf der Quantentheorie basierende Technik hat in Form der Laser von CD-Spielern und der Transistoren jeglicher Elektronik inzwischen Einzug in den Alltag gehalten. Eine wichtige offene Frage allerdings ist die Beziehung zwischen Quantentheorie und allgemeiner Relativitätstheorie. Trotz großer Bemühungen konnten diese großen physikalischen Theorien des 20. Jahrhunderts bisher nicht in einer Theorie der Quantengravitation zusammengefasst werden.

Die Quantentheorie und die Relativitätstheorien haben die klassische Physik ins Wanken gebracht, die auf der Idee der objektiven Beobachtung, eines eindeutigen Ursache-Wirkungs-Denkens und der binären Idee des Entweder-oder basiert. Die Ergebnisse beider Theorien sind für die meisten Menschen heute noch kontraintuitiv und ihrem alltäglichen Erleben fern. Sie haben auch die Forscher selbst zutiefst beunruhigt. Wie weit sie das Denken des zukünftigen Menschen prägen und selbstverständlicher Teil ihres Selbst- und Weltbildes werden, ist heute noch nicht abzusehen.

Die Zeit

1687 hatte Newton geschrieben: »Die absolute, wahre und mathematische Zeit fließt von sich aus und vermöge ihrer eigenen Natur gleichmäßig und ohne Beziehung zu irgendetwas Äußerem.«[195] Diese Vorstellung von der Zeit, von ihrer Irreversibilität und ihrem unerbittlich gleichmäßigen Voranschreiten stellt sich dem Bewusstsein des heutigen Menschen als völlig natürlich und selbstverständlich dar. Aber diese lineare Zeit ist nur eine der möglichen Formen der Zeit. Sie ist auch keineswegs objektiv und einzig richtig, sondern vielmehr eine Konstruktion, die erst im Verlaufe der letzten Jahrhunderte in seiner Stringenz entwickelt und für allgemeingültig erklärt wurde.

Für die Wissenschaft allerdings hat die spezielle Relativitätstheorie diese Vorstellung von einer absoluten Zeit beendet. Durch die Entdeckungen im Zusammenhang mit der Relativitätstheorie musste der newtonsche Begriff einer absoluten, an jedem Ort im Universum gleichen Zeit aufgegeben werden. So beurteilen Beobachter, die sich relativ zueinander bewegen, zeitliche Abläufe unterschiedlich. Das betrifft sowohl die Gleichzeitigkeit von Ereignissen, die an verschiedenen Orten stattfinden, als auch die Zeitdauer zwischen zwei Treffen zweier Beobachter, die sich zwischen diesen Treffen relativ zueinander bewegen (Zeitdilatation). Da es kein absolut ruhendes Koordinatensystem gibt, ist die Frage, welcher Beobachter die Situation korrekt beurteilt, nicht sinnvoll. Man ordnet daher jedem Beobachter seine sogenannte Eigenzeit zu. Ferner beeinflusst die Anwesenheit von Massen den Ablauf der Zeit, sodass diese an verschiedenen Orten im Gravitationsfeld unterschiedlich schnell verstreicht. Damit ist Newtons Annahme, die Zeit verfließe ohne Bezug auf äußere Gegenstände, nicht mehr haltbar.

Für den Physiker Carlo Rovelli[196] gibt es in der Grundlagenphysik keine Zeit, keine Vergangenheit, Gegenwart oder Zukunft. Nach Rovelli erwächst das Erleben von Zeit aus der Erinnerung an Ereignisse, die uns in irgendeiner Weise beeinflusst haben, sodass wir anfangen, Geschichten über unser Leben zu erzählen, die einem Zeitverlauf folgen. Wenn man schon einmal erlebt hat, wie vier Zeugen eines Unfalls den Hergang auf vier unterschiedliche und kaum zu vereinbarende Weisen schildern, weiß man, dass die Vergangenheit nicht feststeht. Aber auch innerhalb einer Person ist das zu beobachten: Wer kennt es nicht, dass er ein und dasselbe Lebensereignis zu unterschiedlichen Zeitpunkten (= zu unterschiedlichen Gegenwarten) sehr unterschiedlich erinnert und bewertet. Daraus folgt: Jede Gegenwart hat ihre ganz eigene Vergangenheit. Das, was geschehen ist, wird auf immer wieder andere Weise neu gegenwärtig und bekommt neue Bedeutungen. Ob also eine schwierige Kindheit, der Konkurs des Unternehmens, das gelungene Teamprojekt oder die Umstrukturierung als Schaden oder als Nutzen gewertet werden, so Rovelli, hängt von der Perspektive der jeweiligen Gegenwart und des jeweiligen Beobachters ab. Die Paradoxie der Zeit bedingt also, dass es immer Kommunikationsbedarf über Zahlen, Daten, Fakten gibt, weil diese nicht einfach vorliegen.

Im Bewusstsein des durch die Idee des Individuums geprägten heutigen Menschen allerdings spielt das lineare Zeitgefühl mit Vergangenheit, Gegenwart und Zukunft noch eine sehr große Rolle. Die Zeit bestimmt in hohem Maße sein Leben. Er versucht, die Zukunft zu planen und zu gestalten. In der Gegenwart wird die Zeit häufig als Antreiber empfunden, die ihn durch den Tag hetzt und von der er nie genug hat. Dieses Erleben, niemals wirklich Zeit zu haben, steht in bemerkenswertem Widerspruch dazu, dass der Mensch in kaum einer anderen Epoche über so viel arbeitsfreie Zeit verfügen konnte wie heute. Aber da das Individuum zyklische Zeitvorstellungen verbannt hat, gerät es zwangsläufig in die Diskrepanz zwischen der linearen Zeit und dem Erleben seiner persönlichen Lebenszeit und Lebenskraft. »Das Bild also, nach dem der einzelne sein Leben entwerfen zu müssen lernt, passt nicht zu dem, was das Leben mit ihm macht.«[197] Dieser Widerspruch hält ihn ständig in Spannung.

Nicht zuletzt bewirkt die lineare Zeitvorstellung auch die Neigung des Menschen der westlichen Welt, die Zukunft ständig als eine verbesserte Version von Vergangenheit und Gegenwart zu betrachten. Sie untermauert dadurch den Mythos der Wirtschaftswissenschaften von ständigem Wachstum und Fortschritt.

Goethe hat in seinem Lebenswerk *Faust* sehr eindrucksvoll diesen Menschen des Zeitalters des Individuums dargestellt, der ständig denkt und studiert, fragt und erkundet, sucht und forscht, ohne Rast und Ruhe das Ziel der Welterkenntnis verfolgt. Faust zweifelt selbst, dieses Ziel zu erreichen. Er geht eine Wette (nicht einen Pakt) mit Mephisto ein und bietet dem Teufel an: »Werd' ich zum Augenblicke sagen: / Verweile doch! Du bist so schön! / Dann magst du mich in Ketten schlagen, / Dann will ich gern zugrunde gehn!«[198] Faust ist sich sehr sicher, dass er diese Wette nicht verliert. Denn angetrieben von einer diffusen Sehnsucht nach einem letztlich unerreichbaren Ziel kann er sich ein Verharren oder eine letztendliche Zufriedenheit nicht vorstellen.

> »Goethes Faust-Spiel dient nicht zur Illustration moralischer Lehrsätze, sondern thematisiert, was geschieht, wenn sich der neuzeitliche Mensch mit seinem radikalen Anthropozentrismus an die Stelle Gottes setzt. Die negativen Auswirkungen einer zunehmenden Herrschaft des Menschen über die Natur und den mit ihr verbundenen technischen Fortschritt hat Goethe vorausgesehen.«[199]

Zusammenfassung

Auch in der heutigen Zeit zeigt sich eine große Unruhe und Verunsicherung. Die Globalisierung und die Wahrnehmung der Komplexität gesellschaftlichen, politischen und wirtschaftlichen Handelns lassen alte Sicherheiten zerbrechen. Die Ungleichheit des Wohlstands in allen europäischen Ländern, vor allem aber weltweit, verstärkt das Erleben, dass die Dinge nicht in Ordnung sind. Rechtes Gedankengut breitet sich aus, sucht das Heil in einem Zurück zu nationalistischen Ideen, bietet mit Fremdenfeindlichkeit eine Projektionsfläche für die Verunsicherung und weckt Bewunderung für autokratische politische Führer.

Auf der anderen Seite ist ein Hyperindividualismus zu beobachten, bei dem es nur noch um die Durchsetzung der eigenen Interessen geht. Die Wirtschaftswissenschaften bauen mit einer überraschenden Absolutheit auf die Vorstellung des Individuums Mensch als einer egoistischen Kreatur. Das Eigeninteresse der Individuen wird als Motor eines ständigen Wirtschaftswachstums betrachtet. Seit Jahrzehnten zur Verfügung stehende Forschungsergebnisse, die deutlich machen, dass ein »Weiter so« die Bewohnbarkeit des Planeten durch den Menschen in Gefahr bringt, werden in erstaunlicher Weise nicht zur Kenntnis genommen oder bagatellisiert.

Offensichtlich ist die Faszination des Individuums durch sein Selbstbild als gottgleichem Gestalter der Welt so groß, dass er die mehr als deutlichen Anzeichen der selbst ausgelösten Bedrohungen nicht ernst zu nehmen vermag. Es ist zu befürchten, dass sich das nur ändern wird, wenn es dem Menschen gelingt, ein neues Selbst- und Weltbild für die Zukunft zu erfinden.

4 Aufbruch in eine unbekannte Zukunft – Gedanken zu einem zukünftigen Selbst- und Weltbild des Menschen

Wir müssen uns entscheiden

»In Momenten der Krise brauchte man konkrete Antworten für konkrete Probleme. Man muss aber auch immer wissen, in welche Richtung man sich bewegen will, und dafür wiederum benötigt man gesellschaftliche Entwürfe, die über das Bestehende hinausreichen. ... Über solche Gegenentwürfe der Solidarität, der Gleichheit, der Demokratie und der Sorge um das Leben müssen wir reden.«[200]

Die große Frage unserer Zeit lautet: Warum werden die Veränderungen, die notwendig sind, damit auch unsere Nachkommen das Leben auf unserem Planeten noch lebenswert erfahren und gestalten können, nicht oder nur extrem zögerlich angefasst? Die dafür notwendigen wissenschaftlichen Erkenntnisse liegen vor und werden von den zu beobachtenden Entwicklungen bestätigt. Aber von Aufbruch ist noch nichts zu spüren. Meine Überzeugung lautet: Solange die von der europäischen Kultur geprägten Menschen an ihrem gottgleichen Selbstbild und der Überzeugung festhalten, die Welt nach ihren Wünschen gestalten und formen zu können, solange sie den anderen eher als Konkurrenten, denn als Partner verstehen, werden sie die notwendigen Veränderungen nicht in Angriff nehmen. Entweder stellen sie sich der aktuellen Krise und erkennen, dass ein neues Selbst- und Weltbild viele Vorteile und Chancen für die Gemeinschaft und den Einzelnen in dieser Gemeinschaft bietet, oder sie werden warten, bis ein globaler Zusammenbruch des Ökosystems Erde sie bzw. ihre Enkel und Urenkel dazu zwingt, diesen Schritt unter wahrscheinlich großen Schmerzen und Entbehrungen zu gehen.

In welcher Weise die Erfindung des Individuums das grundlegende Selbst- und Weltverständnis des Menschen, sein Denken, Fühlen und Handeln und damit seinen Umgang mit anderen Menschen, mit den anderen Tieren und mit dem Planeten als Ganzem geprägt hat, ist – so hoffe ich – im Vorangegangenen deutlich geworden. Dabei handelt es sich ja tatsächlich nur um eine Idee, die im 11. bis 12. Jahrhundert neu in die Welt kam – wenn man genau hinschaut: um eine

Fiktion, die allem vernünftigen Denken ebenso widerspricht wie den neueren neurobiologischen Erkenntnissen. Denn der Mensch als Individuum ist nicht lebensfähig. Sein wichtigstes Organ, sein Gehirn, kann sich nur in sozialen Kontakten entwickeln, und die braucht es über nahezu zwei Jahrzehnte. Und auch in seinem weiteren Leben ist der Mensch existenziell auf den anderen angewiesen. Bertolt Brecht[201] beschreibt das unter dem Gesichtspunkt der zwangsläufigen Wechselseitigkeit der Beziehung beispielsweise von »Herr« und »Knecht« mit dem schlichten Satz: »Denn die kleinste gesellschaftliche Einheit ist nicht der Mensch, sondern zwei Menschen.«

Und Norbert Elias stellt in seiner Figurationssoziologie die Vorstellung des aus seinen sozialen Beziehungen analytisch herauslösbaren und in sich abgeschlossenen Individuums konsequent infrage. An dessen Stelle tritt bei ihm ein Prozess-Modell, das von der Annahme ausgeht, dass der Mensch sich mit und in den sozialen Beziehungen, in denen er sich vorfindet, verändert.[202] Insofern ist auch die traditionell statische Idee des Menschen mit festen Charaktereigenschaften eine Fiktion. Richard David Precht formulierte 2008 nicht zufällig das bestverkaufte Sachbuch in Deutschland unter dem Titel *Wer bin ich – und wenn ja wie viele?* – eine Formulierung, von der manche behaupten, er habe sie bei Woody Allen geklaut.

Natürlich kann niemand heute sagen, welches Verständnis von sich und seiner Umwelt die Menschen in Zukunft erfinden oder entwickeln werden, das heißt: wie Menschen in 200 Jahren über sich und ihre Beziehung zu ihrer Umwelt denken werden. Es ist ein Weg in ein unbekanntes Terrain. Insofern gleichen wir den Menschen im 11. und 12. Jahrhundert. Wir brauchen eine neue Sicht auf uns und die Umwelt, in der wir leben. Weiterzumachen wie bisher, ist keine Option. Veränderungen treten in jedem Fall ein. Wir müssen uns deshalb fragen, welche Veränderungen wir wünschen, und diese Veränderungen dann vollziehen nach dem Motto Gandhis: »Sei du selbst die Veränderung, die du dir wünschst für diese Welt.« Aber für welche sollen wir uns entscheiden?

Viele große Denker haben das Problem der Entscheidungen beschrieben, das Ortmann[203] in den Satz fasst: »Entscheidungen sind genau dann nötig, wenn gute Gründe *fehlen*. Das macht aus *vernünftigen* – gut begründeten – Entscheidungen ein Paradoxon.« Heinz von Foerster[204] sieht diese Situation als den klassischen Fall einer *unentscheidbaren* Frage, die wir entscheiden müssen und für deren

Entscheidung wir die Verantwortung zu übernehmen haben. Dies ist für ihn die Grundlage einer ethischen Haltung. Er formuliert diese Paradoxie in dem Satz: »Nur *die* Fragen, die im Prinzip unentscheidbar sind, können wir entscheiden.« Und er erläutert:

> »Warum? Einfach, weil die entscheidbaren Fragen schon entschieden werden durch die Wahl des Rahmens, in dem sie gestellt werden, und durch die Wahl von Regeln, wie das, was wir ›die Frage‹ nennen, mit dem, was wir als ›Antwort‹ zulassen, verbunden wird.«

Das heißt: 2 + 2 = ? ist eine entscheidbare Frage, weil sie schon entschieden ist. Wenn wir aber über prinzipiell unentscheidbare Fragen entscheiden, haben wir die Freiheit. »Wir haben die Wahl, wer wir werden möchten, wenn wir über prinzipiell unentscheidbare Fragen entscheiden.« Aber: »Mit dieser Freiheit der Wahl haben wir die Verantwortung für jede unserer Entscheidungen übernommen.«*

Um solche unentscheidbaren Fragen entscheiden zu können, benötigen wir Ideen und Visionen, deren Brauchbarkeit oder Unbrauchbarkeit sich nur schwer vorhersehen lassen, sondern die sich erst in dem anstehenden Klärungsprozess als nützlich oder weniger nützlich erweisen werden. Einige Ideen dazu, die Mosaiksteine eines zukünftigen Selbst- und Weltbildes des Menschen werden könnten, sollen im Folgenden vorgestellt werden. Darüber ist zu reden und zu streiten. Aber nicht nur das Reden und Streiten steht an, sondern vor allem auch das Handeln. Wir müssen unentscheidbare Fragen entscheiden und danach handeln. Für diese Entscheidungen müssen wir Verantwortung übernehmen, die uns niemand abnehmen kann.

Der Mensch – ein Beziehungsgeschöpf

»Es gibt Anlass zur Hoffnung, dass wir vor einer globalen Transformation des Bewusstseins stehen. ... Soweit das relationale Wohlergehen im Mittelpunkt unserer Anstrengungen steht, nähern wir uns einer lebensfreundlichen Zukunft.«
Bateson 1983, S. 423

* Eine solche ethische Haltung wünscht sich Heinz von Foerster für seinen Sprachgebrauch (a. a. O., S. 68 f.): »Ich möchte Sprache und Handeln auf einem unterirdischen Fluss der Ethik stehen lassen und darauf achten, dass keines der beiden untergeht, so dass Ethik nicht explizit zu Wort kommt und Sprache nicht zur Moralpredigt degeneriert.«

Menschen sind wie alle Lebewesen Beziehungsgeschöpfe, deren Denken, Fühlen und Handeln immer nur im Kontext ihrer jeweils wichtigsten Bezugspersonen zu verstehen ist. Luhmann[205] schreibt dazu:

> »Faktisch ist denn auch eine Handlung nie voll durch die Vergangenheit des Einzelmenschen determiniert. Zahlreiche Untersuchungen haben die Grenzen der Möglichkeit psychologischer Handlungserklärung aufgedeckt. Zumeist dominiert ... die Situation die Handlungsauswahl. Beobachter können das Handeln sehr oft besser auf Grund von Situationskenntnis als auf Grund von Personenkenntnis voraussehen, und entsprechend gilt ihre Beobachtung von Handlungen oft, wenn nicht überwiegend, gar nicht dem Mentalzustand des Handelnden, sondern dem Mitvollzug der autopoetischen Reproduktion des sozialen Systems. *Und trotzdem wird alltagsweltliches Handeln auf Individuen zugerechnet (Hervorhebung i. O.).* Ein so stark unrealistisches Verhalten kann nur mit einem Bedarf für Reduktion von Komplexität erklärt werden.«

Menschen sind in aller Regel Mitglieder mehrerer Systeme, von denen aber zumeist eines – heute zweifellos noch die Familie, in welcher Konstellation auch immer – von besonderer Bedeutung ist. Gemeinsam mit den anderen Mitgliedern dieser Systeme vollziehen sie eine Koevolution, eine gemeinsame Entwicklung. Jedes Mitglied bringt in diesen Prozess die eigene Lebensgeschichte ein, die in wechselseitigen Interaktionen fortgeschrieben wird. Dabei beeinflusst jedes Mitglied die anderen Mitglieder, wie es von diesen auch wieder selbst beeinflusst wird. Alle sind innerhalb eines solchen Systems an dem Verhalten des anderen beteiligt – auch wenn es ein sehr unerwünschtes Verhalten sein sollte. Das heißt: Das Verhalten des Einzelnen stellt immer wesentlich eine Gemeinschaftsleistung dar. Damit ist es aber nur bedingt dem Einzelnen zurechenbar.

Natürlich ist auch bislang schon immer der Einfluss von Kontextbedingungen auf das Verhalten der Einzelperson beschrieben und untersucht worden. Doch das geschah nach »altem« Denken, wonach die Kontextbedingungen als linear-kausale, wenn auch nach Ausmaß ihrer jeweiligen Auswirkungen sehr unterschiedlich stark wirkende Ursachen für das Denken, Fühlen und Handeln des Einzelnen angesehen wurden. Das hier skizzierte systemisch-ökologische Verständnis folgt demgegenüber einer gänzlich anderen Idee, nach der das Verhalten des Einzelnen nicht in seiner Person, sondern in seinen Beziehungen lokalisiert ist.

> »Es ist wichtig, die besondere Äußerung oder Handlung als *Teil* des ökologischen Subsystems, das als Kontext bezeichnet wurde, anzusehen, und nicht als Produkt oder Auswirkung dessen, was vom Kontext übrigbleibt, nachdem das Stück, was wir erklären wollen, aus ihm herausgeschnitten wurde.«[206]

Und Olthoff[207] formuliert:

> »Unser Geist (ist) nicht an einem bestimmten Punkt im Körper verortet, sondern er realisiert sich in einem Interaktionsnetzwerk, in dem das Individuum Beziehungen zu seiner Umwelt unterhält, d. h. zu Familienmitgliedern, zur Gesellschaft, zum Universum. ... Das Selbst ist nicht auf den Körper einer Person begrenzt, sondern ist Teil zahlreicher miteinander zusammenhängender Interaktionsprozesse.«

Auch die Idee eines objektiven Selbst, also einer festen Persönlichkeit mit klar umschriebenen und angeborenen Eigenschaften, ist aus den dargestellten Gründen schwer haltbar. Dafür sprechen zwei Überlegungen: Zum einen kann das für den einzelnen Menschen charakteristische Verhalten je nach Systemkontext durchaus unterschiedlich sein. So bestimmen beispielsweise Erwartungserwartungen (»Ich erwarte, dass meine Frau von mir erwartet ...«) in hohem Maße das Verhalten des einzelnen Menschen. Das ist nicht banal. Denn durch die Orientierung an Erwartungserwartungen wird in einem bestimmten System eine gewisse – wenn auch keineswegs hundertprozentige – Sicherheit in wichtigen Beziehungen erreicht. Zum anderen ist an jeder Wahrnehmung ein Beobachter beteiligt, der, wie im vorangehenden Kapitel bereits dargestellt, keineswegs objektiv *wahr*nehmen kann. Der Beobachter ist an diesem Geschehen beteiligt, sodass seine Beobachtung über ihn letztlich genauso viel aussagt wie über den Beobachteten. (Der Beobachter kann allerdings in einer Gruppe Mehrheitsentscheidungen herbeiführen, sodass seine Beobachtung dann in dieser Gruppe möglicherweise als »wahr« klassifiziert wird.) In entsprechender Weise sind Empfindungen wie Liebe oder Feindschaft, Vertrauen oder Furcht als Beziehungsmuster zu verstehen, die in bestimmten Systemkonstellationen herausgebildet werden.

Gregory Bateson[208] wählt die Metapher von

> »zwei Augen, von denen jedes eine monokulare Sicht des Geschehens gibt, beide zusammen aber ein binokulares und tiefes Bild entstehen lassen. Diese doppelte Sicht *ist* die Beziehung. Eine Beziehung existiert

nicht innerhalb einer Person. Es ist Unsinn, von ›Abhängigkeit‹, ›Aggressivität‹ oder ›Stolz‹ und so weiter zu reden. Alle diese Worte haben ihre Wurzeln in dem, was zwischen Personen vor sich geht, und nicht in irgendeinem Innerhalb einer Person, was es auch sein mag. ... Eine solche Erklärung, welche die Aufmerksamkeit vom zwischenmenschlichen Bereich auf eine künstliche innere Tendenz, auf ein Prinzip, einen Trieb oder was immer verlagert, ist meiner Ansicht nach ganz großer Unsinn, der nur die tatsächlichen Probleme verschleiert. Will man etwa über ›Stolz‹ reden, dann hat man es mit zwei Personen oder Gruppen oder mit dem zu tun, was sich zwischen ihnen abspielt. A wird von B bewundert; As Bewunderung ist bedingt und kann in Verachtung umschlagen. Und so weiter. Dann kann man eine besondere Art des Stolzes definieren, indem man sich auf ein besonderes Interaktionsmuster bezieht. Das nämliche gilt für ›Abhängigkeit‹, ›Mut‹, ›passiv-aggressives Verhalten‹, ›Fatalismus‹ und ähnliches. *Alle* charakterologischen Adjektive müssen so reduziert oder erweitert werden, dass sie ihre Definitionen von Mustern des Austauschs herleiten, d. h. von Kombinationen doppelter Beschreibungen.«

Nimmt man diese Erläuterung ernst, kommt es zu einer »Auflösung der Kategorie des Selbst«, wie Gergen[209] es formuliert.

»Man kann nicht immer sicher ermitteln, was es heißt, eine bestimmte Person – männlich oder weiblich – oder sogar eine Person überhaupt zu sein. Während die Kategorie der individuellen Person aus dem Blickfeld weicht, rückt das Bewusstsein der Konstruktion in den Brennpunkt. Wir erkennen zunehmend, dass wer und was wir sind, nicht so sehr das Ergebnis unseres ›persönlichen Wesens‹ (wahrer Gefühle, tiefer Überzeugungen und dergleichen) ist, sondern dessen, wie wir in unterschiedlichen sozialen Gruppen konstruiert sind. ... Beziehungen machen das Selbstkonzept möglich. Dinge, die vorher der Besitz des individuellen Selbst waren – Autobiografie, Gefühle und Moral –, werden zum Besitz von Beziehungen. Wir scheinen allein dazustehen, sind aber Manifestation der Bezogenheit.«

Gergen hat seine wissenschaftliche Arbeit – wie er im Prolog zu seinem jüngsten Buch *Die Psychologie des Zusammenseins* formuliert – ganz dem Versuch gewidmet, menschliches Handeln so zu beschreiben, dass die Prämisse, jedes Individuum sei in sich abgeschlossen, durch ein Bild der Bezogenheit ersetzt wird.

»Damit meine ich nicht Beziehungen zwischen ansonsten voneinander unabhängigen Individuen, sondern vielmehr einen Prozess der

> Koordination, der dem ganzen Konzept des Selbst vorausgeht. Mein Anliegen ist es, darzulegen, dass faktisch jede sinnvolle Handlung aus dem fortlaufenden Prozess der Bezogenheit entsteht, aufrechterhalten und/oder beendet wird. Von diesem Standpunkt aus betrachtet gibt es kein isoliertes Selbst oder vollkommen private Erfahrungen. Wir leben vielmehr in einer Welt der Ko-Konstitution. Wir sind immer schon das Ergebnis von Beziehungen; wir können nicht aus Beziehungen heraustreten; selbst in unseren persönlichsten Momenten sind wir nie allein. Darüber hinaus, so werde ich ausführen, hängt das zukünftige Wohlergehen des Planeten entscheidend davon ab, in welchem Ausmaß wir in der Lage sind, statt Individuen oder Gruppen den schöpferischen Prozess der Bezogenheit zu fördern und zu schützen.«[210]

Gergen selbst weiß um die Herausforderung, die sein Konzept darstellt, und er warnt seine Leserinnen und Leser:

> »Die hier vorgeschlagene beziehungszentrierte Alternative zum traditionellen Bild des Selbst wird Ihnen Unbehagen bereiten. Eine kritische Auseinandersetzung mit dem Selbst hat weitreichende Konsequenzen.«[211]

Ein systemisch-ökologisches Denken erscheint als ein guter Weg der Annäherung. Ich selbst bin gemeinsam mit meinen Kolleginnen und Kollegen durch unsere systemtherapeutische Arbeit mit Familien und in ihrem Verhalten auffälligen Kindern in dieses Denken hineingewachsen. Denn eine der grundlegenden systemtherapeutischen Ideen ist die Überzeugung, dass auch das Symptom oder die psychische Störung nicht in der Person des identifizierten Patienten verortet ist, sondern in den Beziehungen seines relevanten Umfeldes – im Falle von Kindern und Jugendlichen und auch sonst in den meisten Fällen in den Beziehungen seiner Familie. Der identifizierte Patient ist auch nicht nur Opfer, sondern Mitgestalter. Denn die einzelne Person beeinflusst das jeweils relevante System – wenn auch natürlich in je nach Einzelfall unterschiedlich starkem Maße –, wie das System die Person beeinflusst und ihren Verhaltensspielraum (im soziologischen Sprachgebrauch: ihren Möglichkeitsraum) bestimmt. Dies geschieht in einem koevolutiven Prozess, sodass es nicht möglich ist, einen Teil des Systems – beispielsweise die Mutter oder den Vater – als Verursacher des Verhaltens eines anderen Systemmitglieds zu betrachten. Daraus folgert für Beratung und Therapie, dass in einem therapeutischen Kontext – wie Olthoff[212] es beschreibt – das Ziel nicht darin besteht, »einen Gegensatz zwischen mir und dem/der Anderen aufzuzeigen, sondern auf Themen der Solidarität, der Zusammenarbeit, des Schutzes und der Liebe zu fokussieren«. Sobald es uns gelungen ist, die Familien für diese Sichtweise zu gewinnen, gelingen zumeist rasche und nachhaltige Therapieerfolge. Denn jedes Mitglied des Familiensystems kann durch eigene Verhaltensänderungen die Koevolution in Gang setzen, an deren Ende nicht mit Sicherheit, aber mit großer Wahrscheinlichkeit ein innerfamiliäres Zusammenspiel ohne das vorgestellte Problemverhalten steht.

Das Beziehungsgeschöpf Mensch wird in Zukunft ein Bewusstsein für seine Verknüpfung mit anderen Menschen entwickeln. Dies ist die Grundlage dafür, den anderen als andersartig zur achten und diese Andersartigkeit zu würdigen, auch wenn sie den eigenen Vorstellungen widerspricht. Die eigene Würde gebietet es, den anderen grundsätzlich als sich selbst organisierendes Subjekt zu betrachten und nicht mehr als ein Objekt, das es zu manipulieren und zum eigenen Vorteil auszunutzen gilt. Das Bewusstsein dafür, ein Beziehungsgeschöpf zu sein, lässt eine Haltung der Zusammenarbeit und der Solidarität entstehen, schafft ein Erleben von Gemeinsamkeit und gemeinschaftlichen Aufgaben, einen Sinn für wechselseitigen Schutz und – wenn es gut kommt – für Liebe.

Wird an diesem Punkt der Überlegungen die Frage gestellt, welches Menschenbild zum derzeitigen Zeitpunkt an die Stelle der Sicht auf den Menschen als Individuum treten könnte, soll als erster Versuch der Vorschlag gemacht werden, den Menschen als ein »multivariantes bezogenes System« zu betrachten. Die Bestimmungsmerkmale sind folgendermaßen zu erläutern: Der Begriff *multivariant* bezeichnet die Gesamtheit der unterschiedlichen, ständig aufeinander einwirkenden Vorgänge und Veränderungen, die keinen Anfang und kein Ende (und damit auch kein Ziel) haben. Der Begriff der *Bezogenheit* beschreibt die Angewiesenheit des Menschen auf andere und ihre wechselseitige Abhängigkeit. Und der Ausdruck *System* beschreibt die Vielzahl der inneren Anteile (Teilpersönlichkeiten) des einzelnen Menschen, die zum einen im Verlaufe des Entwicklungsprozesses und zum anderen je nach Kontext in unterschiedlicher Weise in Erscheinung treten. Das Erleben einer Identität des Systems über die Zeit wird dadurch erreicht, dass der Mensch ein Narrativ über seine Lebensgeschichte erzählt und je nach Bedarf fortlaufend verändert.

Viele Philosophien der vergangenen Jahrhunderte haben sich auf eine atomistische und körperlose Auffassung des Subjekts gestützt, die Natur zu einem bloßen Schauplatz der Geschichte gemacht und den Menschen als Herrschenden auf diesem Planeten gedacht. Dem werden derzeit unterschiedliche Alternativen entgegengesetzt. So hat die Philosophin Corine Pelluchon, Professorin an der Universität Gustave Eiffel bei Paris, eine Philosophie der Körperlichkeit und des Empfindens entwickelt, die den Blick auf den Menschen als ein Lebewesen in den Mittelpunkt stellt, das sich in seiner Umwelt ernährt. Eine solche Philosophie

> »offenbart die Transitivität des Lebens, das auf das andere ausgerichtet ist, und den relationalen Charakter unserer Existenz, die aus und in Beziehungen besteht: Leben in diesem Sinne heißt ›leben von‹ und ›leben mit‹, es heißt etwa, sobald man etwas isst oder einen Raum einnimmt, eine Auswirkung auf andere zu haben, auf menschliche wie auf nichtmenschliche andere Lebewesen.«

Pelluchon betrachtet diesen philosophischen Ansatz als Grundlage für neue Umweltwissenschaften und das demokratische Projekt eines ökologischen Wandels, dessen vier Säulen der Schutz der Biosphäre, die Gesundheit, die Gerechtigkeit und die Achtung der Tiere seien. Er umfasse darüber hinaus

> »eine soziale Dimension, in der sich die Frage einer gerechten Ressourcenverteilung und der Neuorganisation der Arbeit stellt, und eine geistige Dimension, in der wir unsere Vorstellungen vom Sinn unseres Lebens und der Rolle, die die Natur und die anderen Lebewesen dabei spielen, neu gestalten müssen.«

Das Bewusstsein für ein solches Leben im Sinne von »Leben von«, »Leben mit« und »Leben für« beinhaltet ein neues Selbst- und Weltbild des Menschen und einen neuen Wertekanon, der zeigt, was uns als Beziehungswesen wichtig ist und in welcher Gesellschaft wir leben wollen.

Corine Pelluchon ist der Überzeugung, dass eine Philosophie des »Lebens von« unser Mit-der-Welt-und-den-anderen-Sein offenbare.

> »Wenn wir die Politik auf dem genussfähigen und gezeugten Cogito begründen, auf dem sozialen und körperlichen Menschen in seiner Vernunft, dann rütteln wir am anthropologischen und ethischen Fundament des Liberalismus, ohne die demokratischen Institutionen zu gefährden. Der Schutz der Biosphäre und die Sorge um die Lebens-

> bedingungen künftiger Generationen und der Tiere werden aus dieser Perspektive zu neuen Staatsaufgaben. ... Eine solche Philosophie der Nahrung und Ernährung eröffnet den Weg zu einer Politik, deren Ziel es ist, dass alle Menschen sich entfalten können, und die eine gemeinsame Welt bewahren will.«[213]

Eine Ahnung darüber, wie solche Ideen der Bezogenheit die Vorstellung von Glück beeinflussen könnten, vermittelt die Psychologieprofessorin Yukiko Uchida, wenn sie über ihr Forschungsthema spricht, was Menschen in den unterschiedlichen Regionen der Welt unter Glück verstehen. Für Menschen aus ihrem Heimatland Japan seien beispielsweise die westlichen Überzeugungen, dass Glück eine fantastische Sache sei und man im Zustand des Glücks gewissermaßen die Welt aus den Angeln heben könne, recht abwegige Vorstellungen. Glück werde eher als etwas Vergängliches angesehen und auch als Gefahr, weil man dadurch den Neid der anderen auf sich ziehen könne. Das Glückskonzept der Japaner bezeichnet sie auf Deutsch als »Zusammenglück«, im Englischen als *interdependent happiness.*

> »Das erlebt jemand, der glaubt, dass es den Menschen in seinem Umkreis gut geht. Dass sie einen wertschätzen. Wenn man das Gefühl hat, dass man die Menschen in seinem Umfeld ein bisschen glücklicher macht. Dass man im Alltag keine allzu großen Ängste empfindet. Und dass man seine Ziele verfolgen kann, ohne anderen damit zu schaden.«

Geld spiele natürlich in Japan auch eine Rolle. »Aber es geht nicht darum, Milliardär zu werden. Es genügt, wenn man ungefähr genauso viel besitzt wie seine Nachbarn.«[214]

Wie im vorangegangenen Teil dargestellt, kritisiert bereits Goethe mit seinem Lebenswerk *Faust* den aufgeklärten Modernismus und stellt ihn als tragisch dar –

> »es sei denn, dass wir die richtige Lösung finden. Aber für Goethe gibt es immer noch die Hoffnung, dass wir das schaffen werden. Das paradiesische Land, das Faust am Ende seines Lebens beschreibt, ist nichts anderes als die Vision ... einer Gesellschaft, wo alle Menschen zusammenarbeiten, um die Erde neu zu gestalten.«[215]

Am Ende des zweiten Teils des Werkes hält Faust, mittlerweile hundert Jahre alt und blind, die lärmenden Lemuren, die ihm das Grab schaufeln, für seine Arbeiter, die einen Deich errichten sollen, mit dem er dem Meer Land für Besitzlose abgewinnen will: »Eröffn' ich Räume vielen Millionen, / Nicht sicher zwar, doch tätig frei zu wohnen« (11563–11564) [...] Solch ein Gewimmel möcht' ich sehn, / Auf freiem Grund mit freiem Volke stehn« (11579–11580). Im Streben nach dem »höchsten Dasein« hat Faust seinen Egoismus überwunden. Er will nun seine Fähigkeiten für das Wohl der Bedürftigen einsetzen, von denen viele Millionen existieren. Mit dieser späten Sinnfindung kann Faust sich endlich akzeptieren und ist sich sicher, durch eine solche Großtat der Nachwelt im Gedächtnis zu bleiben. Glücklich bekennt er:

> »Zum Augenblicke dürft' ich sagen: / Verweile doch, du bist so schön! / Es kann die Spur von meinen Erdentagen / Nicht in Äonen untergehn. – Im Vorgefühl von solchem hohen Glück / Genieß' ich jetzt den höchsten Augenblick« (11581–11586).

Die Unmöglichkeit gezielter Instruktionen

Menschen sind wie alle Tiere komplexe Systeme, und auch unser Planet Erde stellt ein komplexes System dar. Für alle solchen Systeme gilt, dass sie nicht durch irgendwelche Interventionen zielsicher beeinflusst werden können. Die auf sie ausgerichteten Interventionen stoßen mit hoher Wahrscheinlichkeit Veränderungen an. Es ist aber nicht sicher vorauszusagen, welche Veränderungen das sind. Möglich sind allerdings Annahmen über gewisse Wahrscheinlichkeiten.

Zur Erläuterung ein einfaches Beispiel: Wenn Sie einen Hund treten (was Sie natürlich nicht tun), können Sie nicht voraussagen, wie dieser Hund reagiert. Bei einem kleinen Pinscher werden Sie eher davon ausgehen, dass er den Schwanz einzieht und den Rückzug antritt; bei einer Bulldogge erwarten Sie wahrscheinlich einen Angriff. Aber bei beiden Voraussagen besteht eine nicht geringe Irrtumswahrscheinlichkeit.

Mit anderen Worten: Der Versuch, ein komplexes System zu beeinflussen, muss von der Einsicht ausgehen, dass dieses System seinen eigenen Strukturen gemäß operiert. Diese Strukturen sind geschichtsabhängig und können sich ändern. Das System verhält sich deshalb in seinen Verarbeitungsprozessen nicht sicher vorhersehbar. Durch eine ganzheitliche Betrachtung des Systems und seines Kontextes lassen sich allerdings gewisse sensible Druckpunkte identifizieren, mit deren Hilfe man wahrscheinlich bestimmte Eigenaktivitäten anzuregen vermag – aber eben nur wahrscheinlich. Das ist der Grund dafür, dass sich in der Wirtschaft die von »weisen« Wissenschaftlern abgegebenen Prognosen im Nachhinein fast durchweg nur bedingt bestätigen. Das sagt nicht, dass keine Prognosen abgegeben werden sollten. Man sollte nur nicht unkritisch an sie glauben, sondern die prinzipielle Unsicherheit einkalkulieren.

Leider erwarten die meisten Menschen von Politikerinnen und Politikern, dass die von ihnen beschlossenen Maßnahmen genau das gewünschte Ziel erreichen. Dass dabei eine große Unsicherheit besteht, wissen natürlich auch erfahrene Politikerinnen. Aber das wird wegen der gegenteiligen Erwartung der Bevölkerung fast nie eingeräumt. Doch die Enttäuschung ist dann, wenn die beschlossene Maßnahme scheitert, umso größer und führt zu einem gefährlichen Vertrauensverlust in die Politik, der bei offener Kommunikation der Unsicherheit vermeidbar wäre.

Das heißt: Zu dem Selbstbild eines zukünftigen Menschen dürfte es dazugehören, dass er die ökologischen Zusammenhänge versteht und die Unsicherheit menschlichen Handelns nicht nur erträgt, sondern als Chance sieht. Denn wenn er beispielsweise bei allen Maßnahmen, die den Planeten Erde betreffen, diese Erde als gleichwürdiges Subjekt betrachtet, wird er mit Interesse die Indikatoren beobachten und erforschen, die als Hinweise auf eine in der Regel eher verzögerte, aber dafür anhaltende Reaktion des Ökosystems Erde verweisen, und seine Maßnahmen entsprechend ändern. Idealiter gesprochen wird er sozusagen in einen Dialog mit der Erde eintreten, und es ist nicht schwer vorauszusagen, dass das Ergebnis eines solchen Verhaltens ungleich bessere und nachhaltigere Ergebnisse erbringen wird, als wenn er die Erde nach alter Tradition weiter als totes Objekt ansehen würde.

Erziehung und Bildung

Das häufige Misslingen von Erziehung auf der Grundlage der tradierten, im 15. und 16. Jahrhundert entwickelten Vorstellungen hat dazu geführt, dass neue Ideen erzieherischen Handelns entwickelt worden sind, die als wesentlicher Grundstock einer zukünftigen Erziehung angesehen werden können. Grundlage dieser zukünftigen Erziehung ist eine neue Kind-Erwachsenen-Beziehung. Der Verzicht auf den Dominanzanspruch des Erwachsenen und den Rückgriff auf eine allein durch Alter und Erwachsensein begründete Autorität ist dafür das entscheidende Merkmal. Die bisherige Leitregel der Beziehung zwischen Erwachsenen und Kindern, die viele Kindergenerationen haben lernen müssen, kann heute nicht mehr gelten: »Quod licet Jovi, non licet bovi« (Was Jupiter erlaubt ist, ist dem Ochsen [noch lange] nicht erlaubt) hat seine Berechtigung verwirkt. Der Anspruch des Erwachsenen auf Unfehlbarkeit wirkt heute nur noch lächerlich und wird von Kindern mit zunehmendem Alter auch gar nicht mehr akzeptiert. Die Begegnung mit Kindern kann nur noch auf der Basis einer gleichwürdigen Beziehung erfolgen – einer Begegnung »auf gleicher Augenhöhe«, in der der Erwachsene allerdings die Verantwortung dafür trägt, wie er das Kind in die Welt einführt. Dabei brauchen die Kinder weder in der Familie noch in der Schule den »Besserwisser«, sondern vielmehr den »Anderswisser« oder »Mehrwisser«.

Der Versuch, die Entwicklung des Kindes zielsicher zu steuern, ist illusionär geworden. Die Erwachsenen verfügen nicht über die Möglichkeit, das Verhalten des Kindes und sein Werden perfekt zu kontrollieren. Vorstellungen über die »richtige« Erziehung entspringen einem Machbarkeitswahn, der häufig zur Zerstörung der Beziehung führt. Das unvermeidliche Scheitern bei solchen Versuchen lässt bisweilen Ideen von Schuld aufkommen, die gleichermaßen beziehungsschädigend sein können, egal ob der Erwachsene sich selbst der Erziehungsunfähigkeit bezichtigt oder dem Kind Widerstand und Bösartigkeit vorwirft.

Üblicherweise neigen wir dazu, die unmittelbare Wirkung erzieherischer Einflussnahmen zu überschätzen, weil wir nicht in der Lage sind, in den Kopf eines Kindes zu schauen. Die Unterstellung, eine bestimmte erzieherische Maßnahme oder ungünstige elterliche Verhaltensweisen seien Ursache für eine bestimmte Reaktion, stellt eine Missachtung des Kindes als eigenständiges Wesen dar, weil wir die hunderttausendfachen Anschlussoperationen im Kopf des Kindes, die tatsächlich über seine Reaktion bestimmen, übersehen und nicht ernst nehmen. Deshalb gilt:

> »Nicht die von außen auf es [das Kind] ausgerichtete, beispielsweise erzieherische Maßnahme bestimmt in erster Linie das Verhalten des Kindes, sondern vielmehr bestimmen die Struktur und das innere Prozessieren des Kindes über das Schicksal der erzieherischen Maßnahme.«[216]

Luhmann[217] schlägt deshalb vor, auf den Begriff Sozialisation grundsätzlich zu verzichten und ihn durch Selbstsozialisation zu ersetzen. Er will damit deutlich machen, dass das Kind nicht Objekt, sondern

Subjekt in diesem Prozess ist. Hartmut von Hentig und vieler andere Pädagogen heben hervor, dass Erziehung ein grundsätzlich unplanbarer Vorgang ist, bei dem die Erzieherin auf Wahrscheinlichkeiten vertrauen, aber niemals sicher sein kann. Und Dollase[218] (2001) beschreibt das Gleiche mit dem Hinweis, dass »richtige« Erziehung ein schlechtes Ergebnis haben kann und »falsche« Erziehung ein gutes. Das bedeutet für den Erwachsenen, dass er Unsicherheit aushalten muss – beispielsweise die Angst davor, dass aus seinem Kind »nichts wird«.

Die Erwachsenen kommender Zeiten werden lernen, sich nicht von ihrer Außenwirkung – zum Beispiel von dem, was sie bei ihren Kindern bewirken – abhängig zu machen und das Verhalten des Kindes als Bewertungsmaßstab ihres erzieherischen Verhaltens anzusehen. Sie tragen vielmehr eine Sicherheit in sich, eine Klarheit an Absichten, Überzeugungen und ethischen Normen, die sie für sich gewonnen haben und – in der Auseinandersetzung mit anderen – immer wieder neu gewinnen. Kontrolle ist für sie nicht Fremdkontrolle, sondern Eigenkontrolle; Verantwortung bedeutet nicht Verantwortungsübernahme für andere, sondern Selbstverantwortung in der Beziehung zu anderen. Ihr Verhalten – besonders das erzieherische Verhalten – ist gekennzeichnet durch Verlässlichkeit und Authentizität, gerade auch wegen eines beständigen Wandels. So wird ein authentisches Erziehen und eine authentische Elternschaft möglich[219] – Haim Omer und Arist von Schlippe[220] würden sagen: eine Elternschaft auf der Grundlage einer neuen Autorität.

Auch die Schule der Zukunft und die Unterrichtung von Kindern und Jugendlichen werden wohl in Zukunft nicht mehr so aussehen wie gestern und heute. Die Schule wird ihre Funktion als ausgegliederter pädagogischer Raum aufgeben und sich als Teil der Gesellschaft beschreiben müssen. Die Klassenräume werden zunehmend verschwinden und einem offeneren Raumsystem Platz machen. Die Funktion der Lehrerin wandelt sich zu einer pädagogischen Fachkraft, die den Schülerinnen zur Seite steht, ihnen gewünschte Hilfestellung gibt und kontrolliert, ob das vorgegebene Pensum abgearbeitet wird. Die Schülerinnen werden frei entscheiden können, wo sie lernen möchten und mit wem, mit welchem Schulfach bzw. welchen Aufgaben sie sich gerade befassen wollen und bei welcher Lehrkraft sie ihr Selbststudium verbringen – ein Konzept, das heute bereits in einer Reihe von Schulen mit sogenannten »Dalton-Stunden« umgesetzt wird. Digitale Techniken werden ein orts- und zeitunabhängiges Lernen möglich machen. Schule wird nicht mehr ein Ort des Lehrens, sondern ein Ort selbstorganisierten, aber von Fachkräften unterstützten Lernens sein.

Dabei erscheint es durchaus denkbar, die Einengung der Schule auf eine Einrichtung lediglich für Kinder und Jugendliche ebenfalls aufzugeben. So könnte die Schule der Zukunft das Lernzentrum der Gemeinde sein, in dem Kinder, Jugendliche und Erwachsene gleichermaßen die Möglichkeit haben, selbstorganisiert zu lernen. Beispielsweise ist es möglich, dass Eltern die Chance erhalten und im Falle von Schulproblemen ihrer Kinder gegebenenfalls auch verpflichtet werden, gemeinsam mit ihren Kindern unter Unterstützung der schulischen Fachkräfte zu lernen. Das kann in vielfältiger Weise geschehen. Sie können zusammen mit ihrem Kind ein bestimmtes Thema, das sie interessiert, erarbeiten. Oder sie können in Multifamilienklassen lernen, im Austausch mit anderen Eltern und angeleitet durch Fachkräfte. Sie können so zum Beispiel geeignete Haltungen und Handlungsmöglichkeiten entwickeln, um ihre Kinder bei Lernschwierigkeiten zu unterstützen. Schon heute werden derartige Konzepte in so genannten Familienklassen oder Familienschulen mit großem Erfolg verwirklicht.[221]

Der Mensch als Geschöpf unter gleichartigen Geschöpfen

Ein wichtiger Schritt zu einem neuen Selbstbild des Menschen ist die Erkenntnis, dass der Mensch ein Geschöpf unter gleichartigen Geschöpfen ist und dass er beispielsweise mit seinen allernächsten Verwandten, den Menschenaffen, in dieselbe Gruppierung gehört. Nach den heutigen wissenschaftlichen Erkenntnissen gibt es kein eindeutiges qualitatives Merkmal, das den Menschen von den anderen Geschöpfen unterscheidet. Denn diese zeigen ebenfalls differenzierte Gefühle wie Zuneigung, Freude, Trauer, Wut, Zorn und vieles andere mehr. Andernfalls wäre es völlig unsinnig, dass die Pharmaindustrie ihre Psychopharmaka an Affen testet. Auch sind diese fähig zur Empathie, zu einem Sichhineinversetzen in andere. Und natürlich empfinden sie Schmerzen, auch wenn der Mensch in seiner beschränkten Erkenntnismöglichkeit das beispielsweise bei Fischen nicht wahrnimmt. Sie kommunizieren mit anderen und gehen Bindungen ein. Sie verhalten sich auch gewalttätig, ebenso wie der Mensch dies tut.

Wie wir sind auch viele andere Geschöpfe zu planerischem Handeln fähig, das auf Erinnerungen beruht. Wie wir sind sie dazu in der

Lage, Werkzeuge herzustellen und zu nutzen. Auch das Vorhandensein kultureller Vielfalt, mithin von Sitten und Gebräuchen, ist kein prinzipielles Unterscheidungsmerkmal. Selbst die Idee, dass nur wir als Menschen uns Gedanken darüber machen, dass wir uns Gedanken machen, ist lediglich eine Meinung, so der Affenforscher Volker Sommer[222]. Wir wissen einfach nicht, ob ein Orang-Utan oder ein Elefant oder ein Kolkrabe das vermögen. Logischer Schluss ist deshalb, zumindest für Orang-Utans, Gorillas, Bonobos und Schimpansen einige jener Privilegien einzufordern, die bisher nur für Menschen gelten: ein Recht auf Leben in Freiheit und ein Verbot der Folter.

Insofern ist es auch schwer denkbar, dass es in der Welt eines zukünftigen Menschen noch zoologische Gärten geben wird. Natürlich haben Kranken- und Zuchtstationen für vom Aussterben bedrohte Elefanten, Nashörner, Gorillas und andere auch in Zukunft ihre Berechtigung – aber sinnvollerweise doch wohl in den Ländern, in denen sie jeweils zu Hause sind. Die Besichtigung eingesperrter Tiere in einem Zoo dagegen bringt Kindern nicht – wie oftmals behauptet wird – Empathie und Verständnis gegenüber ihren Mitgeschöpfen nahe, sondern lehrt vornehmlich eins: »Der Mensch ist der Herrscher über die Tiere!« Das ist fatal.

Aber es geht auch heute schon anders:

> »Am 7. Juli 2012 versammelten sich führende Experten aus dem Bereich der Neurobiologie und der Kognitionswissenschaften an der Universität Cambridge und unterzeichneten die ›Cambridge Declaration on Consciousness‹, in der es heißt: ›Konvergente Evidenz weist darauf hin, das nicht-menschliche Tiere über die neurobiologischen, neurochemischen und neurophysiologischen Grundlagen bewusster Zustände ebenso verfügen wie über die Fähigkeit, intentionale Verhaltensweisen zu zeigen. Das Gewicht dieser Belege lässt folglich darauf schließen, dass die Menschen nicht als einzige über die neurologischen Grundlagen verfügen, die Bewusstsein erzeugen. Nicht-menschliche Tiere, darunter alle Säugetiere und Vögel und viele andere Geschöpfe, darunter Tintenfische, verfügen ebenfalls über diese neurologischen Grundlagen.‹ Diese Erklärung spricht noch nicht davon, dass andere Tiere über Bewusstsein verfügen, weil es uns immer noch am endgültigen Beleg dafür fehlt. Aber sie schiebt die Beweislast nun denen zu, die anderer Ansicht sind.
>
> In Reaktion auf diesen Gesinnungswandel in der wissenschaftlichen Community verabschiedete das neuseeländische Parlament im Mai 2015 den ›Animal Welfare Act‹, womit Neuseeland als erstes Land dieser Welt rechtlich anerkannte, dass Tiere fühlende Lebewesen sind. Das

Gesetz verpflichtet dazu, Tiere fortan als fühlend anzuerkennen und deshalb in Kontexten wie etwa der Tierhaltung auf angemessene Weise auf ihr Wohlergehen zu achten. ... Die kanadische Provinz Quebec hat seither ein ähnliches Gesetz verabschiedet, andere Länder werden vermutlich bald folgen.«[223]

Die Wirtschaft

Themen aus der Wirtschaft haben im Leben der Menschen in den vergangenen Jahrzehnten zunehmend an Bedeutung gewonnen. Die Nachrichten im Fernsehen oder in der Presse geben ihnen immer breiteren Raum. Sie dominieren selbst die Sportseiten. Die eigentliche Sport-Berichterstattung ist vergleichsweise stark zurückgegangen. Precht[224] spricht davon, dass unser Erdzeitalter, das Anthropozän, ein Monetozän ist, ein Zeitalter des Geldes, in dem die Verwertungsinteressen des Kapitals die Erde umpflügen.

Gleichzeitig ist die Zuspitzung der Idee des Individuums in keinem anderen Lebensbereich in derartigem Umfang erfolgt wie in der Wirtschaft. Die Vorstellung vom Individuum Mensch als einer egoistischen Kreatur wird heute in den Wirtschaftswissenschaften mit einer überraschenden Absolutheit vertreten. Danach sucht jedes Individuum immer nur den eigenen Vorteil, schafft aber so auf wundersame Weise Wohlstand für alle. »Dieses Menschenbild ist falsch und muss dringend einem Update unterzogen werden. Ein System, dass Egoismus belohnt, erzieht zum Egoismus. Wir brauchen eine neue Betrachtung der Werte, die Menschen in ihrer kooperativen Lebendigkeit stützen.«[225]

Allerdings gibt es eine zunehmende Zahl an Wirtschaftswissenschaftlern wie beispielsweise Harald Welzer, Tim Jackson und Walter Otto Ötsch, die ähnlich wie Maja Göpel in dem letzten Zitat dazu aufrufen, die aktuell vorherrschende »Wachstumsreligion« grundsätzlich infrage zu stellen und ein neues Menschen- und Weltbild zu entwickeln. Welzer spricht von mentalen Infrastrukturen, für die er als Orientierungsmarken Begriffe wie »Verantwortung für andere«, »Fairness und Gerechtigkeit« sowie die Suche nach einem »als gut und sinnvoll erlebten Leben« benennt. Denn gerade die Logik von Wachstum und Konsumzwang beruhe fundamental darauf, dem Menschen ein Gefühl der Unzufriedenheit zu suggerieren, dem dann mit ständig ausgeweitetem Konsum begegnet werde, ohne dadurch Zufriedenheit zu erreichen. Dieses aktuelle Menschenbild der Wirtschaft, das eingeschränkt ist auf einen engstirnigen, materialistischen, selbstsüchtigen, individualistischen Konsumenten, kritisiert auch Tim Jackson. Er ruft dazu auf, einen neuen, sinnvollen Wohlstandsbegriff zu definieren, der nicht auf Wachstum basiert. Dazu sei es notwendig, ein Bild davon zu entwickeln, was ein gutes lebenswertes Leben ist. Als wichtige Merkmale benennt er das »Erleben, Teil der Gesellschaft zu sein« und ein »Gefühl für den Sinn des eigenen Lebens«.

Neue ökonomische Konzepte müssen demnach eine Orientierung finden entlang von Begriffen wie Solidarität, Loyalität, Mitgefühl, Verpflichtung und Verantwortung für andere. Aber offensichtlich zeichnet sich eine ökonomische Theorie, die diese Werte in den Mittelpunkt stellt, noch nicht ab.

> »Vielmehr wird zurzeit mit einer ganzen Palette von Ansätzen experimentiert, die sich dem genannten Thema auf unterschiedliche Weise nähern. ... Wir glauben ..., dass in Zukunft in der ökonomischen Theorie eine bislang ungewohnte Heterogenität von Ansätzen zu verzeichnen sein wird, die möglicherweise nur noch indirekte Bezüge auf einen – seinerseits gewandelten – ökonomischen Theoriekern aufweisen. Forschungspolitisch bedeutet dies, dass wir von einer Vielfalt unterschiedlicher Theorieansätze Fortschritte erwarten und hierin sogar eine Chance sehen.«[226]

Aus diesem Grund werden im Folgenden einige Gedanken referiert, die für die Entwicklung einer ökonomischen Theorie in der Welt eines zukünftigen Menschen nützlich sein können.

- Im Grundgesetz für die Bundesrepublik Deutschland (GG), Artikel 14 (2) steht: »Eigentum verpflichtet. Sein Gebrauch soll zugleich dem Wohle der Allgemeinheit dienen.« Juristen nennen das die »Sozialpflichtigkeit« oder »Sozialbindung« des Eigentums. Für das heutige Individuum ist dieser Artikel 14 (2) bloße Verfassungslyrik. Was aber würde geschehen, wenn diese beiden schlichten Sätze mit Inhalt gefüllt würden? Der Unternehmer, der sich solchen ethischen Prinzipien verpflichtet fühlt, erlebt eine grundlegende Verantwortung für alle, die in seinem Betrieb arbeiten. Das heißt: Nicht der Shareholder-Value gibt die Richtlinien für sein Verhalten, sondern vor allem der selbst gestellte Auftrag, für ein Einkommen der Mitarbeiter zu sorgen, das ihnen ein lebenswertes Leben ermöglicht.

»Eigentum kann kein Absolutum sein, weil es in erster Linie eine soziale Funktion erfüllen soll, nicht eine individuelle: Es soll Arbeitsteilung unter Unbekannten ermöglichen, nicht Akkumulation. Eigentum muss seine Grenze dort finden, wo es die Freiheit anderer einschränkt, also zu übermäßiger Machtakkumulation führt und unweigerlich ermöglicht, zu ernten, ohne zu säen.«[227]

Larry Fink, der CEO von Blackrock (mit einem Volumen von über 6 Billionen US-Dollar einer der größten Vermögensmanager weltweit) hat Anfang 2018 in seinem jährlichen Brief an die CEOs der großen internationalen Konzerne die sozialen Verwerfungen seit 2008 offen angesprochen und unter anderem geschrieben:

»Die Gesellschaft erwartet, dass Unternehmen, öffentliche und private, ein soziales Ziel erfüllen. Um über die Zeit hinweg sich gut zu entwickeln, muss jedes Unternehmen nicht nur eine gute finanzielle Leistungsfähigkeit aufweisen, sondern gleichermaßen zeigen, wie es einen positiven Beitrag für die Gesellschaft leistet. Unternehmen müssen für alle Nutzen bringen, die Aktionäre, die Angestellten, die Kunden und die Gemeinden, in denen sie tätig sind.«[228]

Als zukunftsweisender Unternehmenstyp wird derzeit das »Unternehmen in Verantwortungseigentum« diskutiert, für das eine eigene Rechtsform, die »VE-GmbH«, angestrebt wird. Das Konzept ist nicht ganz neu, sondern wird bereits von den Firmen Zeiss, Bosch, Alnatura und anderen über relativ komplizierte Stiftungskonstruktionen verwirklicht. Die Grundidee besteht darin, dass die Gewinne des Unternehmens in der Firma verbleiben. Sie sind nicht Selbstzweck, sondern Mittel, die Ziele bzw. den Zweck des Unternehmens voranzutreiben. Der Verantwortungseigentümer ist ein Gesellschafter mit Stimm- und Teilhaberechten (zum Beispiel Mitwirkung an der Geschäftsführung), aber ohne Anspruch auf Gewinnausschüttung und Liquiditätserlöse. Die Stimmrechte können nicht verkauft oder vererbt werden, sondern werden treuhänderisch von dem Verantwortungseigentümer auf Zeit gehalten. Unternehmen in Verantwortungseigentum gelten als erfolgreicher im Vergleich zu traditionellen gewinnorientierten Unternehmen. Sie zahlen höhere Löhne und haben eine höhere Mitarbeiterbindung, beispielsweise eine um 40 Prozent niedrigere Fluktuation bei Führungskräften.

- Wie kann die Vermehrung von Geld mit der Schöpfung von Wert verbunden werden, sodass unverdientes, also nicht Wert schöpfendes Einkommen reduziert wird? Heute ist die schnelle Mitnahme von Gewinn, Shareholder-Dividenden und Bankerboni attraktiver als das Schaffen von Wert. In Zukunft muss der produktive Prozess, der eine gesunde Wirtschaft und Gesellschaft antreibt, wieder das Ziel des Wirtschaftens sein. Es muss unterschieden werden zwischen dem Erzeugen nützlicher Produkte und Dienstleistungen sowie Tätigkeiten, mit denen nur anderswo produzierter Mehrwert abgeschöpft wird – ohne angemessene Gegenleistung. Die Wirtschaftswissenschaftlerin Mariana Mazzucato bringt dies auf den Punkt, indem sie fordert, nicht weiter die Schöpfer mit den Abschöpfern zu verwechseln, vielmehr sorgsam darauf zu achten, was wirklich Wohlstand schafft. Das Konzept des Werts müsse wieder einen festen Platz im Zentrum ökonomischen Denkens bekommen.
- In einem Interview im Oktober 2020 äußert Thomas Druyen, Professor für Vermögenspsychologie, auf die Frage, wohin die Entwicklung führe, dass immer weniger Menschen immer mehr Geld verdienen:

  »Die Antwort (ist) ganz einfach: In 20 Jahren werden Megareiche über den Rest der Menschheit herrschen. Oder aber wir erschaffen gemeinsam eine neue Welt der kulturellen Fairness, der wirtschaftlichen Gerechtigkeit und des würdevollen Miteinanders. Es liegt an uns.«[229]

  Niemand zweifelt daran, dass der Wohlstand auf dieser Erde gerechter verteilt werden muss. Da das Ökosystem Erde aber nur eine bestimmte Menge an Rohstoffen hergeben und eine bestimmte Menge an Abfall und Abgasen aufnehmen kann, »stellt sich automatisch die Frage, wer wie viel verbrauchen, wegwerfen und ausstoßen darf. Umweltfragen sind immer Verteilungsfragen, und Verteilungsfragen sind immer Gerechtigkeitsfragen.«[230]

  »1983 setzten die Vereinten Nationen eine Kommission ein, die sich Gedanken darüber machen sollte, wie sich unser Wirtschaften mit den Grenzen des Planeten vereinbaren lässt. Der vier Jahre später erscheinende Bericht, der unter Leitung der ehemaligen norwegischen Ministerpräsidentin Gro Harlem Brundtland entstand und deshalb als ›Brundtland Report‹ bekannt wurde, formulierte erstmals eine

Richtlinie dafür, woran sich menschliches Wirtschaften orientieren muss, wenn es nachhaltig sein will. Zugrunde lag die Idee, einen einfachen Orientierungspunkt dafür zu schaffen, wie die Dinge wieder ins Lot zu bringen sind. Denn sie begannen ja schon damals aus dem Ruder zu laufen. Die Definition, die die Kommission fand und die später zur Grundlage für alle weiteren Umweltabkommen wurde, ist ganz einfach: ›Dauerhafte (nachhaltige) Entwicklung ist Entwicklung, die die Bedürfnisse der Gegenwart befriedigt, ohne zu riskieren, dass künftige Generationen ihre eigenen Bedürfnisse nicht befriedigen können.‹ Dazu gehörten zwei wichtige Unterpunkte: Die Bedürfnisse der Armen sollten Priorität genießen, und es galt darauf zu achten, die sozialen und technologischen Entwicklungen so auszurichten, dass sie die regenerativen Zyklen der Natur nicht zerstören. Hier war also ein großes Umdenken angelegt.«[231]

- Ein Indikator für die ökologische Effizienz der Generierung von Zufriedenheit und Gesundheit in einem Land ist der *Happy Planet Index* (HPI). Er stellt den Versuch dar, die durchschnittliche Lebenserwartung, die Lebenszufriedenheit und die Gleichheit der Verteilung dieser beiden Merkmale innerhalb eines Landes zu erfassen und dem die ökologischen Kosten, erfasst mit dem ökologischen Fußabdruck, entgegenzustellen. Die europäischen Staaten oder die USA erreichen in diesem Index lediglich einen niedrigen Rang, da hier der ökologische Fußabdruck zu hoch ist. Die Schweiz lag 2016 auf Rang 24, das Vereinigte Königreich auf Rang 34, Österreich auf Rang 43, Deutschland auf Rang 49 und die USA sogar nur auf Rang 108 von insgesamt 140 Ländern. Ausgangspunkt des HPI ist zum einen die Überlegung, dass Reichtum für die meisten Menschen nicht vorderstes Ziel ist, sondern für sie vielmehr ein glückliches und gesundes Leben an erster Stelle steht. Zum anderen soll dieser Index auf die Notwendigkeit hinweisen, in den am weitesten entwickelten Ländern den ökologischen Fußabdruck zu senken.
- Die Sozialwissenschaftlerin Gabriele Winkler fordert Schritte in eine solidarische Gesellschaft ein, die nicht mehr Profitmaximierung, sondern menschliche Bedürfnisse und insbesondere die Sorge umeinander ins Zentrum stellt. Sie fordert einen grundlegenden Perspektivenwechsel und damit eine *Care Revolution*. Als Ziel beschreibt sie eine Welt, in der sich Menschen nicht mehr als Konkurrentinnen gegenüberstehen, sondern ihr Leben gemeinschaftlich gestalten. Das Ziel der Ökonomie

wäre dann in erster Linie die Verfügung über die relevanten Lebensbedingungen zur Befriedigung grundlegender Bedürfnisse sowie die Sorge um soziale Beziehungen und den Erhalt der Natur.

- Im Bereich Management und Organisationscoaching wurden eine Reihe stufentheoretischer Modelle entwickelt, die eine säkulare Bewusstseinsveränderung der in der Wirtschaft Tätigen für unerlässlich halten, damit Organisationen der Zukunft entstehen können, so beispielsweise von Frederic Laloux.[232] Auch die sogenannte »Theorie U« geht davon aus, dass die alte Denkweise des maximalen Konsums und von Einzelinteressen getriebene Entscheidungsprozesse an ihre Grenzen stoßen. Otto Scharmer und Kathrin Käufer, die ihrem Buch den Untertitel »Von der Egosystem- zur Ökosystem-Wirtschaft«[233] geben, sprechen von einem Zustand organisierter Verantwortungslosigkeit in der heutigen Wirtschaft, die Ergebnisse produziert, die niemand wirklich wollen kann. Sie geben Anregungen für die Entwicklung eines »Ökosystem-Bewusstseins«, das auf das Wohl aller, auf das Gemeinwohl ausgerichtet ist. Im Mittelpunkt ihres Ansatzes steht das sogenannte »Presencing«, eine innere Haltung, um Veränderungsprozesse von einer im Entstehen begriffenen Zukunft her zu gestalten.
- Wie kann die Gesellschaft in Zukunft die Kontrolle über die ökonomischen Prozesse erlangen? Das ist nach Raul Zelik[234] nicht zu verwechseln mit der Mitbestimmung, wie sie heute praktiziert wird. Er bezeichnet mit dem Begriff »Wirtschaftsdemokratie« »die gesellschaftliche Gestaltung der Ökonomie, also den Ausbau von Elementen demokratischer Planung. Konkrete Ansatzpunkte dafür könnten heute die ökologische Konversion, die Verkürzung der Arbeitszeiten oder die gerade einsetzende Debatte über die Stärkung des öffentlichen Gesundheitswesens sein.«

Der Staat

Nach dem Zusammenbruch der gott-weltlichen gesellschaftlichen Einheit des Frühmittelalters ergeben sich im 12. und 13. Jahrhundert zwei Erfordernisse: zum einen die Festlegung umschriebener Herrschaftsräume mit klaren Grenzen und einem staatlichen Machtmonopol sowie zum anderen eine neue Rechtsordnung und ein einheitliches

Sanktionssystem. Der Staat übernimmt die Aufgabe, das Individuum in staatliche Ordnungs- und Regelsysteme einzubinden, und rückt damit in die Funktion, die bis dahin die Gemeinschaft erfüllt hat.

Eine Reihe von Politikwissenschaftlern sieht den Staat heute nicht mehr als den einzigen und womöglich nicht einmal mehr als den wichtigsten Herrschaftsträger, weil zunehmend jenseits des Nationalstaates durch transnationale Verwaltungen, privatwirtschaftliche Akteure und zivilgesellschaftliche Netzwerke regiert werde. Im Hinblick auf die Wirtschaft zumindest gewinnt man heute den Eindruck, dass sich der Staat in eine schwache Position definiert, indem er beispielsweise dem »Markt« große Freiräume einräumt und sich mit regulierenden Maßnahmen sehr schwer tut. Eine fragwürdige Stärke entwickelt er lediglich, wenn er glaubt, mit Steuergeldern kriselnde Banken und Firmen am Leben erhalten zu müssen.

In Zukunft – darüber sind sich viele Wissenschaftler einig – werden wir einen starken, demokratisch legitimierten Staat benötigten, der die Verantwortung dafür übernimmt, klare Regeln und Vorgaben zu machen und zu kontrollieren, nach denen das Zusammenleben der Menschen verläuft. Die Corona-Epidemie hat ein Beispiel geliefert, dass gut kommunizierte und plausible Maßnahmen von der Mehrheit der Bevölkerung (sogar heute schon) akzeptiert werden. Der Staat muss auch eine Steuerungsfunktion für die Wirtschaft übernehmen und ein Regelsystem schaffen, das die unverantwortlichen Auswüchse, die Ausbeutung der Ressourcen unseres Planeten und die Ungleichverteilung verhindert. Dass »der Markt«, zumindest wenn keine Grenzen und Orientierungen gesetzt werden, als Steuerungsprinzip der Wirtschaft ungeeignet ist und die Folgen des Klimawandels nicht zu mildern vermag, kann nicht mehr übersehen werden.

Allerdings wandelt sich der Staat nach Genschel und Zangl[235]

> »vom ›Herrschaftsmonopolisten‹, der alles Herrschaftshandeln exklusiv für sich beansprucht, zu einem ›Herrschaftsmanager‹, der die Herrschaftsakte nichtstaatlicher Akteure aktiviert, komplementiert und synchronisiert, ohne sie freilich bis in die Einzelheiten kontrollieren oder steuern zu können«.

Das erfordert eine klare Trennung der Verantwortungsbereiche: Derjenige des Staates besteht darin, im Sinne der Steuerung von komplexen Systemen die Rahmenbedingungen in den unterschiedlichen Lebensbereichen zu gestalten und deren Einhaltung zu kontrollieren.

Er muss gewährleisten, dass die privaten Akteure die von ihnen geforderten gemeinwohldienlichen Organisationsleistungen tatsächlich erfüllen.

> »Die organisatorische ›Erfüllungsverantwortung‹ des Staates sinkt, aber seine regulative ›Gewährleistungsverantwortung‹ steigt.«[236]

Dafür sind übergreifende Ziele zu formulieren, die in der Gesellschaft konsentiert werden. Gleichzeitig muss der Staat offen deutlich machen, dass die Ziele nicht punktgenau erreicht werden können, dass die Folgen der gesetzten Rahmenbedingungen prinzipiell nicht zielsicher zu erreichen sind und ein stetiges Nachsteuern erforderlich ist. Ein solches Nachsteuern ist deshalb kein Hinweis auf vorausgegangene »Fehler«, sondern gehört selbstverständlich zu dem Prozess der Gestaltung von Rahmenbedingungen für komplexe Systeme.

Auch Mariana Mazzucato[237] tritt für einen Staat ein, der Märkte gestaltet, statt sie bloß zu reparieren. Staatliche Aktivitäten sind ihrer Ansicht nach Voraussetzung für eine dynamische kapitalistische Wirtschaft und sie wirken produktiv. Der Staat gibt nicht einfach nur Geld aus, das andere erwirtschaftet haben, er setzt die Rahmenbedingungen, investiert, sorgt für Grundlagenforschung, Humankapital, Ausbildung und Infrastruktur. Und er schafft neue Märkte: Mit der politischen Entscheidung für die Finanzierung von Schlüsseltechnologien wie dem Internet legt der Staat zum Beispiel den Grundstein für die Dotcom-Wirtschaft. Der Staat ist nicht nur dazu da, ein Marktsystem zu ermöglichen, sondern er ist Mitschöpfer von Märkten und Wohlstand. Zugleich ist er die einzige Instanz, die die Interessen der schwächeren Gesellschaftsgruppen durchsetzen kann. Für die Menschen, die im Arbeitsmarkt keinen Fuß auf den Boden bekommen, verhindert der Sozialstaat den Absturz.

Der Staat ist aber kein abstraktes Wesen. Er wird von Personen getragen, die für eine bestimmte Zeit ein bestimmtes Amt übernehmen. Diese Personen brauchen die Unterstützung der Bürger, die sich für eine Sache, vor allem für eine lebbare, gerechte Zukunft für alle Menschen auf dieser Welt einsetzen. Dabei stellen sich zwei Fragen, die in Zukunft geklärt werden müssen. Erstens: Wie kann eine Konsentierung auf übergreifende Ziele erfolgen, die von der Mehrheit der Gesellschaft getragen werden? Ist das Parteiensystem dafür geeignet?

Zweitens: Wie kann Transparenz über die Aktivitäten des Staates hergestellt werden? Wie kann der Einfluss von Lobbygruppen maximal durchschaubar werden? Könnten beispielsweise öffentliche Kabinettssitzungen oder Kabinettssitzungen, die im Netz übertragen werden, einen wichtigen Beitrag zur Transparenz darstellen?

Darüber hinaus muss in Zukunft die Frage diskutiert werden, welche Rolle die Vereinten Nationen in der Welt von morgen spielen sollen. Zumindest in diesem Jahrhundert sollte die Entwicklung eines Systems globaler Sicherheit im Rahmen der Vereinten Nationen als die zentrale politische Aufgabe angesehen werden. Zu diesem Zweck ist dem Sicherheitsrat bereits bei der Gründung der Vereinten Nationen von den Nationalstaaten das Gewaltmonopol übertragen worden, auch wenn seine Funktion vor allem darin gesehen wird, Konflikte friedlich beizulegen. Die Gestaltung eines globalen Sicherheitssystems wird aber nur möglich sein, wenn die wichtigen Staaten der Welt eng zusammenarbeiten, ohne auf den eigenen kurzfristigen Erfolg fixiert zu sein. Sicherheit, Gerechtigkeit und Solidarität sind nur gemeinsam zu erreichen.

Die Vereinten Nationen verfügen mit ihren zahlreichen Unterorganisationen über die Instrumente, um Sicherheit, Frieden und Entwicklung auf der Welt zu gestalten. So könnte beispielsweise die Weltgesundheitsorganisation viel entschlossener weiterentwickelt werden. Sinnvoll und letztlich auch notwendig erscheint es, weltweit zuständige Ministerien für Gesundheit und für Umwelt aufzubauen, die nicht von Nationalregierungen ernannt, sondern durch eine demokratische Wahl aller Weltbürgerinnen bestimmt werden. Dies könnte ein erster Schritt zu einem Weltstaat und einer Weltregierung sein, die in der längeren Perspektive als eines der großen Ziele der Menschheit angesehen werden muss.

Wissenschaft und Ethik

Im vorangegangenen Teil ist dargestellt worden, wie sehr das traditionelle Konzept der Wissenschaft in den letzten 100 Jahren ins Wanken geraten ist. Ein neues, in der Zukunft tragfähiges Konzept der Wissenschaft wird aus heutiger Sicht die folgenden Aspekte integrieren müssen:

- Es gibt keine Wirklichkeit, die unabhängig vom Beobachter untersucht werden kann. Objektives Beobachten ist nicht möglich, da die beobachtende Person das Wahrgenommene zwangsläufig subjektiv beeinflusst. Menschliche Erkenntnis ist grundsätzlich subjektgebunden Die Beobachterin wird dadurch zu einer Miterzeugerin einer »Realität«, für die sie dementsprechend Mitverantwortung trägt. Erkennen und Wahrnehmen ist eine Konstruktion von Ideen, Bildern, Deutungen, Vorstellungen und Gedanken, die Menschen individuell erfinden und mit den Ideen, Bildern, Deutungen, Vorstellungen und Gedanken der anderen abgleichen und gegebenenfalls anpassen. Auf diese Weise lassen sie gemeinsam mit den anderen handlungsrelevante Welten entstehen. Wahrnehmen ist also die Beobachtung einer Welt, die man selbst mit erschaffen hat. Wahrnehmung ist deshalb auch Selbstwahrnehmung. »*Erkennen hat es nicht mit Objekten zu tun,* denn Erkennen ist effektives Handeln; und indem wir erkennen, wie wir erkennen, bringen wir uns selbst hervor.«[238]

- Das Erleben und Verhalten von Lebewesen verläuft autonom insofern, als sie ihre inneren Zustände zirkulär regeln. Das operational und funktional geschlossene Nervensystem des Menschen unterscheidet nicht zwischen internen und externen Auslösern. Wahrnehmung und Illusion, innerer und äußerer Reiz sind für das Nervensystem im Prinzip nicht unterscheidbar. Eingriffe in ein komplexes System wirken sich in den meisten Fällen über kurz oder lang schädlich für die Ökologie des Systems aus. Gewünschte Änderungen von Erleben und Verhalten lassen sich am ehesten durch »angemessen unangemessene« Anregungen der Selbstorganisation des Systems erreichen.
- Jedes Verhalten findet in Beziehungen statt. Man kann deshalb nicht nicht kommunizieren. Wie die Kommunikation bewertet wird, liegt nicht in der Kommunikationshandlung, sondern ist eine Entscheidung der Beobachterin. Nicht der kommunizierte Inhalt ist ausschlaggebend für das, was ein Adressat wahrnimmt, sondern sein internes Prozessieren. Die Bedeutungsgebung hängt immer von dem jeweiligen Kontext ab, sei es beispielsweise ein familialer oder sonstiger sozialer, wirtschaftlicher oder politischer Bezugsrahmen. Kommunikation unterliegt einer prinzipiellen Unsicherheit, die nur dadurch verringert werden kann, dass man jeweils neu erkundet, was der andere verstanden hat.

- Der Wissenschaftler ist Mitautor der Sprachspiele einer sozialen Gruppe. Es geht also nicht um Wahrheit und Objektivität. Vielmehr finden die gemeinsam konstruierten Ergebnisse seiner Arbeit ihren Wert in ihrer Nützlichkeit, d. h. in ihrer pragmatischen Brauchbarkeit für vorgegebene Ziele.
- »Neue Erkenntnistheorien und Wissenschaftsphilosophien«, so schreibt Carl Rogers in seinem Buch *Der neue Mensch,*

  »betrachten unser heutiges lineares Ursache-Wirkung-Konzept der Wissenschaft lediglich als eine von vielen verschiedenen Erkenntnismöglichkeiten. Insbesondere in der Biologie werden reziproke Ursache-Wirkung-Beziehungen mittlerweile als die einzige Basis einer rationalen Wissenschaft betrachtet. Diese neuen Wege der Wissenschaft werden unsere Art und Weise, die Welt, speziell die biologische und menschliche Welt, zu studieren und wahrzunehmen, revolutionieren.«[239]

  Das heißt: Das vorwiegend kausale und lineare Denken der heutigen Wissenschaft wird in Zukunft nur noch nützlich sein, wenn man sich bewusst ist, dass man damit aus komplexen Zusammenhängen einen willkürlichen Teil herausschneidet. Lineares Denken ist deshalb nur »gestattet«, wenn man die jeweilige höhere Komplexität immer zugleich mitdenkt.
- Ein weiterer Mosaikstein für das Selbst- und Weltbild eines zukünftigen Menschen dürfte darin bestehen, mit Gegensätzlichem zu leben und Komplementarität, also das Sowohl-als-auch von unterschiedlichen Positionen zu ertragen. Denn in vielen Fällen ist die Entweder-oder-Logik des Individuums der letzten 900 Jahre ein Hindernis auf dem Weg zur Erkenntnis. Dass dies für die »weichen« Wissenschaften wie Soziologie, Psychologie und andere zutrifft, mag schon heute vielen einleuchten. Doch es scheint auch für die »harte« Wissenschaft Physik zu gelten. Es gibt ein hochinteressantes Protokoll eines Streitgesprächs zwischen Bohr und Schrödinger vom 17. Juli 1936[240], das unter anderem von der Ein-Teilchen-Interferenz der Quantentheorie handelt. Darin führt Bohr unter anderem aus:

  »Wir können alle Begriffe unseres Wortschatzes drehen und wenden wie wir wollen, es gelingt uns einfach nicht, dieses verblüffende Phänomen in Worte zu fassen. Zumindest nicht in ein Wort. Wohl aber in zwei, zueinander komplementäre Begriffe der klassischen Physik wie Welle und Teilchen. Wir benötigen beide Begriffe, um das Phänomen der Ein-Teilchen-Interferenz in Worte zu fassen, und zugleich erinnert uns jeder der beiden Begriffe daran, dass der jeweils andere nur unvollständig zutrifft. In ihrer Kombination zur Beschreibung des Quantenphänomens stehen diese beiden Bilder nicht etwa im Widerspruch zu einander, sondern ermöglichen in ihrer komplementären Ergänzung die angemessene und erforderliche Erweiterung des klassischen Begriffsrahmens.«

Schrödinger äußert in seiner Entgegnung allerdings Zweifel daran, ob mit dieser »komplementären« Verwendung von Begriffen, die sich nach klassischem Verständnis wechselseitig ausschließen, ein wirkliches Verständnis erreicht sei. Diese Auseinandersetzung berührt eine in höchstem Grade ethische Frage. Und möglicherweise liegt die in Zukunft notwendige Erweiterung des Verstehens gerade darin, mehrere »Wahrheiten« nebeneinander stehen lassen zu können. Dies könnte die Grundlage des Einander-Verstehens sein, sodass auch keine Kriege mehr im Namen einer »Wahrheit« geführt zu werden brauchen. In diesem Zusammenhang lässt Heinz von Foerster die (personifiziert gedachte) Metaphysik die folgende Frage an ihre jüngere Schwester, die Ethik, stellen:

»›Was sollte ich nach deiner Ansicht meinen Schützlingen, den Metaphysikern, ob sie sich nun so nennen oder nicht, zurückbringen?‹ Und Ethik antwortete: ›Sag ihnen, sie sollten immer so handeln, die Anzahl der Möglichkeiten zu *vermehren;* ja, die Anzahl der Möglichkeiten zu *vermehren!*‹«[241]

- Die Sprache ist für uns Menschen das wichtigste Medium. Im Sprechen mit anderen bringen wir eine Welt hervor, die nicht so ist, wie sie ist, sondern die so ist, wie wir sie machen. Allerdings besteht auch zwischen Sprechen und Sprache eine Rekursivität, da wir einerseits die Sprache prägen und andererseits die Sprache unser Denken prägt, was in dem berühmten Aphorismus ausgedrückt wird: »Nicht wir sprechen die Sprache, sondern die Sprache spricht uns.« Die Tatsache aber, dass wir gemeinsam mit anderen unsere Sprache sprechen und damit die Welt erzeugen, wie sie ist, hat eine wichtige ethische Bedeutung. Denn die mit dem Sprechen erfolgte Verknüpfung der Menschen untereinander ist nach Maturana »die Grundlage aller Ethik als eine Reflexion über die Berechtigung der Anwesenheit des anderen.«[242] Diese Erkenntnis hat eine bedeutsame ethische Implikation.

»Sie verpflichtet uns zu einer Haltung ständiger Wachsamkeit gegenüber der Versuchung der Gewissheit. Sie verpflichtet uns dazu einzusehen, dass unsere Gewissheiten keine Beweise der Wahrheit sind, dass die Welt, die jedermann sieht, nicht *die* Welt ist, sondern *eine* Welt, die wir mit anderen hervorbringen. Sie verpflichtet uns dazu zu sehen, dass die Welt sich nur ändern wird, wenn wir anders leben. ... Wenn wir wissen, dass unsere Welt notwendig eine Welt ist, die wir zusammen mit anderen hervorbringen, dann können wir im Falle eines Konflikts mit einem anderen menschlichen Wesen, mit dem wir weiterhin koexistieren wollen, nicht auf dem beharren, was für uns gewiss ist (einer absoluten Wahrheit), weil das die andere Person negieren würde. Wollen wir mit der anderen Person koexistieren, müssen wir sehen, dass ihr die Gewissheit – so wenig wünschenswert sie uns auch erscheinen mag – *genauso legitim und gültig ist wie unsere*. ... Ein Konflikt ist immer eine gegenseitige Negation. Er lässt sich niemals in dem Bereich lösen, in dem er stattfindet, wenn die beiden Parteien sich ihrer Sache ›sicher‹ sind. Ein Konflikt ist nur zu überwinden, wenn wir uns in einen anderen Bereich bewegen, in dem Koexistenz stattfindet. Das Wissen um dieses Wissen ist der soziale Imperativ jeder auf dem Menschlichen basierenden Ethik.«[243]

- Heutzutage kann man davon ausgehen, dass das technisch Mögliche irgendwann von irgendwem durchgeführt wird; das Machbare wird letztlich auch gemacht. Alle Versuche, ethisch begründete Grenzen zu ziehen und diese eventuell auch gesetzlich zu verankern, erreichen vielleicht Einschränkungen in der praktischen Anwendung. Aber es findet sich immer ein Wissenschaftler in der Welt, der sich dadurch zu profilieren sucht, dass er das ethisch Geächtete trotzdem durchführt. Und nachdem die Aufregung sich gelegt hat, beginnt man, die Grenzüberschreitung positiv zu beurteilen: Denn sie dient ja dem Fortschritt. Und Fortschritt erscheint dem Individuum – seinem linearen, ihn ständig antreibenden Zeitverständnis folgend – immer als richtig und wichtig. Demgegenüber ist durchaus ein Selbst- und Weltverständnis der Zukunft denkbar, das eine Haltung umfasst, die den Sinn und die Nützlichkeit des Fortschritts hinterfragt. Nicht alles, was aufgrund neuer Entwicklungen machbar ist, ist besser als das Bisherige. Danach muss ein Konsens darüber gefunden werden, welche neuen Technologien beispielsweise für die Gemeinschaft der Menschen und ihr Leben in der Natur mit anderen Geschöpfen nützlich sind. Es müssen Entscheidungen über Werte getroffen werden, die als Maßstab dafür dienen, wo dem Machbaren eine Grenze gesetzt wird. Die von einem solchen Selbst- und Weltverständnis der Zukunft getragene Haltung wird die Beachtung ethischer oder sonstig begründeter Grenzen mit hoher Allgemeinverbindlichkeit für wichtig und notwendig, letztlich für selbstverständlich halten.

- In der Wissenschaft wird in Zukunft die Forschung nicht vornehmlich in den je abgegrenzten Bereichen der unterschiedlichen Fächer stattfinden können. Es müssen fächerübergreifende Konzepte entwickelt werden, die die Zusammenhänge des in dem einen Bereich Erforschten mit den anderen Fächern in den Blick nehmen. Zudem wird die Überbetonung individueller Forschungsleistungen überwunden werden. Inter- und Intradisziplinäre Kollaboration, Preprints, Open Access und Open Data gehören in Zukunft zum Standard der Forschung.

Digitalisierung und künstliche Intelligenz

Werden Digitalisierung und künstliche Intelligenz (KI) in Zukunft den Menschen und sein Selbstbild prägen oder wird umgekehrt der Mensch, getragen von einem neuen Selbstbild, die Entwicklung der Digitalisierung und der künstlichen Intelligenz bestimmen? Diese Frage zählt zusammen mit der Frage nach der ökologischen Perspektive und der zukünftigen Gestaltung der Wirtschaft zu den wichtigsten Zukunftsfragen, zumal ein tradiertes, rein erfolgsorientiertes Wirtschaftsdenken und die Entwicklung der künstlichen Intelligenz eng miteinander verzahnt sind. Die Protagonisten der künstlichen Intelligenz forcieren deren Entwicklung mit hohem Aufwand, weil sie sich davon enorme Gewinne versprechen.

Digitalisierung ist das Zauberwort unserer heutigen Welt. In den letzten Jahrzehnten haben digitale Tools und Dienstleistungen unser Leben erobert. Unsere Welt ist ohne Smartphone, Apps und Chats, ohne Wikipedia, Facebook und Google, Online-Banking und Navigationsgeräte sowie eine riesige, immer und nahezu überall verfügbare Auswahl an Musik und Filmen kaum noch vorstellbar. In der Großindustrie ist der digitale Wandel bereits im Gange. Mittelgroße Unternehmen und die Landwirtschaft werden gedrängt, in die digitale Entwicklung zu investieren, um nicht den Anschluss zu verlieren. Durch die Corona-Pandemie hat die Digitalisierung einen zusätzlichen Anschub erfahren. Homeoffice ist auf einmal in vielen Firmen selbstverständlich, digitaler Unterricht wird in bislang ungekanntem Ausmaß von den Schulen gefordert. Die unzureichende Ausstattung von Lehrerinnen und Schülerinnen mit digitalen Medien hat ein 100 Millionen schweres Unterstützungsprogramm seitens der Bundesregierung zur Förderung von Homeschooling ausgelöst. Auch in der Erwachsenenbildung wird E-Learning auf einmal hochaktuell.

Für die Arbeitswelt der Zukunft sehen viele Leute einen tiefgreifenden Wandel voraus. Die Digitalisierung wird bis zum Jahr 2035 zwar nur geringe Auswirkungen auf die Zahl der Arbeitsplätze haben, aber die Arbeitenden müssen sich auf sehr große Umbrüche einstellen. Es wird einen Strukturwandel hin zu Dienstleistungen geben. Das ist das Ergebnis einer aktuellen Studie des Instituts für Arbeitsmarkt- und Berufsforschung (IAB) und des Bundesinstituts für Berufsbildung (BIBB)[244]. »Eine zunehmende Digitalisierung wird mit einer deutlichen Umgestaltung der Arbeitswelt einhergehen, und in diesem Prozess werden Bildung und Weiterbildung der Beschäftigten eine zentrale Rolle übernehmen«, betonen die Forscher.

Manche Experten, beispielsweise Karl-Heinz Land, Gründer der Strategie- und Transformationsberatung Neuland, entwickeln sehr viel rigorosere Zukunftsvisionen. So äußert Land in einem Interview mit der WirtschaftsWoche[245]:

> »In 15 bis 20 Jahren wird die Hälfte der Arbeit, so wie wir sie kennen, verschwunden sein. Und in drei bis vier Dekaden wird niemand mehr arbeiten – zumindest nicht für Geld. ... Es gibt Berufe, da werden zu Beginn nur 40 Prozent des Jobs automatisiert werden können, aber 20 Jahre weiter werden es wahrscheinlich 60 bis 80 Prozent sein. Berufe lassen sich in Aufgaben aufteilen. Nach und nach wird entschieden, mehr und mehr Aufgaben in die Hand der Künstlichen Intelligenz zu geben. ... Pfleger im Krankenhaus und der Altenpflege, Berufe in der Kindererziehung – sogenannte menschelnde Berufe – werden vorerst weiterhin existieren. Das sind Jobs, in denen der Kontakt zu Menschen unabdingbar ist. ... Bildung 4.0 wird eine gute Mischung sein zwischen online und offline-Lernen von Robotern und Menschen.«

Von solchen Vorstellungen ist es nicht mehr weit zu Ideen beispielsweise des Tesla-Gründers Elon Musk, der davon ausgeht, dass Maschinen eines Tages die Leistungsfähigkeit von menschlichen Gehirnen weit übertreffen werden. Mit seiner Firma Neuralink verfolgt er deshalb das Ziel, menschliche Gehirne durch das Einsetzen von Mikrochips mit Computern zu verknüpfen, sodass der Mensch mit den Maschinen mithalten kann. Neuralink ist keineswegs das einzige Unternehmen, das intensiv an künstlicher Intelligenz für das Gehirn arbeitet. In ähnlicher Weise versucht der Unternehmer Bryan Johnson mit seiner 2016 gegründeten Firma Kernel ein Interface – eine Schnittstellentechnik – zwischen Gehirn und Computer zu entwickeln, einerseits um Erkrankungen oder Unfallfolgen wie schwere Rückenmarksverletzungen zu behandeln, aber andererseits auch, um die kognitive Leitungsfähigkeit des Menschen zu steigern, damit er den von ihm geschaffenen Maschinen ebenbürtig bleibt. Die dazugehörige philosophische Denkrichtung, der sogenannte *Transhumanismus,* wurde bereits 1990 von Max More entworfen.

Vordenker einer künftigen KI-Gesellschaft stellen den Menschen, wie wir ihn kennen, denn auch konsequent infrage. Sie sprechen von enormen Veränderungen unseres Selbstverständnisses, von gewaltiger Bewusstseinserweiterung und explosionsartiger Intelligenzvermehrung. Sie reden gleichsam über ein Paradies, das uns in Zukunft erwartet. »In diesem Paradies, so träumen die kalifornischen Visionäre, werden Menschen ihr Bewusstsein mit Maschinen verschmolzen haben, überintelligent sein und unsterblich.«[246]

Einen Schritt weiter noch gehen die *Posthumanisten*. Sie verfolgen die Idee, dass die Menschen den Gipfel ihrer Evolution bereits erreicht haben und die nächste Entwicklung von intelligentem Leben in den Händen der künstlichen Intelligenz liegt, die in vielen Bereichen dem Menschen überlegen sein werde. In diesem Szenario ist für Elon Musk der Mensch der Bootloader, der das Betriebssystem zu etwas startet, das viel größer ist als er selbst. Dieses Größere und Erhabenere ist die digitale Superintelligenz, die ohne den Menschen halt nicht freigesetzt werden kann. Der Informatiker Jürgen Schmidhuber freut sich schon auf die Zeit, in der sich selbst reproduzierende künstliche Intelligenz den Menschen ignoriert und die ganze Milchstraße erobert.[247] Und Ray Kurzweil (Director of Engineering bei Google),

> »von der Aussicht, mit seinem Computer zu verschmelzen, ganz verzückt, prognostiziert, dass es mit dem Uploaden des Bewusstseins schon bald so weit sein könnte. Menschen würden auf diese Weise zu kollektiven Netzwerken, Teile einer einzigen Matrix, wie die Borg der Star Trek-Serie.«[248]

Diese Aussage zeigt, wie sehr sich die Enthusiasten der künstlichen Intelligenz in ihren Zukunftsvisionen an den Science-Fiction-Serien wie »Raumschiff Enterprise« orientieren. Ich persönlich habe diese Filme immer als unendlich langweilig erlebt, weil sie Einstellung und Verhalten der Menschen in der realen Welt lediglich in eine künstliche Welt übertragen und inhaltlich nichts Neues präsentieren.

Tatsächlich sind die Zukunftsvisionäre des Silicon Valley noch voll in dem Denken des Hyperindividualismus befangen. Es geht weiter nur um den eigenen Vorteil, um Konkurrenz und Macht, um Krieg und Gewinnen. Dementsprechend befürchten und erwarten sie auch, dass die mit künstlicher Intelligenz ausgestatteten Maschinen um die Macht kämpfen und aufgrund ihrer überlegenen Intelligenz den Menschen besiegen werden. Allerdings fragen sie nicht danach, warum die Maschinen das tun sollten und welchen Vorteil sie davon haben könnten.

Vor allem: Ist der Mensch tatsächlich auf rationale Intelligenz und kognitive Fähigkeiten zu reduzieren? Sind Menschen unvollständige Maschinen, wie die Hohepriester des Silicon Valley es uns lehren, oder sind Maschinen nicht doch eher unvollständige Menschen?[249] Sind Gedanken mit Informationen gleichzusetzen? Ist es nicht so, dass Anstöße von außen das Gehirn jedes Einzelnen in unterschiedlicher Weise Bedeutungen konstruieren lassen? Und generiert das Gehirn jedes Einzelnen nicht in sehr unterschiedlicher Weise Bewusstsein? Was soll da wie von einem Gehirn aufs andere übertragen werden? Zudem: So groß die Datenmengen auch sind, die künstliche Maschinen verarbeiten können: zu Ironie, zu Satire, zu Witz, zu inkonsequentem, unberechenbarem Verhalten, zur irrationalen Gedankenspielen und Ähnlichem sind sie (bisher) nicht fähig, und Ambivalenz, Widersprüchlichkeiten und Unentscheidbarkeiten auszuhalten, ist ihre Sache nicht.

> »Unsere Intelligenz ist großartig, aber nicht um eine objektive Welt zu durchschauen, sondern sich in ihr einzurichten und zu bestehen. Sie ist dadurch unendlich viel reichhaltiger als künstliche Intelligenz, gerade weil sie nicht für wenige ausgewählte Zielfunktionen optimiert wurde. Die Leistung unseres Bewusstseins, eine Welt zu konstruieren und uns zugleich das Gefühl zu geben, in ihr zu sein, setzt ungezählte ›stumme‹ Fähigkeiten voraus, die uns im Alltag zumeist nicht deutlich werden. Und doch machen sie uns mindestens ebenso sehr zu Menschen wie die bewussten Operationen unseres Verstandes. Wir rechnen, sehen

und hören sehr viel schlechter als Computer, aber wir orientieren uns auf grandiose Weise in oft unendlich komplexen Kontexten.«

Harari wirft zum Ende seines Buches *Homo Deus* drei Schlüsselfragen auf, die den Leser, so seine Hoffnung, noch lange nach der Lektüre beschäftigen mögen:

> »1. Sind Organismen wirklich nur Algorithmen, und ist Leben wirklich nur Datenverarbeitung? 2. Was ist wertvoller – Intelligenz oder Bewusstsein? 3. Was wird aus unserer Gesellschaft, unserer Politik und unserem Alltagsleben, wenn nicht-bewusste, aber hochintelligente Algorithmen uns besser kennen als wir uns selbst?«[250]

Grundsätzlich scheint die Entwicklung von Digitalisierung und künstlicher Intelligenz sehr stark mit dem überkommenen, auf die Spitze getriebenen Selbst- und Weltbild des Menschen verbunden zu sein. »So hat sich«, wie Christoph Quarch es ausdrückt,

> »ein Menschenbild herausgeformt, das uns weismacht, wir seien unserem Wesen nach rationale Egoisten und Konkurrenten, die ihre Erfüllung darin finden, sich Objekte anzueignen bzw. gegen andere Objekte durchzusetzen. Wir sind zu Konsumenten geworden. Das, was uns begegnet und widerfährt, nehmen wir als Information oder Unterhaltung, aber nicht als etwas, das uns existenziell etwas zu sagen hat. Nur aus dieser Konsumentenhaltung heraus ertragen wir überhaupt Medien, Horrorfilme, Facebook usw. Wenn wir uns davon berühren ließen, müssten wir zerbrechen. Und weil das, was wir konsumieren, uns nicht tief berührt, bekommen wir davon nie genug. Wir gieren nach mehr. Das ist natürlich für eine auf Wachstum gedrillte Wirtschaft großartig, denn die Firmen können produzieren ohne Ende und immer neue ›Bedürfnisse‹ ins uns wecken.«[251]

In geradezu zynischer Weise sind beispielsweise Facebook und Instagram so konstruiert, dass sie die Kunden, insbesondere schon Kinder und Jugendliche, faszinieren und unter den Gleichaltrigen einen sozialen Druck aufbauen, dabei zu sein. Der Like-Button ist prominent positioniert, das Dislike-Icon schwer zu finden. Dass es letztlich nur um Datenhandel geht und beispielsweise Personen dafür bezahlt werden, gekaufte Likes in ihr Mobiltelefon einzugeben, bleibt schwer durchschaubar. Beim Influencer-Marketing auf Instagram werden die Menschen, die tatsächlich oft bezahlte Manipulatoren sind, als Freunde wahrgenommen. Es geht um einen riesigen Markt. In etwa 200 Milliarden Dollar werden inzwischen jährlich mit dem Datenhandel umgesetzt.

Ähnliches gilt für die Arbeit von Online-Journalisten. In zunehmendem Maße gilt: Der Wert ihrer Tätigkeit

> »hängt davon ab, wie viel Aufrufe, Likes, Shares und Hashtags sie in den sozialen Medien erhalten. Belohnt werden sie nicht für gut geschriebene, sorgfältig recherchierte Artikel, sondern für solche, die hohe Wellen schlagen und möglichst viel Emotionen schüren. Denn diese werden mit der wichtigsten Währung im Netz belohnt: Aufmerksamkeit. ... Eines der erstaunlichsten Fake-News Phänomene führt ins mazedonische Städtchen Veles. Dort bemerkte ein Mann im Vorfeld der US Wahl 2016, dass sich mit reißerischen Blogeinträgen über Bill Clintons Sexleben Unmengen an Traffic generieren und ein Haufen Geld über Googles AdSenseBanner verdienen ließ. In Mazedonien, wo das durchschnittliche Monatseinkommen 345 Euro beträgt, verdiente der Mann innerhalb von drei Monaten 15.000 Euro. Schon bald machten hunderte mazedonische Teenager es ihm nach und produzierten Fake Headlines, die in den USA hunderttausend- und millionenfach geteilt und geglaubt wurden.«[252]

All diese hier nur grob angerissenen Fakten sind – ähnlich wie die Forschungsergeb- nisse zu der heraufziehenden Klimakatastrophe – weitgehend bekannt. Das Überraschende und Beunruhigende liegt darin, dass die meisten Menschen – auch da gibt es die Parallelität – daraus keine Konsequenzen ziehen. Aufgrund des aktuellen hyperindividualistischen Selbst- und Weltbildes haben viele nicht nur Verständnis, sondern zeigen oft Bewunderung für Personen, die auf raffinierte Art und Weise jede Chance, den eigenen Wohlstand zu mehren, ausnutzen, selbst wenn sie damit andere schädigen. Das gilt auch im Hinblick auf die Gründer und Adepten der Internetplattformen, die ihren Kunden auf geschickte Weise etwas Attraktives anbieten, mit dem sie sie ausbeuten können.

Welche Folgen der digitale Wandel im Einzelnen hat, soll und kann hier nicht diskutiert werden. Kurz nur so viel: Die Auswirkungen der Nutzung des Internets und der unterschiedlichen Plattformen beispielsweise auf Kinder und Jugendliche sind ebenso vielfältig wie das Internet selbst. Auch Internetplattformen können natürlich durchaus positiv genutzt werden, helfen beispielsweise manchen Kindern und

Jugendlichen in ihrer Selbstentfaltung und ihrer Identitätsfindung. Andererseits zeigte eine umfangreiche Datenerhebung der »Royal Society for Public Health« an 1500 jungen Menschen im Alter von 14 bis 24 Jahren aus dem Vereinigten Königreich[253], dass soziale Medien gefährlichere Suchtmittel sind als Zigaretten und Alkohol. Die Nutzung von Instagram wurde in der Studie als besonders bedenklich gewertet. Durch den Vergleich mit Bildern, die mit unterschiedlichen Tools bearbeitet werden und dann fern aller Realität sind, bewirken sie bei nicht wenigen Kindern und Jugendlichen eine negative Körperwahrnehmung, die zu Schlafstörungen, einem verminderten Selbstbild und zu Selbstunsicherheit führt. Martin Korte, Professor für zelluläre Neurobiologie, sieht die größte Gefahr des digitalen Wandels für das Gehirn in der unzureichenden Ausbildung von Empathiefähigkeit, die – so eine Reihe von Forschern – für die Entwicklung des Homo sapiens wichtiger war als der aufrechte Gang.

> »Die Reise in die Köpfe anderer Menschen ist eine der größten menschlichen Leistungen, zu der wir evolutiv in der Lage sind. Unsere Gehirne sind dafür gemacht, aber diese Fähigkeit muss auch intensiv trainiert werden. Das funktioniert nur, wenn wir mit Menschen tatsächlich zusammen sind, beispielsweise im Klassenraum, nicht aber im Chatroom.«[254]

Die erschreckende Verbreitung von anonymen Hassbotschaften im Internet ist inzwischen ein öffentlich viel behandeltes Thema geworden. Auf Twitter und Facebook herrscht ein permanenter Verbalkrieg. Es geht nur darum, den anderen kleinzumachen und sich selbst als den moralisch besseren Menschen abzufeiern – mit der Gefahr, dass irgendwann die Worte in Taten umgesetzt werden. Was treibt Menschen dazu? Der verführerische Effekt scheint darin zu bestehen, dass Social-Media-Nutzer – so zeigen es bildgebende Verfahren – dann besonders stark vom Gehirn durch die Ausschüttung von Dopamin, dem sogenannten Glückshormon, belohnt werden, wenn sie ihre eigenen Gedanken darlegen, und zwar viel mehr, als wenn sie anderen zuhören. Zugleich fanden die Wissenschaftler heraus, dass sich bei einem realen Gespräch zweier Menschen 30 bis 40 Prozent der Inhalte um die eigenen Ansichten drehen, während bei der ausschließlich online stattfindenden Social-Media-Kommunikation 80 Prozent der Inhalte rein selbstbezogen sind. Narzissmus wird belohnt![255]

Nach meinem Eindruck müssen wir jetzt Entscheidungen treffen. Wollen wir in Zukunft ein biologisches Miteinander in Rücksicht und Respekt verwirklichen? Wünschen wir, dass in Zukunft »der Mensch im Mittelpunkt« steht? Für den Neurobiologen Gerald Hüther ist Würde ein zentraler Begriff bei der Frage, in welche Richtung wir uns weiter entwickeln sollten. Statt ständig die Welt nach unseren Vorstellungen verändern zu wollen, bleibt uns heute seiner Überzeugung nach nichts anderes übrig, als unsere bisherigen Vorstellungen von uns selbst zu verändern. Er hält es für unumgänglich, dass wir in Zukunft eine Vorstellung und ein Bewusstsein dessen entwickeln, was uns als Menschen ausmacht. Menschen, die sich ihrer Würde als Subjekte bewusst werden, sind seiner Überzeugung nach nicht mehr so verführbar und lassen sich nicht mehr als Objekt von würdelosen, lediglich auf den eigenen Vorteil bedachten anderen ausbeuten. Denn sie verfügen über einen inneren Kompass, der ihr Denken und Handeln leitet.

»Ein Mensch«, so Hüther,

> »der sich seiner Würde bewusst geworden ist, braucht weder den Erfolg beim Kampf um begrenzte Ressourcen noch irgendwelche Ersatzbefriedigungen, die ihm von Werbestrategen angeboten werden. Eine solche Person leidet nicht an einem Mangel an Bedeutsamkeit. Sie ist sich ihrer Bedeutung bewusst. Deshalb ist sie nicht mehr verführbar. Weder hat sie einen Gewinn davon noch ein Interesse daran, andere Personen zu Objekten ihrer Absichten und Erwartungen, ihrer Ziele und Maßnahmen oder gar ihrer Verführungskünste und Versprechungen zu machen. Weil sie sich ihrer eigenen Würde bewusst ist, kann sie die Würde anderer Menschen nicht verletzen. Das wäre unter ihrer Würde.«[256]

Das klingt nach einem sehr hehren Ideal, ist aber doch eine Konkretisierung der schon zitierten Forderung von Mahatma Gandhi: »Sei du selbst die Veränderung, die du dir wünschst für diese Welt.« Es entspricht auch der in dem Kapitel über das Beziehungsgeschöpf Mensch formulierten Anregung, den anderen grundsätzlich als sich selbst organisierendes Subjekt zu betrachten und nicht mehr als ein Objekt, das es zu manipulieren und zu übervorteilen gilt. Daraus kann – wie schon gesagt – eine Haltung der Zusammenarbeit und der Solidarität entstehen, ein Erleben von Gemeinsamkeit und gemeinschaftlichen Aufgaben, ein Sinn für wechselseitigen Schutz und – wenn es gut kommt – für Liebe.

Übrigens: Wussten Sie, dass sich der Anteil digitaler Technologien an den globalen CO2-Emissionen nach Ergebnissen der französischen Denkfabrik »The Shift Project«, die 170 Studien auswertete, zwischen 2013 und 2018 – also in nur fünf Jahren – von 2,5 auf 3,7 Prozent erhöht hat? Ursachen dafür sind vor allem die Kurzlebigkeit der elektronischen Geräte wie Handys oder Tablets, die schnell durch die jeweils neueste Generation ersetzt werden, sowie die rapide zunehmende Nutzung von Video-Streamingdiensten. Auch in Deutschland und Europa steigt der Energiebedarf durch diesen Sektor weiter an – vor allem durch zunehmende Vernetzung beispielsweise mit Haushaltsgeräten. So hat das Berliner »Borderstep Institut für Innovation und Nachhaltigkeit« errechnet, dass bis 2025 europaweit mit 1,7 Milliarden vernetzten Haushaltsgeräten zu rechnen ist – zusätzlich zu den »klassischen« Produkten der Informations- und Kommunikationstechnik. Dieser Mehrverbrauch könne sich auf 70 Milliarden Kilowattstunden pro Jahr summieren, was gut einem Siebtel des derzeitigen deutschen Stromverbrauchs entspricht.[257]

Das Deliktrecht

Im heutigen Strafrecht gilt das Prinzip der individuellen Schuld. Die Willens- und Entscheidungsfreiheit des Menschen – obwohl durchaus umstritten – wird als unumstößliche Realität gesetzt. Dem Täter wird unterstellt, dass er (abgesehen von besonderen Ausnahmen) vor und bei der Begehung um die Unrechtmäßigkeit seines rechtswidrigen Tuns hätte wissen müssen und dass er auch anders hätte handeln können. Diese grundlegenden Annahmen unseres heutigen Strafrechts sind mit der Erfindung des Individuums im 12. Jahrhundert entwickelt worden. Aber sind sie in Stein gemeißelt und für alle Zeiten gültig?

Ich gehe davon aus, dass sich die Zweifel an einer nahezu unbegrenzten Willensfreiheit des Menschen weiter verstärken werden. Die inzwischen wiederholt bestätigten neurobiologischen Befunde, dass das Gehirn in einem Akt der Selbstorganisation Entscheidungen fällt, die dem Betroffenen erst nach einer minimal kurzen Zeit, aber eben doch nach der Handlung bewusst werden, dürften auf Dauer nicht zu ignorieren sein. Allerdings stoßen solche Annahmen derzeit noch auf erbitterten Widerstand, der unter anderem mit dem doch sehr schwachen Argument begründet wird, dass damit unserem heutigen Strafrecht die Grundlage entzogen würde.

Ich erinnere mich an einen Strafprozess vor vielen Jahren gegen einen jungen Heranwachsenden, in dem ich als Gutachter tätig war. Dem jungen Mann wurde vorgeworfen, einen Auftragsmord im Rotlichtmilieu begangen zu haben. Der sehr engagierte Vorsitzende der Strafkammer fragte ihn immer wieder nach seiner Motivation für diese Tat, bekam aber keine zufriedenstellende Antwort. Schließlich sagte der Richter ziemlich verzweifelt: »Sagen Sie uns doch, was Sie sich vor der Tat gedacht haben! Man denkt doch erst, und dann handelt man.« Mir ging damals durch den Kopf, ob es nicht genau andersherum sei, dass man nämlich erst handelt und dann (möglichst schnell) die passende Motivation dazu erfindet. (Auch diese Idee wird von wissenschaftlichen Untersuchungen gestützt.) Erwachsene sind darin äußerst geschickt. Kinder und auch die meisten Jugendlichen können das noch nicht oder nicht so gut. Deshalb bekommt man von ihnen auf die Frage nach dem Warum einer Handlung meist keine Antwort, was dann oft als Verstocktheit interpretiert wird.

Damit ist das zweite Problem des heutigen Strafrechts angesprochen, nämlich dass der Richter nach § 46 der Strafprozessordnung angehalten ist, unter anderem die Beweggründe und die Ziele des Täters, die Gesinnung, die aus der Tat spricht, die Verwerflichkeit der Tat, das Vorleben des Täters und seine persönlichen Verhältnisse zu berücksichtigen. Dabei muss der Richter also ausgehend von der Bewertung der Tat zurückliegende Gründe und Ursachen erforschen, die bei dem Entschluss zur Tat eine Rolle gespielt haben können. Ein solches Vorgehen ist aber nach neueren wissenschaftlichen Erkenntnissen aufgrund der nichtlinearen Bestimmung der Tathandlung grundsätzlich nicht möglich; es unterliegt zumindest einer großen Irrtumswahrscheinlichkeit.

Aus meiner Sicht gibt es sinnvolle Perspektiven auf ein in Zukunft grundsätzlich anders konzipiertes Deliktrecht. Dabei werden andere Zwecke des Strafausspruchs weiterhin von Bedeutung bleiben, beispielsweise die Prinzipien des Schuldausgleichs, der Berücksichtigung der Tatfolgen und der Abschreckung im Sinne einer Prävention ad personam und einer Generalprävention. Das Prinzip der individuellen Schuld aufgrund freier Entscheidung zur Tat aber lässt sich dadurch ersetzen, dass die Verantwortung des Täters für sein zukünftiges

Verhalten in den Vordergrund gestellt wird. Das umschließt die Forderung, dass er in Zukunft die Rechte seiner Mitmenschen und die Gesetze des Staates respektiert und danach handelt. Ein solches Deliktrecht wäre dann nicht mehr als Schuldrecht zu bezeichnen, sondern als Verantwortungsrecht, wobei der Begriff der Verantwortung sich dadurch von dem Begriff der Schuld unterscheidet, dass er auf das zukünftige Handeln des Täters ausgerichtet ist.

Eine solche Blickrichtung hat viele Vorteile. Sie schafft mit der Forderung nach einem zukünftig rechtsgemäßen, sozial verantwortungsvollen Handeln und den dafür ggf. zu erwerbenden Fähigkeiten einen Kontext der Kompetenz, der tendenziell zu positivem Handeln motiviert. Demgegenüber richtet ein Schuldrecht den Blick zurück und schafft einen Kontext des Versagens, der eher Widerstand und gegebenenfalls auch Resignation weckt.

Darüber hinaus müsste auch die bisherige Idee von Strafe insofern infrage gestellt werden, als Strafen heute als Sanktion verstanden werden für individuell zurechenbare Schuld. Wenn das Handeln eines Menschen aber nun – wie oben näher dargestellt – die Gemeinschaftsleistung des relevanten Bezugssystems darstellt, dann müssten auch die Mitglieder dieses Bezugssystems in die Verantwortung für ein zukünftig straffreies Handeln des Täters durch entsprechende Auflagen mit einbezogen werden.

Das mag aus unserer heutigen individuumzentrierten Sicht ganz abwegig erscheinen. Aber genau ein derartiges Konzept haben die zuständigen Kolleginnen in der von mir ärztlich geleiteten Klinik ihrer Arbeit mit schuldfähigen jugendlichen Sexualstraftätern zugrunde gelegt. Als Ziel der Arbeit wurde definiert, dass der Jugendliche in Zukunft die sexuelle Selbstbestimmung des Kindes oder der gleichaltrigen Jugendlichen respektiert. Diese Fähigkeit zur Verantwortungsübernahme wurde kontinuierlich mit dem jeweiligen Jugendlichen erörtert, die Zunahme seiner Fähigkeit dazu durch unterschiedliche Maßnahmen der Beobachtung kontrolliert. Die Eltern, die erfahrungsgemäß häufig zu einer Relativierung und Bagatellisierung der Tat(en) neigten, wurden unter der gleichen Zielsetzung der Verantwortungsübernahme in die Therapie mit einbezogen. Mit dem Jugendlichen wurde erst zu einem späteren Zeitpunkt in der Therapie die rückwärtsgerichtete Frage erörtert, wie es hatte dazu kommen können, dass er die sexuelle Selbstbestimmung des Kindes oder des Mädchens nicht respektiert hatte. Dass nach unseren über mehr als 30 Jahre währenden Nachforschungen lediglich 5–6 Prozent dieser Jugendlichen einschlägig rückfällig wurden, werte ich als Bestätigung dieses Therapieansatzes.

Die Zeit

Mit der Erfindung des Individuums setzte sich die Vorstellung einer linearen, gleichmäßig voranschreitenden Zeit – wie wir sie heute für selbstverständlich halten – zunehmend durch. Wir benutzen das Wort »Zeit« heute, als wäre Zeit ein eigenes »Ding«. Zyklische Zeitvorstellungen sind durch die vor allem in den letzten Jahrhunderten gewachsene Entfremdung des Menschen von der Natur ganz in den Hintergrund getreten. Der unerbittlich in die Zukunft verlaufende Zeitpfeil treibt die Menschen an und weckt ständig Befürchtungen, Wichtiges oder Erwünschtes zu verpassen. Ein Erleben von Hast, Unruhe und Hektik breitet sich aus. Der Mensch fühlt sich getrieben und gestresst. Im Extrem gerät er in ein manisch-psychotisches Verhalten.

»Die westliche Kultur kennt keinen Stillstand, kein Verweilen, keine Handlungshem-mung. Unentwegte Aktivität, technischer Fortschritt, wirtschaftliches Wachstum und Steigerung des Konsums sind die obersten Gebote.«[258] Ein Symbol der Entkoppelung der Zeit von den zyklischen Prozessen des Körpers und der Natur ist New York, das sich als die Stadt rühmt, »die niemals schläft«.

Damit stellt sich die Frage, wieweit ein zukünftiger Mensch in irgendeiner Weise eine Zeitvorstellung wiederentdeckt, die ihn mit der kosmischen Periodik von Tag, Monat und Jahr sowie dem Schlaf-Wach-Rhythmus und den sonstigen vegetativen Rhythmen seines Körpers besser in Kontakt bringt. Unter einer zyklischen Idee von Zeit verschwindet nicht der Augenblick unwiederbringlich, sondern der Mensch kann darauf vertrauen, dass er – in veränderter Form – wiederkehrt, wie die Jahreszeiten alljährlich wiederkehren.

Wendorff plädiert dafür, in Zukunft ein Bewusstsein für zwei Pole des Zeiterlebens, nämlich den der linearen Zeit und den der zyklischen Zeit zu entwickeln.

> »Dem Stress der linearen Zeit sollte das Erlebnis von Ruhe, von Dauer oder Zeitlosigkeit gegenüberstehen, der uhrenhaft gleichmäßigen Zeit das Erleben der meisten naturbedingten Rhythmen des Vergehens und Neuwerdens, des ständigen Entschwindens und Anfangens, auch des passiven Eingefügtseins in Zeitabläufe, die sich der eigenen rationalen

> und willenhaften Beherrschung entziehen. Die Rhythmen des Tages wie des Jahres werden von unserer Zivilisation weitgehend zugedeckt. Das ist eine gefährliche Verarmung. Es ist der Fantasie und Initiative des Einzelnen anheimgegeben, sich in diesem Punkt weniger bevormunden zu lassen und die Rhythmen nichtlinearer Art bewusst zu suchen und zu erleben.«[259]

Ein größeres Bewusstsein für die naturgegebenen Zyklen und das Stirb und Werde des Lebens eröffnet zudem die Chance, dass der Einzelne sich eingebunden erlebt in einen übergreifenden Lebensprozess des Kommens und Gehens in dieser Welt. Das Christentum hat demgegenüber viel zu einem ichbezogenen Denken im Hinblick auf die Unausweichlichkeit des Todes beigetragen, indem es diese Zwangsläufigkeit durch die Idee von der möglichen Auferstehung der integralen Person aufzuheben sucht. Die gegensätzliche Position vertritt der griechische Arzt Alkmaion mit dem Satz: »Die Menschen müssen deshalb sterben, weil sie es nicht gelernt haben, das Ende mit dem Anfang zu verknüpfen.« Würden sie sich also in das zyklische Prinzip des Lebens in dieser Welt, in das Stirb und Werde eingebettet erleben, würde der Blick nicht so sehr auf das eigene Sterben, sondern auf die Wiederkehr und das Fortbestehen des Lebens in dieser Welt gerichtet.

> »Das ist viel verlangt, denn es setzt voraus, von sich selbst absehen zu können und das Leben, bei dem man nicht mehr dabei ist, mit derselben Teilnahme anzusehen, wie wenn man dabei wäre. Man müsste innerlich an einer Zukunft teilnehmen können, die einen selbst ausschließt. Doch schließt sie einen wirklich aus? Nein, sie tut nichts dergleichen. Es kommt einem nur so vor, wenn man nicht aufhören kann, alles auf sich selbst als den Mittelpunkt zu beziehen.«[260]

Gelingt es, darauf zu verzichten, kann man sich darüber freuen, dass das Leben mit den Kindern und Enkeln weitergeht, auch ohne einen selbst. Solche Gedanken sind nicht neu, verdienen es aber, wiederentdeckt zu werden.

Ein zukünftiger Mensch wird aber möglicherweise geprägt sein durch ganz neue Zeitvorstellungen. Allerdings dürfte dabei die auf die Relativitätstheorie zurückgehende, beobachterabhängige Raumzeit eine eher geringe Rolle spielen, da dieses Phänomen bei Geschwindigkeiten und Distanzen zum Tragen kommt, die zwar sekundär bei Techniken wie den Navigationsgeräten von Bedeutung sind, im unmittelbaren Leben der Menschen aber keine Rolle spielen, da es um Differenzen von Hundertstelsekunden geht. Wie solche Zeitvorstellungen eines zukünftigen Menschen aussehen könnten, lässt sich schwer erahnen, zumal auch die moderne Physik bislang zum Thema Zeit keine einheitliche Theorie entwickeln konnte.

Einen sehr anregenden Ansatz hat der Professor für theoretische Physik Klaus Mecke[261] entwickelt, der die empirisch nicht belegten Ausgangsvoraussetzungen des Standardmodells der Elementarteilchenphysik und der allgemeinen Relativitätstheorie hinterfragt, dass nämlich die Welt aus einer kontinuierlichen, vierdimensionalen Raumzeit besteht, die mit Quantenfeldern angefüllt ist. Als Alternative diskutiert er die Möglichkeit, die Welt als einen Prozess von elementaren Ereignissen, beschrieben als endliche Punktmenge, aufzufassen. Punkte markieren dabei Ereignisse in Raum und Zeit, sogenannte Raumzeitpunkte, während Linien die Orte eines Geschehens in dieser Raumzeit markieren, beispielsweise die Bewegung eines Teilchens durch aufeinanderfolgende Orte in Raum und Zeit.

Eine solche Weltsicht stellt bisherige Annahmen infrage. Gibt es wirklich einen Raum, der sich in die Zukunft erstreckt und dort bereits vorliegt, um von unseren Handlungen mit Ereignissen gefüllt zu werden? Oder ist nicht alles, was wir sehen, Vergangenes, das unsere Sinne nur für uns festhalten? Es gibt dann nichts in der Zukunft, auch keinen Raum und keine Zeit; denn diese sind sodann nur permanent erscheinende Ereignisse der Vergangenheit. Der Möglichkeitsraum zukünftiger Ereignisse wird zwar durch die Vergangenheit beeinflusst, die zukünftigen Ereignisse werden aber nicht determiniert. Die Zukunft ist dementsprechend völlig offen. Wodurch Ereignisse im Prozess realisiert werden, ist nach dieser Theorie durch die Physik nicht zu klären, da sich die Physik nur mit dem Beobachtbaren, der Vergangenheit, und nicht mit zukünftigen Ereignissen beschäftigt. Klaus Mecke[262] formuliert:

> »Wie wird dann aber die Realisierung eines konkreten Ereignisses aus der Unendlichkeit der Möglichkeiten ausgewählt? Es könnte purer Zufall sein, oder ein völlig unbekanntes, nicht-physikalisches Prinzip, oder eventuell die Intention eines Bewusstseins. Empirisch scheint dann aber das größte ungelöste Problem zu sein, wie genau das Bewusstsein und der freie Wille des Menschen im Rahmen eines finiten Weltmodells

wirkt, wie Intentionen in die Welt kommen. Bei solchen Fragen scheint die Physik momentan in der Tat an ihr Ende gekommen zu sein.«

Visionen entwickeln

Unser Gehirn ist eine Zukunfts-Maschine. Alles Denken ist mit Prognosen befasst. Wir projizieren das, was wir kennen, in die Zukunft. Dadurch aber entstehen sehr eingeengte Zukunftsmodelle. Gute Fragen können diesen Blick erweitern. Fragen ist das Beste, was man mit einem menschlichen Gehirn machen kann. Sie wecken Neugier und schaffen Anregungen, Visionen neuer Möglichkeiten in der Zukunft zu entwickeln, die helfen, ein Verharren im Bekannten zu überwinden. Solche Visionen verändern den Fokus der Aufmerksamkeit von der Vergangenheit in die Zukunft, von der Problemwahrnehmung in Richtung der Wahrnehmung von Möglichkeiten, Chancen und zukünftigen Stärken. Sie können als Katalysatoren für individuelle, gesellschaftliche und ökologische Leitbilder dienen, wie wir den Menschen der Zukunft und sein In-der-Welt-Sein denken können. Sie entwickeln motivationale Kraft für Veränderungen, wenn sie so konkret und anschaulich wie möglich ausgestaltet werden. Ein Beispiel:

Stellen Sie sich vor, Sie sind 85 Jahre alt und blicken zufrieden auf Ihr Leben, insbesondere die letzten 30 Jahre zurück. Sie haben das Gefühl, Ihrem Leben einen Sinn gegeben zu haben. Es war erfüllt von vielen schönen Erlebnissen, die Ihnen geholfen haben, auch Schicksalsschläge zu bewältigen.

Welche schönen, erfüllenden Erlebnisse und Erfahrungen kommen Ihnen in den Sinn?

Wie haben Sie es geschafft, sich auf das zu konzentrieren, was für Sie wirklich wichtig war?

Welche Entwicklungen in der Welt haben Sie beunruhigt, und welche Konsequenzen haben Sie für sich persönlich aus diesen Sie beunruhigenden Entwicklungen gezogen?

Haben Sie Haltungen und Einstellungen entwickelt, von denen Sie sich wünschen, dass Ihre Kinder und Enkel sie genauso energisch verfolgen, wie Sie es getan haben oder gern getan hätten?

Wodurch haben Sie dazu beigetragen, mehr Fairness, Solidarität und Gerechtigkeit in die Welt zu tragen?

Schreiben Sie einen Brief an die Person, die Sie vor 30 Jahren waren, und bedanken Sie sich bei dieser Person für die guten Entscheidungen, die sie damals und in den Folgejahren getroffen hat. Schreiben Sie dieser Person Ihre Anerkennung dafür, dass sie damals auch Dinge getan hat, die mit dem Erleben von Verzicht und Einschränkung verbunden waren, und schildern Sie ihr, wie gerade diese Entscheidungen wesentlich dazu beigetragen haben, dass Sie heute zufrieden und auch mit ein bisschen Stolz auf die vergangenen Jahrzehnte zurückblicken.

Interview vom 1. September 2252 mit dem Historiker Professor Dr. Fritz Tabari

Herr Professor Tabari, Sie gelten als einer der ausgewiesenen Fachleute für die Geschichte der letzten 250 Jahre, über die Sie intensiv geforscht haben. Was ist für Sie das Faszinierende an dieser Epoche?

Die letzten zweieinhalb Jahrhunderte sind für uns Historiker deshalb so interessant, weil in dieser Zeit ein unglaublich dramatischer Umbruch in allen Lebensbereichen stattgefunden hat, der unser heutiges Selbstverständnis und unsere Sicht auf die Welt prägt. Wenn man die Quellen studiert und auf die ersten Jahrzehnte des 21. Jahrhunderts zurückblickt, sieht man, dass die Menschen der westlich orientierten Welt aufgrund der damals vorliegenden Forschungsergebnisse relativ gut darüber informiert waren, dass unser Planet auf eine Krise säkularen Ausmaßes zusteuerte. Trotzdem scheint ein nahezu grenzenloses Ausmaß an Zuversicht bestanden zu haben, das Leben könne so weitergehen wie zuvor.

Gibt es denn irgendwelche Erklärungen für dieses Phänomen?

Aus der Distanz von heute ist das schwer zu verstehen. Die Wissenschaft geht vor allem von zwei Ursachen aus. Erstens fühlte sich der Großteil der Menschheit in der ersten Hälfte des 21. Jahrhunderts von den Folgen der Klimakrise noch nicht in ganz großen Umfang persönlich betroffen, obwohl viele Ereignisse darauf hindeuteten. Die Zahl der Hurrikans und Taifune hatte stark zugenommen. Der steigende Meeresspiegel hatte dazu geführt, dass die Bewohner einer ganzen Reihe von Pazifikinseln ihre Heimat verlassen mussten. Dürren und Überschwemmungen hatten große Flüchtlingsbewegungen ausgelöst, die die Staaten in Europa ebenso wie die USA veranlassten, ihre Grenzen mit einem hohen militärischen Aufwand zu sichern. Selbst Indien und China wurden von Flüchtlingskrisen heimgesucht. Zweitens – und das ist vielleicht noch wichtiger – waren die Menschen zum damaligen Zeitpunkt noch sehr geprägt von der Vorstellung, sie könnten diesen Planeten beherrschen und darüber bestimmen, wie sich die Dinge auf dieser Erde entwickeln.

Das klingt ja sehr irrational angesichts der sich damals schon abzeichnenden Katastrophe. Wie erklären Sie sich das?

Ich glaube, man muss dafür zu verstehen suchen, wie der Mensch sich selbst und die Welt im 2. Jahrtausend gedacht und verstanden hat. Mit der Erfindung der Idee des Menschen als Individuum etwa im 12. Jahrhundert begann der Mensch, sich als gottgleich zu betrachten. Der einzelne Mensch entschied aufgrund seiner Vernunft über Richtig und Falsch und über Gut und Böse. Die Erde und alle Lebewesen begann er als Dinge zu betrachten, die er zu seinem Wohle nutzen und benutzen könne. Im weiteren Verlauf dieses Jahrtausends entstand die Vorstellung der Welt als einer Maschine, die man je nach Bedarf beliebig umbauen, ausbauen und gegebenenfalls reparieren könne.

Ist damals denn niemandem aufgefallen, wie eingeschränkt – um nicht zu sagen: beschränkt – diese Sichtweise war?

Ja, aus unserer Sicht heute erscheint dieser Blick auf die Welt als sehr einseitig und naiv. Aber um zu verstehen, warum die Menschen derartig lange daran festgehalten haben, muss man berücksichtigen, welche Erfolge dieses Denken erzielt hat: Es hat sehr erfolgreiche Wissenschaften und eine fantastische Industrie entstehen lassen. Für einen Teil der Menschheit hatte das zu Wohlstand und einer enormen Erweiterung ihrer Möglichkeiten geführt.

Dass dann die große Klimakrise tatsächlich eingetreten ist, unter der die Menschheit im zweiundzwanzigsten Jahrhundert sehr gelitten hat und mit deren Folgen wir ja auch heute noch viel zu tun haben, brauchen wir nicht zu diskutieren. Ich würde Sie gerne noch fragen, welche – sagen wir – drei »Errungenschaften« unserer heutigen Zeit Sie bei einem Vergleich mit dem 21. Jahrhundert für die wichtigsten halten?

Da möchte ich als Erstes nennen, dass es unter dem Druck der Katastrophe tatsächlich gelungen ist, die UNO zu einer Weltregierung weiterzuentwickeln. Ich brauche nicht daraufhin zu verweisen, dass die Weltverfassung heute noch völlig unzureichend durchdacht und ausformuliert ist, dass das Verhältnis zwischen der Weltregierung und den Staaten wie Europa, USA, China, Indien und anderen noch nicht gut geklärt wurde. Aber auf dem Höhepunkt der Krise brauchte die Welt eine starke Macht, die unangenehme und sehr einschränkende Maßnahmen durchsetzen konnte und schließlich erreicht hat, dass unser Planet zumindest von einer deutlich gesunkenen Bevölkerungszahl noch bewohnbar ist.

Als Zweites sehe ich es als entscheidend an, dass die Weltregierung mit doch beachtlicher Konsequenz das Prinzip verfolgt, dass jeder Mensch auf dieser Welt das gleiche Recht auf Wohlstand hat. Natürlich ist das noch ein weiter Weg. Aber dass beispielsweise in Europa jeder – neben seiner Steuererklärung – seine ökologische Fußabdruckerklärung abgeben muss und die Größe des jedem Menschen zugestandenen ökologischen Fußabdrucks, deren Überschreiten zu sehr schmerzhaften Ausgleichszahlungen führt, zwischen den reichen und den armen Ländern doch weitgehend angeglichen wurde, halte ich für eine großartige Sache.

Dass dies überhaupt möglich ist, hat mit der dritten – wie Sie es nannten – »Errungenschaft« zu tun, nämlich der Tatsache, dass die Menschen der westlichen Welt ein neues Selbstbild entwickelt haben, das getragen ist von dem Bewusstsein, dass jeder Einzelne ein Teil seines ökologischen Subsystems ist und sein Verhalten ein Kennzeichen seiner Beziehung zu wichtigen anderen darstellt. Für uns heute ist es zudem selbstverständlich, dass wir Menschen nicht grundsätzlich anders und besser sind als unsere Mitgeschöpfe, die Tiere, und dass jede unserer Handlungen eine Auswirkung auf die Ökologie unseres Zusammenlebens auf unserem Planeten Erde hat.

Herr Professor Tabari, ich danke Ihnen für das Gespräch.

Nachwort

Dieses Buch soll ein Weckruf sein zu einer Öffnung für ein neues Selbst- und Weltbild des Menschen der sogenannten westlichen Welt. Die Art, wie wir uns selbst und die Welt betrachten, ist keineswegs so unverrückbar und selbstverständlich, wie wir das vielfach glauben. Im Frühmittelalter beispielsweise hatte der Mensch ein völlig anderes Verständnis von sich und seiner Beziehung zu seiner Umwelt. Das änderte sich mit der Erfindung des Individuums im Hoch- und Spätmittelalter. Damals wurden die Ideen entwickelt, die bis heute die Vorstellung des Menschen der sog. westlichen Welt prägen. Diese haben eine bewundernswerte Entwicklung insbesondere von Technik und Wirtschaft ausgelöst. In den letzten Jahrzehnten werden wir jedoch mit den dramatischen negativen Folgen konfrontiert, die dringende Maßnahmen erfordern, um unseren Nachfahren eine lebenswerte Welt zu erhalten. Das ist darauf zurückzuführen, dass viele Merkmale des Individuums derzeit in einer fast grenzenlosen Übersteigerung nahezu karikierend gelebt werden. In einer egomanischen Art und Weise orientiert auf Selbstdurchsetzung und die Befriedigung seiner eigenen Bedürfnisse, ist die Suche nach dem eigenen Vorteil und persönlichem Wohlstand ganz in den Vordergrund gerückt. Dieses Individuum ist blind für die notwendigen Maßnahmen, die angesichts von horrender Ungleichheit in der Nutzung der Ressourcen dieses Planeten und der drohenden Umweltkrisen notwendig sind. Es ist nicht bereit oder fähig, sich selbst ein Stück zurückzunehmen, Raum zu lassen für die Bedürfnisse der nicht so privilegierten Menschen auf dieser Erde und den Schäden entgegenzuwirken, die sein Verhalten ausgelöst haben.

Deshalb ist es notwendig, dass der Mensch ein neues Selbst- und Weltbild erfindet, dessen genaue Konturen noch nicht zu fassen sind. Visionen darüber, welches Verständnis seiner selbst, seiner Beziehung zu anderen und seiner Einbindung in die Natur den zukünftigen Menschen prägen wird, können Wege weisen. Aber wir dürfen nicht warten. Wir müssen schon heute dringend und entschieden handeln und mögliche Irrwege dabei in Kauf nehmen. Und es lassen sich Merkmale beschreiben, die mit hoher Wahrscheinlichkeit diesem zukünftigen Verständnis des Menschen eigen sein werden. Kernpunkte werden eine Gemeinschaftsorientierung und ein Respekt gegenüber allen anderen Mitgeschöpfen und der Natur sein.

Anmerkungen

1 Der Spiegel 12/2019, S. 11.
2 Göpel 2020, S. 33.

Teil 1

3 Kriz 2017, S. 28.
4 Gurjewitsch 1980, S. 9.
5 Derschka 2014, S. 9 f.
6 Derschka 2014, S. 11.
7 Achter 1951, S. 11 f.
8 Derschka 2014, S. 14.
9 Geertz 1987, S. 294.
10 Huizinga 2015, S. 87 f.
11 Götz 1986, S. 115.
12 Götz 1986, S. 65 f.
13 Götz 1986, S. 92.
14 Gurjewitsch 1980, S. 327 f.
15 Götz 1986, S. 37 f.
16 Von Hentig 1975, S. 10.
17 Gurjewitsch 1980, S. 344.
18 Gebser 1949, S. 100.
19 Stapelfeldt 2014.
20 Gurjewitsch 1980, S. 336.
21 Gurjewitsch 1980, S. 343.
22 Gurjewitsch 1980, S. 57 f.
23 Le Goff 1970, S. 225.
24 Gloy 1995, S 141 f.
25 Gloy 1995, S 143.
26 Foucault 1993, S. 60.
27 Ötsch 1998, S. 4.
28 Friedell 2017, S. 93.
29 Gurjewitsch 1980, S. 331.
30 Riedl 1984, S. 81.
31 Gurjewitsch 1980, S. 332.
32 Verfügbar unter: https://de.wikipedia.org/wiki/Erkenntnistheorie [14.8.2020].
33 Gurjewitsch 1980, S. 329 f.
34 Götz 2003, S. 267.
35 Gurjewitsch 1980, S. 275 f.
36 Gurjewitsch 1980, S. 284.
37 Gurjewitsch 1980, S. 316.
38 Gurjewitsch 1980, S. 314.
39 Achter 1951, S. 18.
40 Götz, 2003, S. 155 f.
41 Nach Derschka 2014, S. 82.
42 Gurjewitsch 1980, S. 199.
43 Nach Gurjewitsch 1980, S. 201 f.
44 Gurjewitsch 1980, S. 163.
45 Le Goff 1970, S. 293.
46 Sulzgruber 1995, S. 13 f.
47 Nach Gurjewitsch 1980, S. 123.
48 Nach Gurjewitsch 1980, S. 123.
49 Wendorff 1980, S. 112.
50 Wendorff 1980, S. 111.
51 Nach Gurjewitsch 1980, S. 125.
52 Augustinus 1955, S. 14.
53 Augustinus 1955, S. 641 f.
54 Augustinus 1959, S. 378; nach Gurjewitsch 1980, S. 118.
55 Gurjewitsch 1980, S. 118.
56 Nach Gurjewitsch 1980, S. 56 f.
57 Wendorff 1980, S.101.
58 Wendorff 1980, S. 113.
59 Nach Wendorff 1980, S. 102–116.
60 Le Goff 1970, S. 469 f.
61 Borst 2013, S. 262.
62 Nach Gurjewitsch 1980, S. 10.
63 Gurjewitsch 1980, S. 87 f.
64 Aries 1975, S. 93.
65 Wendorff 1980, S. 117.
66 Lamprecht 1902, S. 15.

Teil 2

67 Heer 1949, S. 17.
68 Heer 1949, S. 15.
69 Heer 1949, S. 17.
70 Gurjewitsch 1980, S. 298.

71 Hampe 1902, S. 226 f.
72 Friedell 2017, S. 107.
73 Nach Hauck 1914–1920, Bd. IV, S. 89.
74 Friedell 2017, S. 101.
75 Nach Friedell 2017, S. 101 f.
76 Huizinga 2015, S. 253.
77 Le Goff 1970, S. 616 f.
78 Hecker 1865, S. 153 f.
79 Hecker 1865, S. 33.
80 U. a. nach Hecker 1865, S. 60.
81 Hecker 1865, S. 3 f.
82 Friedell 2017, S. 98.
83 Friedell 2017, S. 98.
84 Rotthaus 1976, S. 50 ff.
85 Siehe Rotthaus 1976, S. 49.
86 Gebser 1949, S. 25.
87 Flasch 2000, S. 247.
88 Heer 1949, S. 237.
89 Heer 1949, S. 289.
90 Le Goff 1970, S. 619.
91 Gebser 1949, S. 25.
92 Gebser 1949, S. 25.
93 Gebser 1949, S. 27 f.
94 Stapelfeldt 2014, S. 17.
95 Gebser 1949, S. 23.
96 Richter 2012, S. 32.
97 Holthaus 2006, S. 2.
98 Lamprecht 1902, S. 75.
99 Zitiert nach van Dülmen 1997, S. 68 f.
100 Duby 1988, S. 117; siehe auch: Götz 1986, S. 34 ff.
101 Richter 2012, S. 99.
102 Dinzelbacher 1981, S. 188.
103 Le Goff 1967, S. 431.
104 Derschka 2014, S. 144 ff.
105 Erasmus von Rotterdam, zit. n. Ballauff (1969).
106 Rotthaus 2017, S. 31.
107 Postman 1995, S. 31.
108 Ariès 1978, S. 561.
109 Rousseau 1971, S. 69.
110 Rousseau 1971, S. 70.
111 Ariès 1978, S. 459.
112 van den Berg 1983, S. 75.
113 van den Berg 1983, S. 77 f.
114 Friedell 2017, S. 233.
115 Gloy 1995, S. 180.
116 Gloy 1995, S 145.
117 Gloy 1995, S. 163.
118 Gloy 1995, S. 166.
119 Gloy 1995, S. 187.
120 Nach Fried 2009.
121 Friedell 2017, S. 105 f.
122 Gloy 1995, S. 179.
123 Van Dülmen 1997, S. 110 f.
124 Sulzgruber 1995, S. 184.
125 Ötsch 1998, S. 6.
126 Ötsch 1998, S. 7.
127 Ötsch 1998, S. 7.
128 Ötsch 1998, S. 7 f.
129 Nach Derschka 2014, S. 40.
130 Achter 1951, S. 20.
131 Achter 1951, S. 20.
132 Nach Derschka 2014, S. 82 f.
133 Wendorff 1980.
134 Richter 2012, S. 25.
135 Gurjewitsch 1980, S. 177 f.
136 Sulzgruber 1995, S. 174 f.
137 Sulzgruber 1995, S. 188.
138 Zitiert nach Le Goff 1970, S. 619, und nach Gurjewitsch 1980, S. 178.
139 Nach Sulzburger 1995, S. 145.
140 Nach Gurjewitsch 1980, S. 88 f.
141 Siehe Derschka 2014, S. 36.
142 Nach Wagner 2001, S. 88.
143 Nach Derschka 2014, S. 32.
144 Ariès 1978, S. 94.
145 Nach Ariès 1978, S. 96.
146 Ortmann 2014, S. 8 f.
147 Nach Kartschoke 2001, S. 64–66.
148 Nach van Dülmen 2001, S. 98.
149 Dinzelbacher 2003, S. 70 f.
150 Lamprecht 1902, S. 17 f.
151 Reichardt 2012, S. 321.

Teil 3

152 Sommerville 1990, S. 15.
153 Köcher 2018.
154 Der Spiegel 9/2019, S. 34–36.
155 Göpel 2020, S. 167.
156 Nach Göpel 2020, S. 86.
157 Der Spiegel 9/2019, S. 36.
158 Ötsch 2018.
159 Rousseau 1971, S. 300.
160 Harari 2019, S. 370.
161 Harari 2019, S. 361 f.
162 Noelle-Neumann u. Köcher 1987, S. 323.
163 Noelle-Neumann u. Köcher 1987, S. 322.
164 Bellah 1985.
165 Opaschowski 1990, S. 21.
166 Fiedler u. Jansen 2019.
167 Lasch 1995.
168 Orheim 2013, S. 3.
169 Müller 2014, S. 29.
170 Müller 2014, S. 18 f.
171 ZHAO Tingyang 2020.
172 Zelik 2020, S. 176.
173 Bateson 1983, S. 435.
174 Riedl 1984, S. 89.
175 Treml 1996 auf den Viersener Therapietagen.
176 Kahl, H., A. Schaffrath Rosario u. M. Schlaud 2007.
177 Rotthaus 2019.
178 Bateson 1983, S. 632.
179 Harari 2019, S.162 f.
180 Harari 2019, S. 171.
181 Verfügbar unter: https://albert-schweitzer-stiftung.de/themen/umwelt/tierprodukte-befeuern-erderhitzung [6.8.2021].
182 Ötsch 2019, S. 49.
183 U. a. Zelik 2020, S. 211 f.
184 Göpel 2020, S. 69 f.
185 Mazzucato 2014.
186 Göpel 2020, S. 62.
187 Welzer 2011, S. 37.
188 Welzer 2011, S. 31.
189 Zelik 2020, S. 164 f.
190 Nach Göpel 2020, S. 80.
191 Verfügbar unter: https://www.overshootday.org/newsroom/press-release-germany-overshoot-day-2021-de/ [25.8.2021].
192 Göpel 2020, S. 36.
193 Kaven 2020, S. 58.
194 Zit. nach von Glasersfeld 1985, S. 19.
195 Nach Wendorff 1980, S. 461.
196 Rovelli 2018.
197 Richter 2012, S. 230.
198 Goethe 1955, Faust Teil I, Verse 1669–1772.
199 Kraiger 2011, S. 66.

Teil 4

200 Zelik 2020, S. 14.
201 Brecht 1957, S. 159.
202 Elias 1988, S. 127.
203 Ortmann 2014, S. 11.
204 von Foerster 1993, S. 73 f.
205 Luhmann 1984, S. 229.
206 Bateson 1983, S. 436.
207 Olthoff 2019, S. 45.
208 Bateson 1987, S. 165 f.
209 Gergen 1996, S. 276 f.
210 Gergen 2021, S. 25/26.
211 Gergen 2021, S. 26.
212 Olthoff 2019, S.47.
213 Pelluchon 2020, S. 47.
214 Uchida 2020, S. 31 f.
215 Ives 2010, S. 22.
216 Rotthaus 2017, S. 66.
217 Luhmann 1987, S. 77 f.
218 Dollase 2001.
219 Rotthaus 2011.
220 Omer u. von Schlippe 2009.
221 Siehe u. a. Behme-Matthiessen u. Pletsch 2012, 2017.

222 Sommer 2020.
223 Harari 2019, S. 194.
224 Precht 2020, S. 11.
225 Göpel 2020, S. 72 f.
226 Priddat u. Wegner 1996, S. 7.
227 Richters u. Siemoneit 2019, S. 158.
228 Ötsch 2018, S. 4 (Übers.: W. R.).
229 Prof. Dr. Thomas Druyen im Interview am 13.6.2015. Verfügbar unter: https://www.bild.de/bild-plus/geld/wirtschaft/wirtschaft/reichtum-und-zukunft-megareiche-werden-die-menschheit-beherrschen-72635806, view=conversionToLogin.bild.html [1.11.2020].
230 Göpel 2020, S. 161 f.
231 Göpel 2020, S. 46 f.
232 Laloux 2016.
233 Scharmer u. Käufer 2017.
234 Zelik 2020, S. 232.
235 Genschel u. Zangl 2008, S. 430 f.
236 Genschel u. Zangl 2008, S. 447.
237 Mazzucato 2014.
238 Maturana u. Varela 1987, S. 262.
239 Rogers 1981, S. 179.
240 Gründler 2012, S. 46.
241 Von Foerster 1993, S. 77 f.
242 Maturana u. Varela 1987, S. 265.
243 Maturana u. Varela 1987, S. 263 ff.
244 IAB Forschungsbericht 8/22015: Industrie 4.0 und die Folgen für Arbeitsmarkt und Wirtschaft. Verfügbar unter: http://doku.iab.de/forschungsbericht/2015/fb0815.pdf [25.8.2021].
245 Joho 2018.
246 Precht 2020, S. 65 f.
247 Nach Precht 2020, S. 71.
248 Precht 2020, S. 69.
249 Precht 2020, S. 23.
250 Harari 2019, S. 608.
251 Quarch 2017.
252 Silberstein 2018. Verfügbar unter: www.getabstract.com/de [6.8.2021].
253 Royal Society for Public Health 2017.
254 Schaeben 2020.
255 Verfügbar unter: https://www.brain-effect.com/magazin/social-media-nutzung-veraendert-das-gehirn [26.8.2021].
256 Hüther 2019, S. 130.
257 Verfügbar unter: https://www.sonnenseite.com/de/energie/studie-zum-energieverbrauch-digitale-klimakiller/ [6.8.2021].
258 Fuchs 2018, S. 62 f.
259 Wendorff 1980, S. 660.
260 Safranski 2015, S. 247.
261 Mecke 2018.
262 Mecke 2018, S. 17.

Literatur

Achter, V. (1951): Geburt der Strafe. Frankfurt/M. (Klostermann).

Ariès, P. (1975): Die Geschichte der Kindheit. München (dtv). [frz. Orig.: (1960): L'enfant et la vie familial sous l'ancien régime. Paris (Éditions du Seuils).]

Augustinus, A. (1955): Bekenntnisse. Elftes Buch. München (Fischer).

Ballauff, T. (1969): Pädagogik. Eine Geschichte der Bildung und Erziehung. Bd. 1. Freiburg (Alber).

Bateson, G. (1983): Ökologie des Geistes. Frankfurt/M. (Suhrkamp).

Bateson, G. (1987): Geist und Natur. Eine notwendige Einheit. Frankfurt/M. (Suhrkamp).

Behme-Matthiessen, U. u. T. Pletsch (Hrsg.) (2012): Handbuch Familienklasse: Multifamiliencoaching im Unterricht. Aachen (Shaker).

Behme-Matthiessen, U. u. T. Pletsch (2017): FiSch – Familie in Schule. In: E. Asen u. M. Scholz (Hrsg.): Handbuch der Multifamilientherapie. Heidelberg (Carl-Auer).

Bellah, R. N. (1985): Habits of the Heart. Berkeley (University of California).

Borst, A. (2013): Lebensformen im Mittelalter. Hamburg (Nikol).

Brecht, B. (1957): Schriften zum Theater. Frankfurt/M. (Suhrkamp).

Clauß, U. (2011): Wie das Internet zum Klimakiller wird. Verfügbar unter: https://www.welt.de/wissenschaft/article13391627/Wie-das-Internet-zum-Klimakiller-wird.html [10.2.2020].

Derschka, H. (2014): Individuum und Persönlichkeit im Hochmittelalter. Stuttgart (Kohlhammer).

Dinzelbacher, P. (1981): Über die Entdeckung der Liebe im Hochmittelalter. *Saeculum* 32: 185–209.

Dinzelbacher, P. (2003): Europa im Hochmittelalter 1050–1250. Eine Kultur- und Mentalitätsgeschichte. Darmstadt (Wiss. Buchgesellschaft).

Dollase, R. (2001): Kernpunkte der Erziehung und ihre Vermittlung. *LAG-aktuell* (hrsg. v. d. Landesarbeitsgemeinschaft für Erziehungsberatung NRW e. V.) November: 63–101.

Duby, G. (1988): Ritter, Frau und Priester. Frankfurt/M. (Suhrkamp).

Dülmen, R. van (1997): Die Entdeckung des Individuums. Frankfurt/M. (Fischer).

Dülmen, R. van (Hrsg.) (2001): Entdeckung des Ich. Die Geschichte der Individualisierung vom Mittelalter bis zur Gegenwart. Köln (Böhlau).

Elias, N. (1988): Über die Zeit. Frankfurt/M. (Suhrkamp).

Erasmus von Rotterdam (1979): Declamatio de pueris ad virtutem ac litteras liberaliter instituendis idque protinus, per Desederium Erasmum Rotero damum. Vortrag über die Notwendigkeit, die Knaben gleich von der Geburt an in einer für Freigeborene würdigen Weise sittlich und wissenschaftlich ausbilden zu lassen. Dt. Übers. mit Anm. vers. von August Israel. Zschop-

pau (Sammlung selten gewordener pädagogischer Schriften des 16. und 17. Jahrhunderts), Bd. 2, S. 8.
Fiedler, M. u. F. Jansen (2019): Aggressivität gegen Polizisten und Rettungskräfte nimmt zu. *Tagesspiegel*, 27.12.2019. Verfügbar unter: https://www.tagesspiegel.de/politik/angefeindet-im-einsatz-aggressivitaet-gegen-polizisten-und-rettungskraefte-nimmt-zu/25370804.html [28.7.2020].
Flasch, K. (2000): Das philosophische Denken im Mittelalter. Stuttgart (Reclam), 2. Aufl.
Foerster, H. von (1987): Entdecken oder Erfinden – Wie läßt sich Verstehen verstehen?. In: W. Rotthaus (Hrsg.): Erziehung und Therapie in systemischer Sicht. Dortmund (modernes lernen), S. 22–58.
Foerster, H. von (1993): KybernEthik. Berlin (Merve).
Foucault, M. (1983): Die Ordnung der Dinge. Frankfurt/M. (Suhrkamp).
Fried, J. (2009): Das Mittelalter. Geschichte und Kultur. München (Beck), 4. Aufl.
Friedell, E. (2017): Kulturgeschichte der Neuzeit. München (Beck), 2. Aufl. d. Sonderausg.
Fuchs, T. (2018): Chronopathologie der Überforderung. Zeitstrukturen und psychische Erkrankung. In: T. Fuchs, L. Iwer u. S. Micali: Das überforderte Subjekt. Berlin (Suhrkamp), S. 52–79.
Gebser, J. (1949): Ursprung und Gegenwart. Bd. I: Die Fundamente der aperspektivischen Welt. Stuttgart (DVA).
Geertz, C. (1987): Dichte Beschreibung. Frankfurt/M. (Suhrkamp).
Genschel, P. u. B. Zangl (2008): Metamorphosen des Staates – vom Herrschaftsmonopolisten zum Herrschaftsmanager. *Leviathan* 36 (3): 430–54. Verfügbar unter: https://www.gsi.uni-muenchen.de/personen/professoren/zangl/publ/metamorphosen.pdf [28.9.2020].
Gergen, K. J. (1990) Die Konstruktion des Selbst im Zeitalter der Postmoderne. *Psychologische Rundschau* 41: 191–199.
Gergen, K. J. (1996): Das übersättigte Selbst. Identitätsprobleme im heutigen Leben. Heidelberg (Carl-Auer).
Gergen, K. J. (2021): Die Psychologie des Zusammenseins. Tübingen (dgvt).
Giesecke, H. (1985): Das Ende der Erziehung. Stuttgart (Klett-Cotta).
Glasersfeld, E. von (1985): Konstruktion der Wirklichkeit und des Begriffs der Objektivität. In: H. Gumin u. A. Mohler (Hrsg.): Einführung in den Konstruktivismus. München (Oldenbourg), S. 1–26.
Gloy, K. (1995): Das Verständnis der Natur. Die Geschichte des wissenschaftlichen Denkens. Bd. 1. München (Komet).
Goethe, J. W. von (1955): Goethes Werke. Hamburger Ausgabe, Bd. 3. Hamburg (Wegner).
Göpel, M. (2020): Unsere Welt neu denken. Berlin (Ullstein).
Götz, H.-W. (1986): Leben im Mittelalter vom 7. bis 13. Jahrhundert. München (Beck), 7. Aufl.
Götz, H.-W. (2003): Europa im frühen Mittelalter 500–1050. Stuttgart (Ulmer UTB).

Gründler, G. (2012) (Hrsg.): Ein Streitgespräch im Sommer 1936. Astrophysikalisches Institut Neunhof, Mitteilung sd64333. Verfügbar unter: https://www.astrophys-neunhof.de/mtlg/sd64333.pdf [3.8.2020].

Gurjewitsch, A. J. (1980): Das Weltbild des mittelalterlichen Menschen. München (Beck).

Hampe, K. (1902): Zur jüngsten deutschen Vergangenheit. Deutsche Geschichte. Erster Ergänzungsbd. Berlin (R. Gaertners Verlagsbuchhandlung).

Hampe, K. (1931): Der Kulturwandel um die Mitte des 12. Jahrhunderts. *Archiv für Kulturgeschichte* 21: 129–150.

Harari, Y. N. (2019): Homo Deus. München (Beck), 10. Aufl.

Hauck, A. (1914–1920): Kirchengeschichte Deutschlands. Band I–V. Leipzig (Akademie).

Hecker, J. F. C. (1865): Die großen Volkskrankheiten des Mittelalters. Berlin (Enslin).

Heer, F. (1949): Aufgang Europas. Eine Studie zu den Zusammenhängen zwischen politischer Religiosität, Frömmigkeitsstil und dem Werden Europas im 12. Jahrhundert. Wien (Europa).

Hentig, H. von (1975): Vorwort. In: P. Ariès: Die Geschichte der Kindheit. München (dtv).

Hobbes, T. (1996): Leviathan. Hamburg (Meiner).

Holthaus, S. (2006): Selbsterfahrung und Selbstbestimmung. Historische Streiflichter zur Geschichte des Individualismus. Verfügbar unter: https://docplayer.org/22628479-Selbsterfahrung-und-selbstbestimmung-his%C2%ADto%C2%ADri%C2%ADsche-streiflichter-zur-geschichte-des-individualismus-1-stephan-holt%C2%ADhaus-2.html [10.10.2020].

Hüther, G. (2019): Würde. Was uns stark macht – als Einzelne und als Gesellschaft. München (Pantheon).

Huizinga, J. (2015): Herbst des Mittelalters. Stuttgart (Reclam).

Ives, M. (2010): Erlösung durch Einsicht. *Der literarische Zaunkönig* 3: 21–22.

Jackson, T. (2017): Wohlstand ohne Wachstum – das Update. München (oekom).

Joho, K. (2018): »Die Arbeitswelt wird sich komplett auf links drehen«. *Wirtschaftswoche,* 13. 8. 2018. Verfügbar unter: https://www.wiwo.de/unternehmen/mittelstand/hannovermesse/jobs-der-zukunft-die-arbeitswelt-wird-sich-komplett-auf-links-drehen/20828426.html [1.10.2020].

Kahl, H., A. Schaffrath Rosario u. M. Schlaud (2007): Sexuelle Reifung von Kindern und Jugendlichen in Deutschland. Ergebnisse des Kinder- und Jugendgesundheitssurveys (KiGGS). *Bundesgesundheitsblatt – Gesundheitsforschung – Gesundheitsschutz* 50: 677–685.

Kartschoke, D. (2001): Ich-Darstellung in der volkssprachigen Literatur. In: R. van Dülmen (Hrsg.): Entdeckung des Ich. Köln (Böhlau), S. 61–78.

Kaven, C. (2020): Die Ordnung des Zerfalls: Verlaufsformen im Angesicht ökologischer Krisen. *Soziologie und Nachhaltigkeit (SuN)* 6 (2): 49–46.

Kinnert, D. u. M. Bielefeld (2021): Die neue Einsamkeit: Und wie wir sie als Gesellschaft überwinden können. Hamburg (Hoffmann und Campe).

Köcher, R. (2018): Generation Mitte. Verfügbar unter: https://www.gdv.de/resource/blob/35800/976845c78eb98f501a1487eeb3907079/generation-mitte-2018---praesentation-ifd-data.pdf [6.8.2021].
Kraiger, M. (2011): Erlösung in Goethes Faust. Philosophische Fakultät, Heinrich-Heine-Universität Düsseldorf (Magisterarbeit). Verfügbar unter: http://www.mythos-magazin.de/methodenforschung/mk_faust.pdf [6.8.2021].
Kriz, J. (2017): Subjekt und Lebenswelt. Göttingen (Vandenhoeck & Ruprecht).
Laloux, F. (2016): Reinventing Organizations. München (Vahlen).
Lamprecht, K. (1902): Deutsche Geschichte. Erster Ergänzungsbd. Berlin (R. Gaertners Verlagsbuchhandlung).
Lasch, C. (1995): Das Zeitalter des Narzissmus. Hamburg (Hoffmann und Campe).
Le Goff, J. (1967): La civilisation de l'occident médiéval. Paris (Champs).
Le Goff, J. (1970): Kultur des europäischen Mittelalters. München (Droemer).
Luhmann, N. (1984): Soziale Systeme. Frankfurt/M. (Suhrkamp).
Luhmann, N. (1987): Sozialisation und Erziehung. In: W. Rotthaus (Hrsg.): Erziehung in systemischer Sicht. Dortmund (modernes lernen), S. 77–86.
Maturana, H. u. F. Varela (1987): Der Baum der Erkenntnis. Bern (Scherz).
Mazzucato, M. (2014): Das Kapital des Staates: Eine andere Geschichte von Innovation und Wachstum. München (Kunstmann).
Mazzucato, M. (2019): Wie kommt der Wert in die Welt? Von Schöpfern und Abschöpfern. Frankfurt/M. (Campus).
Meadows, D. L. a. D. H. Meadows (1972): Die Grenzen des Wachstums. Bericht des Club of Rome zur Lage der Menschheit. Stuttgart (DVA).
Mecke, K. (2018): Raum – Zeit – Materie. Auf der Suche nach einer einheitlichen Theorie der fundamentalen Naturgesetze. Verfügbar unter: https://theorie1.physik.uni-erlangen.de/media/pdf/publications/finites_weltbild-kurzfassung.pdf [30.11.2020].
Miegel, M. u. M. Wahl (1994): Das Ende des Individualismus. München (Bonn Aktuell), 2. Aufl.
Minkmar, N. (2021): Am Ende ganz allein. Populistische Bewegungen haben eines gemein: Ihre Anhänger sind oft einsam. *Süddeutsche Zeitung* 168/21 vom 24./25.7.2021, S. 15.
Mitterauer, M. (2003): Mittelalter. In: A. Gestrich, J.-U. Krause u. M. Mitterauer (2003): Geschichte der Familie. Stuttgart (Körner).
Möller, J. (1979): Menschsein: ein Prozess. Düsseldorf (Patmos).
More, M. (1990): Transhumanism. Towards a Futurist Philosophy. Verfügbar unter: http://web.archive.org/web/20130806172107/http:/www.maxmore.com:80/transhum.htm [29.9.2020].
Müller, H.-P. (2014): Lebensführung und Lebenskunst im Zeitalter der Unsicherheit. In: B. Aulenbacher u. M. Dammayr (Hrsg.): Für sich und andere sorgen. Krise und Zukunft von Care. Weinheim (Beltz Juventa), S. 18–30.
Noelle-Neumann, E. u. R. Köcher (1987): Die verletzte Nation – über den Versuch der Deutschen, ihren Charakter zu ändern. Stuttgart (DVA).

Ohlig, K.-H. (2001): Christentum – Kirche – Individuum. In: R. van Dülmen (Hrsg.): Entdeckung des Ich. Köln (Böhlau), S. 11–40.

Olthoff, J. (2019): Ein gemeinsamer Rahmen für das therapeutische Vorgehen: der Ansatz der systemisch-narrativen Therapie. *Familiendynamik* 44: 44–52.

Omer, H. u. A. von Schlippe (2004): Autorität durch Beziehung. Gewaltloser Widerstand in Beratung und Therapie. Göttingen (Vandenhoeck & Ruprecht).

Omer, H. u. A. von Schlippe (2009): Stärke statt Macht. »Neue Autorität« als Rahmen für Bindung. *Familiendynamik* 34 (3): 246–254.

Opaschowski, H. W. (1990): Herausforderung Freizeit – Perspektiven für die neunziger Jahre. Schriftenreihe zur Freizeitforschung, Bd. 10. Hamburg (B.A.T. Freizeitforschungsinstitut).

Orheim, H. (2013): »So viel ›Ich‹ war nie«. Bochum (BOAG). Verfügbar unter: www.boag-online.de/sceptic-12008.html [1.12.2020].

Ortmann, M. (2014): Die italienische Frührenaissance und die Entdeckung der Perspektive in der Kunst. Hamburg (Diplomica).

Ötsch, W. (1996): Die Herausforderung des Konstruktivismus für die ökonomische Theorie. In: B. P. Priddat u. G. Wegner: Zwischen Evolution und Institution. Neue Ansätze in der ökonomischen Theorie. Marburg (Metropolis), S. 35–55.

Ötsch, W. (1998): Zur Geschichte und Grundkategorien des ökonomischen Denkens: Raum, Zeit, Objekt und Ich. Arbeitspapier Nr. 9826 des Instituts für Volkswirtschaftslehre. Linz (Johannes Kepler Universität).

Ötsch, W. (2018): Es wächst das Bewusstsein einer multiplen Krise. Interview. Verfügbar unter: https://agora42.de/umbruchszeit-walter-oetsch/#more-7313 [18.7.2020].

Ötsch, W. (2019): Mythos Markt. Mythos Neoklassik – Das Elend des Marktfundamentalismus. Marburg (Metropolis).

Pelluchon, C. (2020): Wovon leben wir? *DIE ZEIT* 38: 47.

Postman, N. (1995): Keine Götter mehr. Das Ende der Erziehung. Berlin (Berlin).

Precht, R. D. (2020): Künstliche Intelligenz und der Sinn des Lebens. München (Goldmann).

Priddat, B. P. u. G. Wegner (1996): Vorwort. In: B. P. Priddat u. G. Wegner: Zwischen Evolution und Institution. Neue Ansätze in der ökonomischen Theorie. Marburg (Metropolis), S. 7–9.

Quarch, C. (2017): Die Digitalisierung entfremdet uns. Verfügbar unter: https://ethik-heute.org/die-digitalisierung-entfremdet-uns/ [2.10.2020].

Reichardt, T. (2012): Das Individuum in der politischen Philosophie der Griechen. Hamburg (Dr. Kovač).

Richter, H. E. (2012): Der Gotteskomplex. Die Geburt und die Krise des Glaubens an die Allmacht des Menschen. Gießen (Psychosozial).

Richters, O. u. A. Siemoneit (2019): Marktwirtschaft reparieren. München (oekom).

Riedl, R. (1984): Die Folgen des Ursachendenkens. In: P. Watzlawick (Hrsg.): Die erfundene Wirklichkeit. München (Piper), S. 67–90.

Rogers, C. R. (1981: Der neue Mensch. Stuttgart (Klett-Cotta).
Rotthaus, W. (1976): Das Phänomen des Häufigkeitswandels unter den Formen seelisch abnormen Reagierens – dargestellt am Beispiel der hysterischen Reaktionsweise. Med. Fakultät der Rheinischen Friedrich-Willhelms-Universität Bonn (Inauguraldissertation).
Rotthaus, W. (2011): Authentische Elternschaft. Von der Idee der Dominanz zur Idee der Selbstverantwortlichkeit. In: H. Schindler, W. Loth u. J. von Schlippe (Hrsg.): Systemische Horizonte. Göttingen (Vandenhoeck & Ruprecht), S. 109–118.
Rotthaus, W. (2017): Wozu erziehen? Entwurf einer systemischen Erziehung. Heidelberg (Carl-Auer), 8. Aufl..
Rotthaus, W. (2019): Schulprobleme und Schulabsentismus. Heidelberg (Carl-Auer).
Rousseau, J. J. (1971): Émile oder Über die Erziehung. Paderborn (UTB, Schöningh). [frz. Orig. (1762): Émile ou De l'éducation. Paris (La Haye)].
Rovelli, C. (2018): Die Ordnung der Zeit. Reinbeck bei Hamburg (Rowohlt).
Royal Society for Public Health (2017): Status of Mind: Social media and young people's mental health and wellbeing. Verfügbar unter: https://www.rsph.org.uk/our-work/campaigns/status-of-mind.html [3.10.2020].
Safranski, R. (2015): Zeit. Was sie mit uns macht und was wir aus ihr machen. München (Hanser).
Schaeben, U. (2020): Das Gehirn im digitalen Wandel. Bericht vom 21. Euskirchener Gespräch. *Rheinisches Ärzteblatt* 8: 19.
Scharmer, C. O. u. K. Käufer (2017): Von der Zukunft her führen. Theorie U in der Praxis. Von der Egosystem- zur Ökosystem-Wirtschaft. Heidelberg (Carl-Auer).
Silberstein, S. (2018): Das Internet muss weg. Eine Abrechnung. München (Knaus).
Sommer, V. (2020): Warum sollten Affen Menschenrechte besitzen? Interview. *GEOkompakt* 33: 138–145.
Sommerville, J. (1990): The Rise and Fall of Childhood. New York (Vintage).
Stapelfeldt, G. (2014): Aufstieg und Fall des Individuums. Kritik der bürgerlichen Anthropologie. Freiburg (ça ira).
Stolz, S. u. S.-I. Jungblut (2019): Der digitale Fußabdruck – unser Ressourcenverbrauch im Netz. Verfügbar unter: https://reset.org/knowledge/der-digitale-fussabdruck [1.10.2020].
Sulzgruber, W. (1995): Zeiterfahrung und Zeitordnung vom frühen Mittelalter bis ins 16. Jahrhundert. Hamburg (Dr. Kova).
Tenorth, H.-E. (2010): Geschichte der Erziehung. Weinheim (Juventa), 5. Aufl.
Tuchmann, B. (1982): Der ferne Spiegel. Das dramatische 14. Jahrhundert. München (Dt. Taschenbuchverlag).
Uchida, Y. (2020): »Glück, gemischt mit ein wenig Angst.« *Psychologie heute* 47 (10): 31 f.

Van den Berg, J. H. (1983): Changing Nature of Man: Introduction to a Historical Psychology. New York (Norton).
Wagner, C. (2001): Porträt und Selbstbildnis. In: R. van Dülmen (Hrsg.): Entdeckung des Ich. Köln (Böhlau), S. 79–106.
Welzer, H. (2011): Mentale Infrastrukturen. Wie das Wachstum in die Welt und in die Seelen kam. Schriftenreihe Ökologie, Bd. 14. Berlin (Heinrich-Böll-Stiftung).
Wendorff, R. (1980): Zeit und Kultur. Geschichte des Zeitbewusstseins in Europa. Wiesbaden (Westdeutscher Verlag).
Withrow, G. .J. (1991): Die Erfindung der Zeit. Hamburg (Junius).
Wulff, E. (1978): Grundfragen der transkulturellen Psychiatrie. In: E. Wulff (Hrsg.): Ethnopsychiatrie. Wiesbaden (AV), S. 157–186.
Zelik, P. (2020): Wir Untoten des Kapitals. Berlin (Suhrkamp).
ZHAO Tingyang (2020): Alles unter dem Himmel – Vergangenheit und Zukunft der Weltordnung. Berlin (Suhrkamp).

Über den Autor

Wilhelm Rotthaus, Dr. med.; Studium der Medizin und der Musik; Ausbildungen in klientenzentrierter Gesprächstherapie, klientenzentrierter Spieltherapie und Systemtherapie. 1983–2004 Ärztlicher Leiter des Fachbereichs Psychiatrie und Psychotherapie des Kindes- und Jugendalters der Rheinischen Kliniken Viersen. Buchveröffentlichungen u. a.: *Wozu erziehen* (8. Aufl. 2017), *Systemische Kinder- und Jugendlichenpsychotherapie* (5. Aufl. 2021), *Ängste von Kindern und Jugendlichen* (2. Aufl. 2021), *Suizidhandlungen von Kindern und Jugendlichen* (2017) *Schulprobleme und Schulabsentismus* (2019), *Ängste von Kindern und Jugendlichen. Erkennen, verstehen, lösen. Das Elternbuch* (2020), *Suizidhandlungen von Kindern und Jugendlichen. Erkennen, verstehen, vorbeugen. Das Elternbuch* (2020), *Fallbuch der Systemischen Therapie mit Kindern und Jugendlichen* (2020).